线上教学
改革与实践

主编　柳青峰

郑州大学出版社

图书在版编目（CIP）数据

线上教学改革与实践／柳青峰主编. — 郑州：郑州大学出版社，2021. 6(2024. 6 重印)

ISBN 978-7-5645-7902-9

Ⅰ. ①线… Ⅱ. ①柳… Ⅲ. ①高等学校 - 网络教学 - 教育改革 - 研究 - 中国 Ⅳ. ①G642

中国版本图书馆 CIP 数据核字（2021）第 106293 号

线上教学改革与实践
XIANSHANG JIAOXUE GAIGE YU SHIJIAN

策划编辑	王卫疆　吴　昊	封面设计	曾耀东　张伟妍
责任编辑	康静芳　胥丽光	版式设计	苏永生
责任校对	孙　泓	责任监制	李瑞卿

出版发行	郑州大学出版社	地　　址	郑州市大学路 40 号（450052）
出 版 人	孙保营	网　　址	http://www.zzup.cn
经　　销	全国新华书店	发行电话	0371-66966070
印　　刷	廊坊市印艺阁数字科技有限公司		
开　　本	710 mm×1 010 mm　1 / 16		
印　　张	16. 75	字　　数	319 千字
版　　次	2021 年 6 月第 1 版	印　　次	2024 年 6 月第 2 次印刷

书　　号	ISBN 978-7-5645-7902-9	定　　价	78. 00 元

编者名单

主　编　柳青峰

副主编　杨　华　王　力　李　彬　魏　鑫

编　委　（按姓氏笔画排序）

王　雷　王耀革　化长河　冯向华　朱　艳

李　霞　李丙午　李晓芳　杨　桃　宋海龙

宋德伟　胡宗敏　袁付成　黄晓英　滕吉红

前　言

　　线上教学是借助互联网和多媒体现代化信息技术,充分利用开放教育资源开展远程教学的方式,是相对于传统线下面授课堂的新型教学组织形式。2020 年初,新冠疫情汹涌而来,教育行业首当其冲。面对教育部发出的"停课不停学,停课不停教"的号召,全国高校师生"积极求变,主动应变",展开了声势浩荡的线上教学改革与实践,这一史无前例的伟大探索"改变了教师的教、改变了学生的学、改变了学校的管、也改变了教育的形态"。多方参与、多种形式的线上教学在疫情之下异军突起,逆势而上,延续了师生的教学交互,成为了保障教学的生命线,其影响广泛,意义深远。

　　充分利用现代化信息技术促进教育观念更新、模式变革是信息化社会的要求。《教育信息化 2.0 行动计划》中明确指出,未来我们要大力依托各类智能设备及网络,积极开展智能化教育教学创新研究,推动人工智能和大数据等新技术支持下的教育模式变革和生态重塑。线上教学融合各类新兴信息技术,打破物理时空限制、呈现手段丰富、突出学生中心地位等优势明显,必将成为促进高等教育突破式发展的有效手段。

　　"纸上得来终觉浅,绝知此事要躬行"。信息工程大学基础部按照"积极应对、按纲施教、分类指导、分课施策、主动创新、提高质量"的总体思路,全面推进 40 余门主干基础课程线上教学改革与实践,形成了包括"理念、内容、方法、技术、资源、考核及评价"在内的整套线上教学改革方案。各课程团队及广大教师百花齐放、大胆实践,制定了各具特色的线上教学实施方案,从教学内容、教学模式、教学方法、考核评价及学情分析等多个层面进行了有益探索,着力培养学生自主学习能力,加强信息技术与教学过程的深度

1

融合,促进教学质量提升。

为固化推广改革成果,我们聚焦"线上教学改革与实践"这一主题,围绕教学理念、内容、模式、方法、手段等各类要素,以及教学实施、组织管理、辅导答疑、学情分析、考核评价等各个环节,立项资助了一批教育教学研究课题,力推疫情期间教改成果的升级与转化,力求实现从"疫情应急教学方案"到"线上线下混合式金课"的飞跃。

本书聚焦重大突发疫情背景下的军队院校教师开展大规模线上教学的创新实践,是广大教师的理论研究成果和集体智慧结晶。这是一部总结凝练一线教师改革成果和体会思考的论文集,更是一部前瞻未来高等教育智能化发展的论文集。本书收录理论研究论文分别从理论探索、模式方法、考核评价、资源平台和课程思政五个篇目,书写了广大教师的所见、所感、所悟与所思,从教师视角审视了线上教学的价值和潜力。本书可作为广大高校教师、教育管理工作者以及相关专业学生的参考书。

目录

理论探索篇

网络教学中混合式课堂教学设计的实践与思考 ················· 3

信息技术发展视角下的新工科特色二外教学改革研究 ··········· 7

线上教学的必要性和可行性研究 ························· 12

浅谈线上教学方式在军队院校的运用 ····················· 17

欧美高校混合式教学改革初探 ························· 23

军校英语网络化课堂教学的应用探索 ····················· 30

混合式和在线教学视角下的学术英语写作教学：文献回顾及评述 ········ 36

模式方法篇

"互联网+"背景下的教学重构与超越 ···················· 45

数学课程线上教学的探索与实践 ························· 50

精心设计教学过程　注重加强互动交流 ··················· 55

《高等代数》课程的 SPOC 教学模式探索研究 ·············· 62

基于实例驱动对高等代数线上教学难点突破的探索 ············· 70

《高等代数》课程线上教学实践与认识 ··················· 75

线上数学教学实践 ······························· 79

以学为中心的大学物理在线教学实践 ·················· 82

大学物理精准教学课堂设计与实践 ·················· 89

多元互动混合式教学模式在听说教学中的应用 ·················· 93

大学英语口语课堂混合式教学实践探析 ·················· 99

《大学语文》课程线上教学模式与方法创新研究 ·················· 103

"我家的红色基因"主题研讨线上实施方案设计与效果评估 ·················· 108

校园读书会构建思路暨线上读书活动开展方法探索 ·················· 114

考核评价篇

师生云端战"疫"线上教学建功 ·················· 121

基于疫情条件下学员居家体能训练模式探究 ·················· 129

研究生英语学术交流能力培养在线教学模式实践 ·················· 135

心理学课程线上教学效果分析和建议 ·················· 142

大二学员自我决定学习动机现状及影响 ·················· 149

基于多平台的线上考试模式探索 ·················· 158

资源平台篇

基于 E-learning 的教学训练平台构建研究 ·················· 165

基于"对分易"平台的线上教学实践与探索 ·················· 172

基于雨课堂的高等数学课程混合式教学改革研究与实践 ·················· 179

基于多个平台的《高等数学》线上教学的探索与实践 ·················· 184

翻转课堂模式应用于线上教学的实践与思考 ·················· 188

基于 POA 的研究生科技论文写作线上教学设计 ·················· 192

在线教学中思维导图法自主学习模式初探 ·················· 199

课程思政篇

以人为本　唤醒灵魂 ·················· 205

浅析思政课线上直播教学的质量提升 …………………………… 209

基于微积分的哲学属性探索高等数学课程思政 ………………… 215

研究生英语课程思政探索 ………………………………………… 220

线上教学模式下第二外语"课程思政"的实施路径 …………… 226

新时代思想政治教育与高校英语教学有机融合模式的探索和实践 …… 231

思政课线上教学的感悟 …………………………………………… 237

以"立德树人"为导向的高等代数教学团队建设 …………… 243

在线教学发展探析 ………………………………………………… 247

智慧课堂建设对高校教学模式的创新发展作用 …………… 252

理论探索篇

"问渠那得清如许,为有源头活水来"

——朱熹《观书有感》

网络教学中混合式课堂教学设计的实践与思考

李　霞　张胜海　宋冬灵

引言

2020 年 5 月 14 日,在教育部新闻发布会上,高等教育司司长吴岩指出"我们再也不可能、也不应该退回到疫情发生之前的教与学状态"。疫情过后,混合式教学以崭新的面貌融入高校课堂。那么,如何更加高效地开展混合式课堂教学设计呢? 下面结合网络授课期间我们的一些教学实践和思考,与大家共同探讨一下这个话题。

1. 网络教学中直播平台的应用及实践经验交流

教学平台方面,我们采取的方案是钉钉和雨课堂平台进行组合。钉钉平台主要作为直播平台,雨课堂平台作为互动和测试平台。

最初选择钉钉平台,首先是因为该平台的作业批改功能(如评选优秀作业,针对作业中的问题进行手阅、文字和语音批注等功能),这些功能基本可以满足日常作业批改的教学需求;其次钉钉平台的直播收看数据统计以及课程回放功能非常实用,一方面可以了解学员在线听课的时长,掌控网络课堂秩序,另一方面也便于教员进行教学反思,进一步优化教学方案,即四月份在钉钉平台的升级中,新增了主动邀请观众连麦功能,这一功能使得教员点名发言变得更加方便,教员的课堂互动可能性空间进一步增大。最后钉钉平台既是一个直播平台,也是一个班级群,教员与学员之间可以实现在群互动,点对点互动,教员可以在群内发布签到打卡、问卷、投票、任务提醒等信息,这些功能在很大程度上提高了教学互动和管理的信息化水平。

关于雨课堂平台,特别要给大家分享的是发送题目、弹幕和在线测试三个功能:首先说一下发送题目功能,这个功能也是我们选择雨课堂的初衷,即发题互动改变了教员自己对着电脑干讲的局面,学员通过计时做题的方式,非常自然地进入了教员设计好的互动环节,并且学员的答题统计结果会快速、直观地呈现出来，有助于教员更加准确地对课堂教学进度及效果进行科学把控；其次在网络平台的选择和组合中，我们的基本原则是操作简单，尽量减少不必要的切换，而雨课堂 PPT 授课过程中，学员的问题会在屏幕顶端弹幕出来，授课环节再也不用手机、电脑同时关注了，而且课堂互动也显得更加自然和顺畅；最后在这里还特别要说一下雨课堂的在线测试功能。自疫情以来，雨课堂的在线测试功能增加了一些令人眼前一亮的优化，第一体现在题目导入方式的优化上，通过文本复制，选择题可以将题干和选项一步导入（当然 mathtype 公式和图片需要手动粘贴导入，这是所有平台的通病），这使得试卷的制作更加快捷；第二就是填空题系统批阅准确性的优化，最新版的雨课堂 4.2 中，填空实现了系统自动批阅和手工批阅相结合的批改模式，最令人感到兴奋的是手工批阅的答案中，一旦认定某个之前未设置的答案为正确答案，系统会自动更正其他所有与该答案相同的试卷，这大大提高了手工批阅的效率。

2. 开展混合式课堂教学设计的思考与总结

从传统的课堂教学一步跨越到全网络教学，这个过程是新旧教学理念的一次猛烈对撞，过程虽然艰辛，但也迸发出了一些关于混合式教学设计的思想火花。下面和大家分享一下网络教学期间我们对如何开展大学物理混合式课堂教学设计的思考和实践总结。

关于如何更好地开展混合式课堂教学设计，网络教学期间我们查阅了很多的文献和书籍，①也通过爱课程和学堂在线观看了清华大学、国防科技大学、华中理工大学以及同济大学的部分大学物理精品课程，梳理出了混合式大学物理课堂教学设计的整体思路，见图1。

大学物理混合式课堂教学设计是从课前、课中和课后三个层面进行的整体设计。下面介绍一下我们对混合式课堂教学设计的一些想法和初步的做法。

---

① 教育部.教育信息化2.0行动计划.教技[2018]6号[C].北京:教育部,2018.

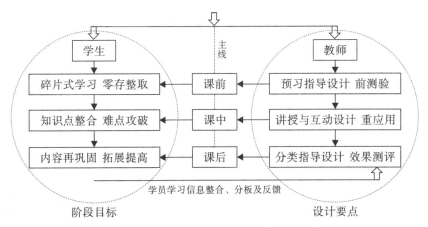

图1　大学物理混合式课堂教学设计思路

2.1　预习指导设计和课前测验

预习指导主要体现两个方面的作用:其一,帮助学员明确学习目标,引导学员建立主动学习的意识;其二,让学员提前了解课堂教学中讨论的重点和难点问题,并进行必要的课前思考,具体做法为:针对每一章节,结合《新大纲》向学员发布本章学习目标,包括了解、理解和掌握三个层次;针对每次课,制作了课前预习指导,明确了需要课前自学的内容和课前思考的问题。在设计预习指导方案时,首先需要考虑到预习任务量与学员实际能够保障的预习时长相匹配①,过量的预习要求,反而会使学员放弃教员的预习指导,达不到预期的设计初衷。其次预习指导在内容上应尽量简洁、可操作性强,难度不易过大,最好配有预习检测,方便学员自我们检测,获得成就感。网络教学实践中,结合番茄钟工作法,我们设计制作了大学物理番茄预习,将预习内容按照25分钟为一个番茄预习单元进行设计,每次课的预习内容控制在两个番茄单元。番茄预习一方面控制和量化了预习任务量,另一方面也便于学员利用碎片时间合理分解预习任务。

2.2　课堂教学内容及互动环节设计

在早期的网络教学实践中,我们发现如果按照传统的课堂教学进度及思路进行授课,会出现以下两个问题:第一,内容讲不完,拖堂;第二,对学员的课堂学习状态缺乏必要的感知,授课过程缺乏激情。针对以上问题,在课

---

① 安于.基于SPOC混合式学习模式的大学物理学习指导[M].北京:清华大学出版社,2018.

堂教学设计环节中,应该将课堂时间更多地分配在对碎片知识的系统化整合上,分配在对重点和难点问题的深入讨论中,特别是对于学员学习过程中容易出现的具体问题,更要精讲精练。

具体在课堂教学设计环节上,可考虑从以下三个方面进行设计:首先是教学内容知识框架的讲解和呈现形式,可借助思维导图形式开展教员串讲或引导学员制作思维导图进行总结。其次是重点和难点问题的拆解和课堂互动设计,可运用雨课堂单选题、多选题的方式,将难点内容进行拆分,由易到难,逐步深入①。这样,通过答题的方式将学员由科学探险的"旁观者"转换为身临其境的"探险者",通过互动设计,打破师生之间的空间壁垒,提高课堂学习效率。例如在讲授难点内容高斯定理时,可以将 PPT 讲授与雨课堂发题互动相结合开展课堂教学设计:第一步,回顾平面角的概念;第二步,借助平面角引入立体角概念;第三步,发送题目,抛出问题,引导学员思考如果一个面的正方向不同,立体角该如何理解和计算(这时学员如果有不理解的地方,会通过雨课堂弹幕功能及时弹出问题,教员可抓住问题,进行深入讲解);第四步,运用立体角概念计算闭合曲面的通量,进行拆分的教学设计后,难点内容讲授过程的互动性就会更好地体现出来,学员的求知欲得到了很好的激发和引导;最后是典型例题的选取和展现形式设计。好的讨论题目的设计直接影响到课堂讨论的教学氛围和效果,是加强课堂互动交流的关键环节。典型例题除了进行传统讲解外,还可以通过设计包括图片、视频等现实场景的形式来进行展现,尤其是结合一些军事、运动等学员感兴趣的问题进行讨论课堂讨论效果会更好,如直升机为什么要安装尾桨?枪口消焰器的物理原理是什么?如何荡秋千才更容易越荡越高?汽车的自重与车祸中车的损伤程度有什么关系?通过这些问题的讨论一方面要让学员体会到物理就在我们的身边,物理改变生活的作用;另一方面,激发学员想要深入了解物理学思维方式的内在意愿,进而有效引导学员开展自主学习。

2.3 课后的分类指导及教学效果测评

网络教学使得传统答疑超越了时空的限制,答疑渠道更加通畅了,这将更利于教员在课下对学员开展个性化教学指导。同时,由于整个教学过程都是借助网络平台开展的,教学测评的各类基础性数据的获取快速又便捷,在教学设计中,要善于从这些数据中提取有效信息,并形成及时有效的反馈机制,运用技术化手段,实现因材施教,满足学员的个性化发展需求。

---

① 王祖源.基于 SPOC 的大学物理课程混合式教学设计与实践[J].物理与工程,2018,28(3):3-19(特约稿件).

信息技术发展视角下的新工科特色二外教学改革研究

姜　辉　陆杰青　王　凯

引言

　　2020 年新春伊始,疫情成为全国人民新年中最大的危机与挑战。在以习近平同志为核心的党中央坚强领导下,我们的抗疫斗争取得了让全世界为之瞩目的伟大成果,中国已成功跨越了危险,转危为安、化危为机。疫情期间,无数的"最美逆行者"成为中国大地一道最亮丽的风景,活跃在医疗、科技、物流等各行各业。面对特殊形势,按照党、国家"离校不离教、停课不停学"的号召和我校"停课不停教、停课不停学、停课不停训"的要求,依托移动通信、大数据、云计算、人工智能等信息技术的新发展,《大学日语》课程同诸多课程一样,均开展了基于互联网的线上教学探索与实践,在很好地完成正常教学任务、确保教学质量的同时,信息技术与教育教学的深度融合,为新工科特色外语教学改革的深层次推进提供了宝贵的实践经验和方法路径。

1. 理工科院校特色二外教学的必要性和制约因素

1.1　特色二外教学

　　按照新工科建设理念和新工科建设指南,面向产业界、面向世界、面向未来,以一流人才培养、一流本科教育、一流专业建设为目标,探索形成中国特色、世界水平的工程教育体系[①],已成为新工科建设的共识。工程教育的最大特色就是技术引领,而外语基础教学作为本科人才的重要组成和基础支撑,围绕创新型卓越工程科技人才的培养必须凸显"技术+语言"特色,二

---

　　① 　教育部.新工科研究与实践项目指南"北京指南"［R］.北京:教育部,2017.

外教学作为外语能力培养中的重要一环,由于课程设置更为灵活、实用性导向更为突出,更应主动顺应新时代、新使命的要求,瞄准世界一流标准,把准新型工程技术院校办学育人特点规律改革,加快特色二外教学改革,进一步突出外语综合水平和应用能力,培养具有国际化视野、通晓不同国家语言文化、具有一定外语交际能力的复合型精英人才。

1.2　特色二外教学对一流工程人才培养的必要性

特色二外教学是高等工程教育发展的时代要求。信息技术的迅猛发展使得信息获取能力成为所有高层次人才尤其是创新型工程人才培养的必备素质。在全球一体化和命运共同体建设的大趋势下,外语将发挥至关重要的作用。二外教学由于涉及语种最多,可以有效覆盖信息技术发达的全部国家,瞄准未来走出去、立得住的目标,以二外教学为重要途径,将进一步开拓学生国际视野,了解强国科技文化,培养比肩强邻、支撑民族复兴的栋梁工程人才。

特色二外教学是建设世界一流工程教育院校的必需。从高等教育本身发展来看,设置辅修专业、第二学位,开设特色专业课、第二外语等,已经是国内外高校培养人才综合素质的重要方式,国际化的学术交流和办学布局更是世界一流名校的显著特征。开展"技术+语言"的特色二外教学改革,将进一步提高工程教育院校的品牌效益和国际影响,为一流创新型工程人才培养提供更好的外部氛围,以拓宽其知识结构、适应未来技术发展的需要。

特色二外教学是丰富一流工程技术人才语言文化素养的重要途径。工程技术的发展在很大程度上受历史文化的传承影响,文化又与语言密不可分,每个民族、每个国家都有其特定的文化内涵,这些内在的因素无时无刻不在左右和影响着承载该文化内涵的每个个体,从而影响相应国家工程技术整体水平的发展。历史上不思进取、思想僵化、故步自封、闭关锁国,不了解、不接受外来先进文化思想,其结果国家工程技术发展远远落后于别国,最终影响了综合国力。通过特色二外教学可以将多样化的人文素质教育纳入人才培养体系,进而提升新工程科技人才的文化素养和综合素质能力。

1.3　二外教学发展的制约因素

伴随国家高等教育和工程技术的发展,国内二外教学和教育改革始终在稳步推进,并取得了较为丰富的教学成果。但对照一流工程科技人才培养的标准看,仍然存在很多制约因素,主要是:

(1)教育理念跟不上时代发展,"技术+语言"的特色没有凸显,教学内容上就语言说语言、就文化说文化的现象比较普遍,与专业技术和综合素质培养结合度不够。

（2）相比较高等工程教育中的数学、物理、计算机以及第一外语等基础课程教学，二外教学无论特色是否明显，都仍处于工科院校基础教学中的边缘地带，相关建设得不到有效加强，无论是课程重要程度还是课时安排，整体都处于弱势地位。

（3）新技术、新方法、新手段的利用不够充分，受师资队伍单一外语专业能力所限，课程教学仍较多处于课堂、课本的传统教学年代，体系化的网络教学资源仍然较为欠缺。

2. 线上教学促使传统教育模式改革加速

2.1 二外线上教学的优势

线上教学以互联网为传输系统，利用迅捷的网络特性和丰富的网络资源创造了一种明显不同于线下课堂教学的教与学新环境①，这些对习惯于课堂讲授的高校教师带来了新的挑战。但通过《大学日语》的实践，相比于工程实践特色明显的理工类课程，外语类课程教学的线上教学组织不仅受到的制约因素相对较小，同时针对特色二外教学，开展线上教学还在很大程度上解决了线下课堂教学中的很多制约因素。主要体现在：

（1）线上教学为教学的组织实施提供了更加丰富多样的网络资源，极大丰富了课程内容，使得教学内容设置更加多样，突破了单一教材和教辅的限制，不仅能够引入能够体现"技术+语言"特色的网络内容，有效提升学生的学习兴趣，同时线上教学基于网络开展，使得基于不同专业的教师协同开展云探讨、群授课更加具备可操作的现实条件，有助于教学效果的整体提升。

（2）线上教学的多样化作业形式和考核方式，使得外语类课程的学习效果得到了更加直观的反馈，进一步加快了效果反馈速度，形成了一套能够覆盖教学准备、教学实施、课下作业、线上考核、讲评总结所有环节的高效反馈闭环，尤其是在关于语音教学、语感训练等方面，能够实现逐个学习效果的检验，取得了远超传统线下教学的实际效果。

（3）线上教学通过平台的课程回放、资料共享、目标管理等功能，不仅能够在严格的目标约束下，利用各类教学资源对关键知识进行多次反复再传递，提升教学效果，更是能够突出学生的主体地位，充分利用各种学习资源

---

① 网络教学的优缺点［DB/OL］.百度文库,2020.

去主动构建知识①,有助于其自主学习习惯的养成和培育,更是能够破解线下课堂教学学时受限的影响。

(4)线上教学为教与学之间提供了更为丰富的交流平台和渠道,打破了传统线下教学的上课时间、教室空间的限制,使得教与学有了更加自由和平等的互动。

2.2 线上教学对特色二外教学改革的推动

线上教学是疫情防控期间的应急之举,随着打赢疫情防控战争取得全面胜利的日益临近,各项教学工作即将全面回归到原有轨道,线上教学的相关经验也应从应急应变固化为教学改革的内生动力。从特色二外教学改革的需要来看,主要具有以下方面。

(1)特色外语教学内容革新。外语教学中最需要的是真实的语言、真实的语言环境②。特色外语不同于第一外语的教学,各语种作为第一外语的教学,在全国高等教育体系内均已具备相应成熟的教材和体系。但特色外语教学尤其是军事应用的特色外语教学,由于其教学目标的不同,难以固定相应的系统教材,必须借助网络信息技术,搜集最新的科技知识、文化发展、国情资讯等内容,通过音频、视频、图像、动画、文字等形式有机地集成,利用二维、三维的手段不断丰富其内涵,实现对教学内容和教育资源的有效整合、系统整合,全方位地帮助学生更深入地了解事物的本质,帮助学生进行多感官的学习,激发好奇心和学习兴趣,开拓学生的视野,启迪学生的智慧,挖掘学生的学习潜能。

(2)基于网络信息技术的教学组织模式拓展。随着新一代网络、大数据、人工智能等新兴技术的日益普及,特色外语教学要进一步突出技术特色,在教学组织模式上努力尝试网络教学系统和模式,致力于从传统到现代教学方法和模式的转变,构建基于网络的慕课、微课等教学新模式。在网络教学系统中,既可以急需利用线上教学平台进行班级集体授课,也可以通过点对点的操作与学生交流,实施有针对性的辅导,形成教师、计算机、学生课堂内外信息交换的强交互,既避免了教学中因个别差异而引起的干扰、牵制,同时可以让每个学生都成为课堂的主角,充分发挥主观能动性。

(3)突出自主学习能力和协作学习能力的提升。自主学习、协作学习是培养学生创新精神和实践能力的重要方法手段。在外语学习中,更为主要的是学生自身的学习,学是外语学习中的主体,课堂学习只是一个重要环节而非唯一场所。因此,特色外语教学很重要一环是课堂以外的设计,要把自

---

①② 何理璐.浅谈外语教学中的"真实语料"[J].速读·旬刊,2015(11):121-122.

主学习能力和协作学习能力作为教学的有效完善,要结合外语教学特点和规律,从情景、协作、回话、意义建构等方面开展教学设计,一方面以学生为中心帮助学生进行知识构建,是学生成为信息加工的主体,另一方面突出学生在课外情境中与同学的交流合作,促使其获得新的信息填补自身的信息空白。课外教学突出任务牵引,引导学生根据任务的特点、个人爱好、能力水平、团队分工开展学习,培养学生优化学习策略、内化协作能力和协作精神,更加有效地发挥学生的学习能动性和创造性。

(4)突出跨文化运用能力。外语学习不仅是以教师为中心的承载文化信息的语言现象和文化规则的单纯引介①,更是以学生为中心,以拓宽学生词汇文化和话语文化视野并灵活运用为目的,结合学生对目的语文化的认知能力以及对中外文化差异的理解分析能力,做出的相应应变和判断。因此,特色外语教学要通过对不同信息资源的利用,通过教师的言传身教、师德风范和家国情怀等方面,发挥立德树人的课程思政效能,引导鼓励学生交流信息、发表见解、讨论时事,在这种大量语言材料的接触中,学会去芜存菁,拓宽视野,扩大知识面,发现和挖掘相关价值,提升外语工具的实际运用能力。

结束语

西方发达国家,尤其是美国把信息技术与课程整合看成是培养21世纪人才的根本措施,认为21世纪人才的核心素质则是创新精神与合作精神②。新工科的显著特征是工程科技创新特色,其基本表现是培养学生的素质和水平,其评价标准应着眼于人才培养的创新精神与实践能力。因此,无论是专业技术教育和基础知识教学都应将培养学生的创新精神与实践能力的素质教育作为一个重点。作为特色二外教学,要紧紧围绕"技术+语言"的特点,充分利用线上教学各种优势(资源、方式、时空),突出信息技术与教育教学深度融合,在教学理念、教学内容、教学方式方法上大胆创新改革,不断提升特色二外教学的有效性、针对性,催生新的教育模式。

① 司显柱,卢明玉.系统功能语言学视角下的翻译文本与文化关系研究[J].中国翻译,2012(5):15-18.
② 何克抗.信息技术与课程深层次整合理论[M].北京:北京师范大学出版社,2008.

线上教学的必要性和可行性研究

文生兰　邢巧芳

1. 线上教学的必要性

1.1　应对危机

2020 年春季,受疫情的影响,全国停止一切商业、文化、娱乐活动,为了将损失降到最低,能够开展线上活动的尽量在线展开,以此响应国家"停课不停学"的号召,我们将课堂建在了互联网上。"停课不停学"是指学校课堂教学暂停而学生学习活动没有停止,是一种更广义的学习,学生可以在延期开学期间,居家开展各种各样的学习活动,这不仅能够充分利用时间,而且也会对青少年在危机时期的心理调节起到积极作用。实施这一危机应对方案,不应把它看作被动之举,而应利用这一难得的实战机会,把危机时期的学习与教学模式改革这一长远任务结合起来①。在线教学提供了师生分离的远程学习体验,营造了学生自主学习的环境,也有利于学校、教师和相关社会力量,群策群力探索新型教学模式,保证有质量学习活动的顺利开展。

1.2　国际形势

在过去的 20 年,高等教育的格局发生了巨大变化,高等教育入学人数持续快速增长,以美国为例,在 2013 年秋季,大约有 150 万人在美国大约 7 000 所职业教育机构教授近 2 100 万名学生②,师生比例达到 1 : 14,且在逐年降低。另一方面,信息技术和通讯的普及显著地改变了高等教育的学习结构,教室的界限已经超出了固定的时间和地点,这是一个随时随地学习的时代,

---

① 王珠珠,吴砥,刘三女牙,等.在线学习促教学模式改革[N].中国教育报,2020-02-22(03).

② RAJ AGGARWAL, YINGLU WU. Online Teaching in International Business [J], Journal of Teaching in International Business,2020,31(1):1-6.

新的教学方法、学习技巧和评估方法已经出现以适应这些变化。此外，新的学习方式也在蓬勃发展，大量的课程、证书和学位可以通过参加开放大学、在线教育或者大型公开在线课程(MOOC)获得。

根据美国国家教育统计中心的数据，2007—2017年，美国本科生在授予学位的机构中接受网络或远程教育的比例从20.6%上升到32.9%，接受网络教育的本科生入学率从3.8%惊人地上升到13.3%①。上述数据说明，国际上线上教学的实施早已比较普遍。

1.3　国内要求

我国高等教育自1999年扩招以来，高等学校教师数量增幅远不及学生数量的增幅，师生比呈现出直线下降的状态，严重影响了我国高等教育的发展②。

高校师生比，是指当年年末教师数与在校学生数之比，即每个教师所负担的学生数。高校的办学经济效益与物质生产部门的经济效益一样，也是劳动消耗和劳动占用与劳动成果之间的比较，即"投入"与"产出"之比。提高高等学校办学的经济效益就是要利用较少人、财、物的投入，培养出更多的合格人才和创造出更多的精神财富。各国高校师生比是有可比性的，师生比低的国家，一方面可以反映出这个国家高等学校劳动占用量少，而培养的学生数量多，说明劳动成果多，其投资经济效益高；师生比高的国家，说明高校劳动占用量多，而培养的学生数量却少，说明其投资的经济效益低③，因而开展网络教学是降低师生比，提高经济效益的一种有效手段。

另一方面，线上教学为在职教育、职场培训、自学提高的在职人员提供了时间上的便利，在许多情况下，在线教育可以是异步的，学生可以在他们方便的时间上课，同时，教授也可以在方便的时候录下他们的课程。这些学习时间和地点的自由，直接扩大了一个班级的规模和多样性，为减少重复劳动，降低教育成本提供了技术上的支撑，为推广普及大学教育，节省教育资源、提高全民素质提供了可行性，对于那些因为社会经济、学术和健康问题而无法上课的人来说，在线学习具有支付和支持他们接受高等教育的潜力。线上教学模式打破了传统课堂的局限，扩展了教学空间和时间，堪称最有效的教学模式。

① RAJ AGGARWAL, YINGLU WU. Online Teaching in International Business [J], Journal of Teaching in International Business,2020,31(1):1-6.
② 郭栋.师生比视角下我国高等教育的教师数量分析[J],河南社会科学,2014,22(8):97-101.
③ 罗林.我国高校师生比的国际比较[J],湖北民族学院学报,1993,11(4):85-89.

2.线上教学的可行性

对于我校大部分教师来说,完全线上教学是我们的第一次尝试,我们既期待又担忧,在网络上真的可以进行高效的学习吗,网络课堂真的值得推行吗,网络授课能达到与线下真实课堂相同的教学效果吗?怀揣着这些疑问,我们进行了一次又一次的视频会议,讨论怎么开展网络教学,如何更有效地吸引同学们的注意力,怎样保证教学效果,等等。线上教学给教育者提出了更高的要求,要求我们具备硬件软件技术支撑,改变传统的课堂教学方法,修改原有的教案和PPT,创新课堂设计和课堂管理,实施隔空的互动,等等。针对这些要求,我们采取了以下措施。

2.1 制订各类计划,保证线上教学有序进行

制订线上授课计划,包括教学月报、教学日志,修改自己的教案课件,确保线上教学顺利开展。

2.2 学习观摩,改进教学方式方法和手段

完全依托网络的教学,是一种新颖的教学手段,目前仍处在一种探索的阶段。国家教育部高教司联合知名专家开展线上教学讲座、视频公开课。校内教员也尝试了各种教学方式:钉钉直播、腾讯课堂、录播、推送慕课加辅导答疑、视频会议等等,通过观摩学习,开阔了我们的视野,丰富了教学手段,便于提高教学效果。同时教研室定时开展教学研讨,相互学习,从硬件(白板笔)的购买到软件(教学平台)的使用,从互动形式到考试方法,大家相互借鉴,共同提高。

2.3 多种教学形式相结合,保证教学效果

2.3.1 直播讲解

通过问卷调查,大部分同学认为直播比录播效果好,直播有一种面对面讲课的感觉,容易引起学生共鸣,更贴近于课堂教学。在直播过程中,我们可以多提问,并点名学生连麦回答,这也是一种抽查学生听课率,监督学生听课效果的手段,同时鼓励学生在互动区留言,多提问题。爱因斯坦曾经说过:"提出一个问题往往比解决一个问题更重要。因为解决问题也许仅是一个数学上或实验上的技能而已,而提出新的问题,却需要有创造性的想象力,而且标志着科学的真正进步。"为了更自然的互动,可以在直播中指定一名同学全程连麦,他代表着本班同学与老师研讨交流,互动内容包括听课的

音质、网络、内容的理解、思考题的回答,等等。连麦互动可以避免网络延后,提高互动效率。

2.3.2 录播补充

在这个全国大、中、小学生同时网课的特殊时期,偶尔会出现网络卡顿或电脑损坏等不可控因素,那么当我们遇到这种情形时,为了不拖慢课程进度,录播就成为一种很有效的补救方式。同时,对于授课中的某些重难点,可以录制成小视频推送给学生,便于加深学生对该知识点的理解,更好的攻克重难点。例如对高等数学中空间解析几何这部分内容,画图是该部分的重点,同时又是学生的难点,为了帮助同学们更好地掌握作图,可以录制一个个的作图小视频,把一些常用的空间曲面或空间立体图形一步步画出来,培养学生的空间想象力,教会他们画立体图形。

2.3.3 慕课为辅

少了学校的统一管理,同学们可以自由支配的时间增多了,除了听自己老师的直播课外,还可以听慕课,看网络公开课。同学们在感受着这些新颖的上课方式的同时,学到了很多知识,除了听到自己老师的直播课外,也感受到了国内外许多知名教师的风采,丰富了自己的视野,开阔了自己的思路。

2.3.4 微信群辅导答疑

为了巩固教学效果,一些专业基础课需要辅导答疑,老师可以将学生作业中出现的共性问题在群里集体讲解,还可以定期往微信群推送思考题、作业中的补充题、预习题等供同学们学习思考。答疑课上,同学们可以就这些问题相互讨论,也可以就某个知识点的理解提出自己的看法,当一个学生提出自己的问题,其他同学都可以回答,表达自己的思路,大家各抒己见,这样这道题的解题步骤就逐渐呈现,也为一题多解题提供了多种解题方法。在这个过程中,教师的作用在掌控全局,不能讨论讨论着跑题了,同时教师要鼓励同学们多尝试,打开思路,遵循"猜一猜,试一试"六字原则,在学习所有自然学科时都适用,同时也是继续搞科学研究必备的原则。

2.3.5 作业和考试作为检验学习效果的手段

随着网络教育的快速增长,人们对网络教育的质量和有效性的关注也在增加,因此许多督促和检测手段应运而生:课后练习、大作业、随堂测验、章节考试,等等。做作业要拍照上传、考试不再有老师监考……同学们正想欢呼,忽然发现,我们的作业题不但有课本上的练习题,还有一类开放性题:例如,用最小二乘法预测新冠肺炎的发展趋势、结合传染病模型解释新冠肺炎的发展规律、结合旋度概念分析地球自转是由于太阳的引力还是因为惯性、结合特征值特征向量知识解释虎门大桥上下晃动的原因,等等。对于章节考试,学生的诚信是最大的挑战,我们可以把考试看作学生自我检测的一种手段,通过做题,使他们意识到对该部分的掌握程度和问题所在,进而及时复习跟上。

在线学习已经成为大多数高等教育机构的重要组成部分,近四分之三的学术专家认为,在线学习的学习效果与面对面教育相似或更好①。

结束语

从我们开展的问卷调查来看,同学们对线上教学从开始的新鲜好玩,到后来的受益匪浅。在"战疫"的非常时期,网络授课既符合国家的要求,也是教育的需求,是适应时代发展的产物,在抗击新冠肺炎的紧张形势下,网络把分散的我们又聚集在了一起,网络授课使我们能够尽量维持正常的学习生活,它符合各方利益,为我们今后开展线上线下混合式教学提供了经验,摸索出了教改的前进方向。

在线教学给教育者提出了更高的要求:教法、技术、设计、内容、课堂管理、互动。我们必须适应高等教育的新模式,掌握必需的技能,才能有效担当新时期教师的角色。

---

① Fatimah A Albrahim,PhD. Online Teaching Skills and Competencies[J],The Turkish Online Journal of Educational Technology,2020,19(1):9-20.

浅谈线上教学方式在军队院校的运用

逯保乐　任仕坤　赵雨英

2020年上半年,从小学到大学的全国各个学校的教学工作都受到突如其来疫情的严重影响和冲击,军队院校也不例外。为最大限度降低疫情对教学的影响,做到"停课不停教、停课不停学",各个学校都以不同形式开展了线上教学。军队院校应总结经验,弥补不足,不仅仅将线上教学方式作为一种应急之策,也可以将线上教学作为正常开学状态线下教学的辅助。本文围绕线上教学方式在军队院校的运用谈谈粗浅看法。

1. 准确把握线上教学方式的优缺点

线上教学撇开教员线上教学经验问题,仅就线上教学本身而言,其客观上既有线下教学(传统面授教学)所不具有的优点,也存在不足之处。对此,军队院校开展线上教学必须准确把握,才能做到扬长避短,充分发挥线上教学效用,使线上教学更具生命力。

1.1 线上教学方式的优点

与传统面授教学相比,线上教学带来了许多新变化,呈现出不少优点,总结起来看主要表现在四个方面:①集约高效,即传统面授教学往往受教室大小的制约,一个教学班的人数一般都不多(即使教室够大,如果人数过多,坐在离讲台最远处的学员与教员的交流存在很大困难),而线上教学不再按照原有班级的建制序列,突破了班级员额的限制,规模更大、效率更高。②不分地域,即传统面授教学要求同一地域、同一场地,需要将学员集中在一个教室中才能进行(因受疫情影响,放假离开学校的学员分散在全国各地,无法如期开学回到学校,不可能进行传统面授教学。那么,如何做到"停课不停教、停课不停学"呢),线上教学很好地解决了这一问题,通过互联网教学平台,完全打破了地域制约,教员通过线上直播、录播等方式进行授课,而分散在全国各地的学员,则坐在电脑前或通过手机,就可以参加线上学习了。③有利自学(培养学员的自主学习能力非常重要,也一直是我们所倡导的,线上教学方式可以帮助学员提高自主学习能力),线上教学不是简单将传统面授课堂照搬到线上,而是教员要对课程内容和教学形式重新设计,增加了学员学习投入度,以期达到线上教学的预期效果和目的,所以基于此,学员就要做好课前预习,课堂充分参与,课后及时巩固,在无形中培养了自主学习能力。④反复听讲,即传统面授教学一般不录视频记录教学过程,对不易理解的难点或未听清楚之处,学员无法反复多遍听,而线上教学则能很好解决这个问题,即线上录播的教学授课视频直接放在了网上,学员可以随时看、反复看。另外,线上直播教学,直播平台基本上都有视频回放功能,教员在线上直播授课时,只要不关闭此功能,过后又不删除回放视频,学员就可在任意手机端或者 PC 端随时反复多次看视频回放进行学习。

1.2 线上教学方式的缺点

一枚硬币分为两面,任何事物都具有两面性,线上教学也是如此,既有优点,也有不足。线上教学的缺点主要表现在三个方面。①学情掌控少。传统面授教学,只要教室不是特别大,教员对课堂情况一目了然,对所有学员的听课状态看得清清楚楚,易于驾驭和掌控课堂。但线上教学,那么多学员分布在全国各地,基本上是一个人在一个地方,教员只能通过个别提问方式了解一小部分学员在某一时间是否在认真听课,很难随时联系和沟通所有学员,所以很难全程掌握所有学员的听课状态。②现场感觉差。要取得好的教学效果,教员教学准备要充分,教学过程中师生间情感互动要良好。与传统面授教学相比,线上教学因为在线人数多、空间距离远、彼此关注少、网络沟通慢等原因,加之缺肢体语言、无眼神沟通,往往存在距离感,师生间情感交流相对缺乏,现场感不足,课堂氛围不尽如人意。③适时调整难。课堂讲授不可能千篇一律,也不可能固化而一成不变,虽说在教学准备时已考虑好教学内容和教学设计,课堂上也要随时根据课堂情况对教学内容和教学设计进行调整,才能达到令人满意的教学效果。线上教学方式不易掌控听课情况,学员是否认真听课、对某一问题是否已经理解难以及时了解和掌握,因此也难以根据学员听课和理解情况适时调整教学内容和方式。

2. 清醒认识军队院校线上教学困境

当前军队院校广泛推行线上教学存在着一些短期内难以解决的问题,面临着一些难以克服的困难,军队院校教育工作者对此必须有清醒的认识。

2.1　课程性质不宜采用线上教学方式

军队院校与地方高校存在诸多不同,课程设置是其中一个方面。军队院校设置的课程,有相当一部分不宜采用线上教学方式。一是有的课程不宜采用线上教学。线上教学目前依赖的是互联网上的平台,军队特设或特色课程、内容涉军较多的课程均不宜采用线上教学方式(适合线上教学方式的课程主要有:思政类课程、大学语文、大学英语、高等数学等公共基础类课程;大学物理、C 语言等专业共同类课程。这些课程很多内容基本与地方高校相同,完全不涉军或绝大部分不涉军,不会过多担心失泄密问题。即便如此,线上教学时,教员和学员也都得注意着装问题及互相间的称呼),涉军的章节不能在线上讲授或放在线上。有人可能会说,在军网平台上开展不就行了吗?目前硬件条件不具备(这个问题后边会专门论述)。二是有的课程属实操类不宜采用线上教学,有的课程或部分章节需要教员手把手教,需要学员亲自动手操作,在线上无法进行教学。三是有的课程需要外训不宜采用线上教学,如有的课程或部分章节内容的教学落实,需要现地或专门场地,要求野外作业、野外驻训,需要实际对抗和演练,因此不宜线上教学。

2.2　硬件条件难以适应线上教学要求

线下课堂教学的场景通常是:一间教室、一名老师、一块黑板、一盒粉笔、一套多媒体设备、一班学生。线上教学的场景则通常是:一名主讲老师、一个 PPT 课件、一块手写板、一盏补光灯、一个教学班、人手一台能上互联网的计算机(或一部手机)、一套带摄像头和麦克风的设备。军队院校学员在校期间,按照保密要求不允许当然也不具备人手一台能上互联网的计算机(或手机)的硬件条件。那么,能否依托军网进行线上教学呢?在军队院校,干教基本上能满足人手一台上军网台式计算机的要求,而对学员来说,一般部队有少量台式计算机,在宿舍基本上没有更不可能人手一台,能上军网的台式计算机大多集中在机房。如果集中在机房进行线上教学,倒不如大家集中坐在教室面对面授课。

2.3　学员自由度低限制线上教学开展

线上教学对于可自由支配时间、地域分散的教学对象更能产生效用。如果均要求在同一时间和同一空间参加学习,其效用会大打折扣,也失去进行线上教学的意义了。但军校学员在学期之中基本都是在校内,不管是学习、训练和生活(包括自习、就餐、看新闻等),往往都得按照要求集体统一行动,空间自由度和时间自由度都比较低,不适合打乱班级或专业编制而随时随地进行线上教学的方式,比较适合按班级或专业进行传统面授教学。

3. 推进军队院校线上教学科学发展

对军队院校来说,线上教学是个新生事物,也存在线下教学(传统面授教学)所没有的优势,所以必须顺势而动,积极推陈出新,采取措施鼓励改革、激励创造,推进军队院校线上教学创新发展。

3.1 紧紧扭住教学质量提升

教学质量是学校教育的生命,是教育工作永恒的主题、主旨和主线,不管是小学、中学还是高等院校,也不管是地方院校还是军队院校,概莫能外。因此,军队院校要把提升教学质量作为第一要务,始终紧抓教学效果不放松。没有教学质量的提升,产生不了好的教学效果,教学改革的目的就要落空。只为标新立异吸引眼球博取关注的方式方法创新注定都是要失败的,纯粹为了改革而改革的做法最要不得也不会长久。

军队院校要不要开展线上教学、如何开展线上教学,必须根据军队院校的实际情况,要以能否切实提高教学质量为标准来衡量和判断,要靠教学实践所产生的质量和效果来检验。

3.2 搞好线上教学顶层设计

线上教学方式不能一盘散沙、一团乱麻,不能自行其是、各自为政,更不能盲目跟风、一哄而上,否则,往往导致轰轰烈烈地上马而悄无声息地消失。只有搞好顶层设计,才能使线上教学各要素有机统一、协调运行,才能做好统筹规划,达到事半而功倍的效果。

要想搞好顶层设计,必须进行前期调研论证,弄清楚哪些课程适宜线上教学而哪些课程不适宜;就同一门课程而言,还要弄清楚哪些章节或环节适宜而哪些章节或环节不适宜。

线上教学的顶层设计应包括而不限于线上教学的组织体制、运行机制、相关体系等,具体来说,包括开展线上教学的组织架构、领导体制、评价机制、激励机制、政策体系、考评体系、绩效考核、软硬件建设等。

3.3 时刻牢记讲台纪律要求

讲台是神圣的。站在讲台之上,为师者当坚持立德树人,教给学生科学知识、立身之本和处事之道,积极宣传党的路线方针政策,引导学生树立正确的世界观、人生观和价值观,向学生传递正能量。但确实有个别高校的个别人,严重背离为师之道,着奇装异服,行出格之举,尚奇谈怪论,热衷哗众取宠、媚俗恶搞、低级趣味、崇洋媚外。

"三尺讲台有纪律"。所有教师都应牢记,军队院校教员更应恪守。军队院校线上教学平台就是讲台,教员应谨记什么能讲,什么不能讲,怎么去讲,做到有选择、有讲究、有底线、有规矩。①要严守政治纪律。严守纪律首要的是要严守政治纪律和政治规矩,要自觉维护党中央权威和集中统一领导,坚持党对军队的绝对领导;增强"四个意识",坚定"四个自信";政治立场坚定,与党中央、中央军委保持高度一致。②要严格保密纪律。在互联网平台进行线上教学,保密意识一定要强:不得有军队体制编制信息,不得显示军人身份,注意师生间的称谓;不能有部队作战、训练等方面的内容;教学课件慎用涉军图片和文字。③要遵守国家法律。不得违反国家宪法和法律,不得信谣、造谣、传谣;不得诬告陷害及侮辱、诽谤他人。④要坚持立德树人。不管是哪一门课,线上教学时不能仅仅传授本课程知识,还要有机融入思想政治教育,坚持立德树人并贯穿教学全过程,注重全程育人、全方位育人。

3.4 做到线上线下优势互补

线上教学与线下教学都有优缺点,完全肯定一个否定另一个的做法是不足取的,应结合军队院校自身实际,尊重教育教学规律,科学统筹、合理规划、总结经验、顺势而为。就当前而言,应着力做好以下三个方面:①由被动转变为主动,即军队院校本学期开展的线上教学,基本上都是为了应对疫情达到"停课不停教、停课不停学"的要求不得已采取的教学方式,而作为一种尝试和探索,教学效果到底如何需要检验,但肯定是有得也有失,所以疫情结束后,要认真进行总结,不断改进,充分发挥其长处,选取一些课程主动在平时开展线上教学。②线下为主线上为辅,就军队院校常态下的教学而言,线上教学不宜作为主流方式,原因主要在于,军队院校有相当一部分课程涉军,基于保密要求不能在互联网平台采用线上教学方式,在军网平台开展线上教学硬件条件往往难以满足,而非涉军课程可以在互联网平台采用线上教学方式(但营区连接互联网、学员使用手机等受到极大限制,学员基本上都是集体学习和训练,缺乏支配时间的自由度)。并不是说线上教学在军队院校就绝对不能开展,可以利用线上教学优势辅助线下教学,即根据课程的不同性质、不同特点,选择部分课程,充分利用节假日或自习时间开展线上教学。③线上线下做好衔接,本学期,有不少课程进行了线上教学,但因各种各样的原因,有的章节内容因涉军无法在线上讲授,有的实践类、操作性强的课程内容无法在线上实施,有的是线上教学固有缺陷所造成的,可能难以完全达到过去线下教学的效果和目的,因此,必须做好线上线下的有机衔接,圆满完成课程教学任务。

欧美高校混合式教学改革初探

王才懿 胡宗敏 王 臻

引言

混合式教学是当今世界教学改革的发展趋势,欧美高校在混合式教学上起步较早,处在世界前列。中国也在近些年来持续探索混合式教学的模式和方法,取得了巨大的进步,但是与欧美发达国家的高校相比,在很多方面还存在着差距。因此,探究欧美高校混合式教学改革的实施方法及特色,对中国大学教学改革具有一定的启示和借鉴意义。

1. 欧美高校混合式教学的实施方法

欧美高校由于网络普及较早,教育理念先进,开展混合式教学比较成熟,形成了一系列教学模式和实施方法。

1.1 平台层面:从社会到高校建立了丰富的混合式教学机制

欧美国家建立了发达的线上教学平台,包括美国的 Coursera、edX、Udacity 和英国的 FutureLearn 等。这些平台广泛地与其他机构和高校进行合作,比如,FutureLearn 合作的除了 36 所顶尖高校以外,还包括许多知名的组织,例如大英博物馆、英国文化协会、大英图书馆,等等。欧美高校注重技术支持,例如南安普顿大学成立数字技术服务团队,对于教学服务从过去硬件支撑为重心,转向深度服务以学生为中心的学习。加拿大多伦多大学设立线上学习策略办公室,其主要职责是确认、推荐、支持线上学习的解决方案并提供相应的技术服务。加拿大阿尔伯塔大学网络服务中心安全按照 IT 公司的理念和模式,引入企业服务文化,成立业务关系团队了解学院的服务需求,从过去零散服务转向集约服务,推进资源共享和服务理念的转变。英国考文垂大学应用的 Coventry Moodle 网络自主学习系统,不仅给学生提供丰富的网络学习资源,还提供了很多实用功能,例如:在线测试、论坛、电子档案等。美国德州阿比利大学的在线网络学习系统,采用的是 canvas 网上学习软件,学校网络中心有位专业课程设计人员,指导老师和学生去使用这套系统,并根据教授们的喜好制定特殊板块。

1.2 教师层面:依托网络进行教学设计和实施的理念

欧美高校混合式教学中教师科学地设计教学活动,包括在线课程、慕课视频、在线答疑,组织研讨,测验考试,学习反馈等。课程组织结构比较灵活,以能力培养为主,例如美国加州州立大学萨克拉门托分校(CSUS)对于那些实践性要求高的课程坚持"做中学"(Learn by doing)的理念,例如"Introduction of Logic Design"课程①,见图 1。

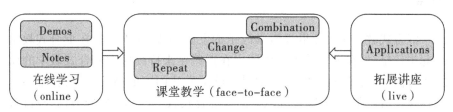

图 1 "Introduction of Logic Design"课程混合式教学示意图

该课程构建的特点是教学资源建设和教学过程均以实践为中心:首先是在线学习,课程的电子资料(Notes)分析案例(Demos)的教学视频;然后是重复(Repeat),改变(Change),要求学生完成新的设计及分析,还有综合(Combination),即要求学生能同时使用多个芯片,完成复杂电路的设计和分析;最后,通过邀请相关企业的人员来办讲座,使得课程与实际应用紧密结合。

1.3 学生层面:更加开放而自由的自主学习

欧美高校丰富的教学平台和教学资源,让学生可以更加开放而自由地自主学习。学生可以在教师的指导下预先上线阅读教师提供的学习资料,提前思考,以便于为后面的集中研讨和上台展示做好准备,例如英国考文垂大学的"MOOCs+课堂研讨"混合式课堂教学:第一步,教师上传简洁明了的MOOCs 教学微视频;第二步,学生学习 MOOCs 微视频,可反复观看;第三步,现实课堂的小组协作和探究研讨,强调教学过程的互动性,学习氛围相对轻

① 周静,Smith,Perry Heedley,Dennis Dahlquist,侯世英,Lorenzo M. 美国 CSUS 混合式教学实践经验的浅析[J].电气电子教学学报,2018,40(2):92-96.

松自由。这种混合式讲授模式增加了教师和学生、学生和学生之间的互动，克服了学生完全自学学习意志薄弱，网络学习流于形式的问题，提高了学习质量和效率。英国南安普顿大学的学生利用论坛、博客推动了异步讨论，Skype 电话、webinars 在线研讨、Twitter、Facebook 等社交媒体则促进同步交流和学生建立自己的学习网络。学校 Vevox 系统可以实现互发信息、评论及反馈，教学辅助系统（Blackboard）也可以实现小组讨论、合作作业。美国杜佩奇大学把线下学习与在线学习交错进行，线下学习以学生小组讨论为主，教师拓展补充，每周进行两次，其余时间留给学生在线学习[①]。

1.4 学校层面：建立科学的课程考核体系

在混合式教学中，欧美教师非常重视教学过程考核评价，例如，美国明尼苏达大学的教师对"Advertising in society"课程运用多种方式进行考核，有笔试考核、论文考核等。两次笔试只占30%的成绩，而案例论文以及学期论文共占50%，小组讨论占10%，课堂参与占10%。美国南方理工州立大学重视学生学习过程的考核。美国布朗大学还特别重视教学考核后的信息反馈，根据存在的问题对学生进行个别辅导。

作业提交可以采用在线多选题测试、数字故事、自述报告、视频、音频、小组项目合作、作文或论文、游戏的形式，教师引导学生进行自评和同行评议，让学生在学中做，做中学。学生之间的相互评分，提供修改建议，让学生不断提高，同时也避免学生作业作弊的现象。同样地，老师也可以用视频的方式给学生的作业作评价。哈佛大学曾经组织学生学习小组的实验，发现在线学习小组可以让学生分享才华，完善笔记，相互支持，相互讲解难点，能够掌握更多课堂以外的信息，课堂气氛更加活跃。[②] 这样多样化的考核机制和评价标准，有利于全面反映学生的学习状况。

2. 欧美高校混合式教学的实践特色

欧美高校在混合式教学中贯彻了先进的教学理念，并在实践中不断探索创新，具有实践特色和成功经验。

---

① 舒畅.美国混合式教学对我国高职院校教学的启示[J].江苏高职教育,2019,19(2):17-20.

② 谭其佳,覃朝晖.E-learning 在美国大学教学中的运用研究与借鉴[J].亚太教育,2016(33):115-116.

2.1　坚持高校教育资源的开放性

从世界首门 MOOC 诞生起,开发者希望实现这样一个目标:任何人在任何地方任何时间都能获得最好的学习资源和机会。线上教育的发展和实践经验的积累,使得资源的开放和共享逐步实现。英国的 36 所大学联合创办的 Future learn 是以一种跨校联盟的形式,任何学生都可以接受优质的线上教育资源。英国南安普顿大学一直是 Future learn 的参与者,对于南安普顿学生而言,只需创建一个账号,就可以进入 Future learn,获得成百上千门课程资源。加拿大多伦多大学,作为安大略省政府资助的非营利公司——"安大略智慧校园"的重要成员,牵头实施了开放多伦多大学计划,促进发现、使用、创建和共享开放课程和资源。目前,该计划主要包含三部分:开放课本,某一学科或领域内连续和完整的知识的集成;开放模块项目,某一学科或领域的基本问题组成的独立的学习模块;创新项目,开放一些教学和科技的创新研究项目,吸纳教师、研究者们的广泛参与。

2.2　凸显因材施教和灵活反馈的特点

英国南安普顿大学,遵循层次教学原则,教师先做目标分层工作,便于因材施教。在学生备课也就是教师指导下的课前预习中,教师充分考虑不同层次学生知识掌握的实际情况,做到因人而异,能根据不同学生的实际情况做出相应要求,确保学生课前预习的有效性。

欧美高校的教学反馈结合网络本身所具有的先进性、创造性、趣味性,制定游戏化的教学设计,教师将网络教学内容合理安排在课堂游戏中,从而提高学生的学习兴趣。比如,考核采用游戏通关形式,实行满分通关制,由易到难、分阶段进行,并巧借影像、音频课件,学生积极参与游戏,逐步掌握每章节的知识。为激发学生自主学习的积极性,基于题库的支撑,允许学生在时限内多次进行单元测试,刷新平时成绩。这样的反复练习有助于对知识的牢固掌握,也体现了课程测试的目的不是要"考倒学生",而是鼓励积极地自主学习。基于题库的考试功能和实时监控形成了在线考试功能,在线监控功能则保证了考试成绩的有效性。

2.3　形成以学习者为中心的课堂文化

欧美社会机构及高等院校一切以学生为中心,课堂呈现"四多"的特点,即教学互动多、在线学习多、讨论问题多、反馈作业多。加拿大多伦多大学帮助教师有效确立成果导向的学习目标,大力推进"以学生为中心"的形成性评估,通过具体的、实时的评估反馈,帮助教师对教学进行重新思考并调整教学策略以更好地匹配学习成果。学校建立了主动学习教室,给学生提供交互式和合作式的学习体验,帮助学生对学习的过程进行反思和发展高阶的思维能力①。除此之外欧美高等教育始终贯穿着职业生涯教育,组织学生实习实训,体现全流程培养的特色,将职业知识、职业技能有计划地渗透到学科教学中。所以,美国高校教育的服务对象不仅包括在校学生,也包括已经毕业的学生。

3. 欧美高校混合式教学的启示及路径探析

欧美高校混合式教学经过长期发展,树立了成熟的理念,形成了鲜明的特色,积累了丰富的经验,对我国高校深化教育改革提供了借鉴和启示。

3.1 更新教育理念,加大改革力度

混合式教学需要通力合作更新教育理念,加大改革力度:①教师要与时俱进,更新教学理念,即混合式教学模式要求从"以教为主"转向"以学为主",要更注重交互性强的在线教学设计,激发学生学习的兴趣,保证有效学习;②树立"学生"为主的思想,就是实施混合式教学,学生是学习的主体,学校要合理安排学生课堂学习和在线学习的时间,教师除了积极引导学生开展在线学习外,还要建立监督管理制度,如在网络系统设定学习流程,即设置课前思考、在线学习、阶段测评、总结反馈等;③改革教学评价体系,即为了调动教师的积极性,学校应及时出台奖励政策,鼓励教师实施混合式教学,同时还要改革对学生的评价体系,强调评价的持续性、多元化、及时性、全面性,并及时反馈,多组织形式丰富而有效的评价方式,比如游戏通关,用制作的影音作品提交作业,等等。

3.2 注重教师技能培训,提高网络教学能力

实施混合式教学模式,教师必须具备网络教学能力。尽管部分高校教师已经开始尝试将人工智能、虚拟现实、3D 技术等各种新技术,融入混合式教学的各个方面,但是高校教师仍旧普遍面临技术性困境:①制定教师培训规划,满足教师培训需求,鼓励教师参加培训班,通过科学的学习,培养网络教学素养;②创新培训模式,增强培训效果,教师往往会面临着网络教学、科研任务和自身专业发展等多重压力,直接影响其参与网络技能培训活动,工

---

① 薛成龙,李文.国外三所大学线上教学的经验与启示[J].中国高教研究,2020(04):12-17.

学矛盾突出,为此,可采用"微课程"方式进行网络教学培训,使受训教师能随时随地接受培训;③拓宽培训渠道,提倡和地方大学或者公司进行合作,参与其培训项目,扩大教师网络教学培训渠道,通过培训,建设一支专业化的网络教学师资队伍,提升教师网络教学能力。

3.3 建设在线开放课程,实现教育资源共享

我国高度重视教育资源整合与共享,国内的在线教育平台发展迅速,出现了学堂在线、中国大学 MOOC、雨课堂等比较出众的线上教育教学平台,形成了一大批国家精品在线开放课程。但也有一些不足,比如网络教学内容的设计缺乏创新,多数教师只是将书本内容归纳总结,然后借助多媒体设备在课堂上播放出来,并没有实现真正意义上的混合式教学。面向混合式教学继续推进的未来,还需要进一步加强开放课程建设,实现教育资源共享。①发挥教育主管部门对课程资源开发建设的统筹作用,并建立课程资源共享机制,促进不同区域、不同学校、不同群体的教育均衡发展。②发挥高校整合课程教育资源,开发课程的主力军作用,而高校应着眼未来,打造混合式教学的精品课,示范课,开放课。③教师应提高混合式教学设计的能力,将以往的静态教学资源变为动态教学资源,并建立教学资源网络共享平台,结合相关音频、影像、动画、图片文件等教学资源。

3.4 加强教学设施建设,提供教学软硬件保障

第一,混合式教学必须改造和提升现有学习空间,可以看到国外大学传统的物理学习空间发生了明显改变,图书馆不再只是藏书场所,而是变成学习中心和学术交流中心,大学教室变成了智慧教室、虚拟教室、小组讨论室等多样化格局。

第二,高校教学场所要配齐适应混合式教学的多媒体教学设备、建立线上教学的软件系统,而大数据、人工智能、云计算等在教育领域渗透应用,使得对于这些互动数据流的挖掘、分析和解释有助于更好地理解学生学习行为、态度和偏好,进而帮助他们用个性化的信息塑造未来。

第三,建立深度支持教师和学生的技术团队,以南安普顿大学为例,IT服务团队重要服务还包括通过在线视频教学、Workshop 等形式,帮助教师和学生使用各种教学平台和辅助软件,给教师个性化教学设计提供技术支持。

结束语

　　随着技术的进步,网络化、信息化、智能化的混合式教学是大势所趋。在知识共享理念下,我们要借鉴欧美高校混合式教学的经验,结合中国高校的客观实际,探索并总结混合式教学的机制和方法,推进我国教育教学继续向前发展。

军校英语网络化课堂教学的应用探索

姬昱昕　杨　桃

在"互联网+"概念迅速传播的今天,传统课堂也要积极拥抱网络技术。为了适应当今和未来对于军人能力的要求,必须建立起一套新的以培养学生创新和信息能力为基础的培养体系,培养军校学生从单纯的信息记忆到检索、应用和创新信息的能力,而课堂教学是培养学生学习能力的主要渠道。如何在传统课堂教学的基础上引进信息技术,加强学生的主体作用,这就是网络化课堂教学所研究的内容。

1. 军校英语网络化课堂教学的必要性

首先,国家军事化战略要求提高信息化建设。21 世纪是信息化的时代,计算机和互联网的迅猛发展深刻地改变了多个领域的固有形态,习近平总书记也强调军队信息化建设的抓手是网络信息体系建设。对于培养国际化、高素质军事人才的军校而言,必须在日常教学过程中紧跟信息体系建设的步伐,这是新形势对课堂教学的新要求。

其次,传统的教学方式存在一些问题。传统的教学以教师为中心、以讲授为主的单一教学模式约束了学生自我探索的空间,这种灌输知识的方式也容易造成学生认知错误。教育部颁布的《大学英语课程教学要求》提出了网络化自主学习的新模式,要求"各高等学校应充分利用多媒体和网络技术,采用新的教学模式改进原来的以教师讲授为主的单一课堂教学模式。新的教学模式应以现代信息技术,特别是网络技术为支撑,使英语教学不受时间和地点的限制。朝着个性化学习、自主式学习的方向发展"①。

最后,国际化军事活动需要提高英语水平。新时期我军对外交流日益频繁,联合军演、国际维和、护航、撤侨、军校互访等非战争军事行动无不对

---

① 教育部高等教育司.大学英语课程教学要求[M].上海:上海外语教育出版社,2007.

全体官兵的外语能力提出新的要求。反观我军军官的外语能力,特别是听说能力相比所执行任务的要求还有一定差距。如何调整教学方式,提高军校学生的听说水平,也是亟须解决的问题。

因此,借助便捷的互联网,改进课堂教学的内容和方式,进而提高教学质量,对于军校英语教学而言是十分必要的。但网络化毕竟只是一种信息化实现手段,如何借助网络化实现课堂教学的目的,需要借助教学理论的指导,"寻找穿过所不熟悉的领域的道路,一般需要某种地图"①,而建构主义作为殿堂级的教学理论中,刚好能够为网络化课堂教学提供范式。

2. 建构主义理论发展概述及内容要求

建构主义最早起源于心理学家皮亚杰的发生认识论,一些心理学家又在其基础上对建构主义理论进行了发展。20 世纪 80 年代中期,冯·格拉赛斯弗尔德正式提出建构主义理论,其核心内容就是:"知识不是被动接受的,而是认知主体积极建构的"②。

建构主义教学理论的主要观点如下:

(1)学习不仅仅是外部刺激的结果,还是外部环境与认知主体内部心理相互作用的结果。学习者已有的发展水平是学习的决定因素,因此教师在教学过程中一定要注意学生已有的知识水平,不能超越学生的认知和理解能力,揠苗助长。

(2)认知主体对学习具有能动作用,人脑并不是被动接受和记录输入的信息,而是主动建构对信息的理解,以他已有的认知结构为依据,对信息进行主动选择、推理、判断,进而建构起事物的过程。对教师而言,就需要考虑如何调动起学生的积极性。

(3)形成有效学习的学习环境。"情景、协作、会话和意义建构"是建构主义学习环境的四大属性。真情实景是达成"意义建构"这一最终目标的必要前提。因此学生的学习应当在一定的情境中进行。教师需要运用场景中的各个因素来诠释知识,将知识与学生的经历结合起来,使学生在自己的情景中学习。

(4)学习过程是一个双向建构的活动过程,它有两方面的含义:其一,学习者凭借已有的经验来理解新的信息;其二,具体的情景影响学习者从已有

---

① 亨廷顿. 文明的冲突及世界秩序的重建[M]. 周琪,刘绯,张立平,等译. 北京:新华出版社,1998.

② 周小山. 新课程视野中的教育[M]. 北京:北京师范大学出版社,2002.

的认知结构中提取的相关信息。这说明教师在设计课堂教学时,既要考虑到学生已有的认知水平,也要设计好适合的场景帮助学生解读新的知识。

3. 基于建构主义的网络化课堂设计

在网络化课堂教学中,网络只是教学的实现工具,课堂教学才是最后的实质和目标。如何借助网络形成有效的学习环境,是我们需要面对的课题。根据建构主义的教学理论,在基于网络进行课程设计时,首先要把老师为中心的教学模式变成以学生为中心;同时在具体课堂教学时,要围绕"情境""协作""会话"和"意义建构"的认知过程进行课程设计。

3.1 改变教学观念

"以教师为中心"的教学理念历史源远流长,在整个中国封建社会时期都是如此;19 世纪,德国的赫尔巴特确立了传统的"课堂、教师、教材""三中心"教学理念,其核心是以教师为中心,与中国的"尊师重道"文化不谋而合,至今"以教师为中心"的教学理念在我国高校的教学实践中仍然占领主导地位。但建构主义认为,学习是学习者在原有经验的基础上,主动、积极地进行有意义建构的过程,其认知受到原有经验、文化背景的支持与限制,学生不是空着脑袋走进课堂的。换句话说,获得知识的多少取决于学习者根据自身经验去建构有关知识的意义的能力,而不取决于学习者记忆和背诵教师讲授内容的能力。

"最好的学习是个性化的学习——正确把握个性与共性的关系是学习智慧的精髓"[①]。建构主义提倡在教师指导下的、以学习者为中心的学习,也就是说,既强调学习者的认知主体作用,又不忽视教师的指导作用,教师是意义建构的帮助者、促进者,而不是知识的传授者与灌输者。学生是信息加工的主体、是意义的主动建构者,而不是外部刺激的被动接受者和被灌输的对象。因此建构主义对老师提出了更高的要求,不仅要求教师熟悉专业知识,此外还要求教师具有现代教学理念、广阔的视野及课程开发设计、网络知识运用、课件制作等多方面的能力。

3.2 基于建构主义的网络化课堂设计

3.2.1 围绕"情景"的课程设计

建构主义理论认为,教师要提供提出的问题情境或实例促使学生反思,

---

① 高文,徐斌艳,吴刚.建构主义教育研究[M].北京:教育科学出版社,2008.

引起学生必要的知识冲突,从而让学生最终通过其主动的建构形成新的认知结构。因此,军校英语教学的课程设计要充分体现"军味",要以学员学习的需求为起点。军校学员是大学生,但首先是军人。军校英语教学必须具备军事特色,落实到教材中就要反映学员的生活和实践。军事英语教材应当创立切合学员生活的语境,并随着学员军事专业背景知识的丰富适当加大文章的难度。网络教学资源的准备上,就要充分筛选,并与其他军校进行资源交互;同时要充分利用本校的英语教师资源,对收集的教学资料进行修订、编辑,进而形成本校特色的包含文字、音频、视频的网络教学资源;在教学资源"本地化"之后,具体的课堂设计上要围绕一个关联的课题进行研讨发散;在具体的教学中可以创设或模拟真实学习情景,学习者可以通过虚拟课堂讨论、网络交谈、角色扮演、游戏、实际实习和反馈等多种手段模拟现实课堂中亲和方便的人际交流方式。

3.2.2 以"协作"和"会话"作为手段的课堂学习

学生新的知识是通过同化(认知结构数量的扩充)和顺应(认知结构性质的改变)的方式获取的。"会话"是协作过程中必不可少的手段,具体包括学生之间的会话及学生与老师之间的会话。学生把当前学习内容所反映的事物尽量和自己已经知道的事物相联系,并对这种联系认真的思考,这个过程就是"自我协商"的过程。如果自我协商无法得到想要的结果,那么"相互协商"(学习小组内部相互之间的讨论)的方式则会大大提高学习的效率。网络化课堂提供了更好的协作环境,良性的人机互动及互联的知识资源能够极大提高自我学习的效率,而围绕军事化教学场景的实时团队互动也为相互协商提供了便利。

3.2.3 以实现"意义建构"为目的的课堂

英语作为一门语言应用类课程,最重要的是能够应用它表达自己的想法,这就决定了英语教学的关键之处——培养能力,培养军校学生主动应用语言或文字表达自己想法的能力。如何基于网络化课堂提高学生的语言能力呢?笔者认为有三点关键之处。

(1)学习的延续性。网络资源与课本资源相比,具有极好的共享性与延续性,虽然学生的自主学习可能缺乏计划性,但网络会自动记录该学生的学习状况、学习节点,进而在学习时能够快速实现信息粘连。

(2)能力的即时验证性。传统作业布置与验证需要空间和时间的间隔,比如学生当天提交,老师第二天才能将学习结果进行反馈。但网络教学就能够实现实时反馈,对学生的单词、发音和阅读状态进行打分与评估,进而针对性地纠正和提高学生能力。

(3)评价的延续性。仅仅依赖学生和网络的评估是远远不够的,老师也是网络课堂的重要参与者之一。老师需要根据学生的学习结果进行延续性分析,结合之前和当下的学习状态,进行针对性地评判和调整,进而能够使学生的英语表达能力实现螺旋式上升。

4. 对于网络化课堂教学的几点思考

现阶段,网络课堂在课程改革、新的教育理念以及现代信息技术的飞速发展下应运而生。但任何一种新的教学模式的发展都需要经过不断的实践摸索与理论完善,对于传统堂课堂教学而言,网络课堂仍有许多具体典型的问题需要克服。

4.1 课堂时间

传统课堂的一个课时是 45 分钟,但对于网络化课堂教学而言,完成"情景导入——自主探究——网上交流合作——反馈评价——归纳总结"这一系列教学环节,是非常困难的。因为学生作为网络化课堂教学的主体,需要花大量的时间查找信息、合作学习,要想提高学生参与课堂教学的广度和深度,必须给学生留出足够的时间用于自主探究学习。如果短期内无法实现弹性课表,教师应根据教学任务制订一系列专题课。在具体进行专题研究时,需要围绕课程目标制订详细的实施计划,这样才能既不偏离教学计划,又给学生留了充足的自主学习时间,从而达到网络课堂教学的最优效果。

4.2 互动方式

在网络课堂中,及时聊天工具加深了学生与学生、学生与老师之间交流的深度与广度,网络资源给学生的自主学习提供了便捷性。但这些工具本身割裂了学生与老师之间的情感交流,教育的目的除了知识和智慧的增长,更重要的是人格和情感的健全。键盘和鼠标是无法完全替代眼神和语气的,网络教学并非是要完全颠覆传统课堂教学理论,相反它是对传统课堂教学的进一步完善和发展。因此,要对网络课堂中的交流方式进行分类,如果需要即时回答并且深度较浅的问题可以借助网络即时互动,而对于具有一定深度且无法当场完整回答的问题,建议采用线下交流的方式。

4.3 课堂管理

课堂管理是课堂教学活动中非常重要的一环,其管理的有效性直接影响学习效果。在网络教学中,老师一方面要调动学生学习的积极性,另一方面又要使学生专注于教学目标。由于传统教学模式的惯性,老师和学生可能无法快速适应网络课堂这一新的教学模式,学生不知如何恰当地运用网络资源,导致最终的学习成效不明显。这时,老师的控制和引导作用就体现出来了。除了运用传统课堂一些常规的巡视、表扬、批评和提问的管理方式外,也可以通过权限控制,比如加入某个小组的讨论。这样,既能够了解学生在学习过程中产生的问题,也是督促学生提高自制力的方式。

结束语

目前,网络课堂教学还处于起步阶段,其推广的范围和应用的深度相对于传统课堂教学而言都还有很多差距。但伴随新课程改革的逐步深入及科技强军的深入人心,网络课堂教学势必在军校教学中获得快速的应用和发展。因为这种方式不仅教授了学生知识,更多的教会了他们学习知识、探讨问题的方法,培养了他们独立的人格和创新精神,为他们成为合格的现代军人提供了坚实的基础。

混合式和在线教学视角下的学术英语写作教学：文献回顾及评述

陈　聪　　曲婧华

引言

学术英语写作是诸多要素的产物,包括受众、目标、组织、风格、语流和展示①。二语学习者在学术写作方面存在诸多困难:内容层面,缺乏创新,体现在方法设计存在缺陷;语言方面,表达不畅,体现在情态体系和篇章处理;文化方面,作者本身的学术背景如国籍和单位限制论文发表②。为解决这一难题,诸多院校面向不同专业背景的研究生(硕士和博士生)开设了学术英语写作课程。以作者所在的研究生英语教学组为例,《科技论文写作》是一门基础性必修课程。根据学生第一学期的读写成绩分班教学,《科技论文写作1》针对部分学生在未来发表论文时主要涉及英文摘要写作的现实需求,主要讲授英文摘要的基本结构及写作方法。《科技论文写作2》把专业论文阅读和论文写作技巧相结合,旨在培养学生以英语为工具获取科技信息和撰写科技论文的能力。《科技论文写作3》把课堂研讨、论文撰写和论文投稿、发表相结合,旨在培养学生以英语为工具获取科技信息、撰写科技论文和参与国际科技合作与交流的能力。

近十年来,混合式学习模式(blended learning)在高校教学中蔚然成风。教与学中究竟混合了哪些要素? Bonk 等③在其著作 *The Handbook of Blended*

---

①　Swales,J. M. ,Feak,C. B. Academic writing for graduate students:Essential tasks and skills[M]. Ann Arbor:University of Michigan Press,2004.

②　Uzuner,S. Multilingual scholars′ participation in core /global academic communities:A literature review[J]Journal of English for Academic Purposes,2008,7(4):250 −263.

③　Bonk,C. J. ,& Graham,C. R. The handbook of blended learning:Global perspectives,local designs[M]. John Wiley & Sons,2012.

Learning:Global Perspectives,Local Designs 中明确指出,这种模式包括多种教学模态的融合,多种教学手段的应用以及线上和线下教学的结合,强调计算机技术的应用。

在线教学作为远程教学最流行的一种模式,近些年呈现出显著的增长趋势。据斯隆基金会的一项调查,截至 2013 年,77% 的高校提供了在线课程①。技术在在线教学中扮演的角色是多元的。其一,技术是底色,是教与学的场所。其二,技术是个人的延伸,渗透生活,成为个人生活不可或缺的一部分。其三,技术提供了另一种阐释视角,从现实世界抽离,进入虚拟场景,看问题的角度也被赋予新的意义。其四,技术是一种拟人介质,如在线测试打分功能就是模拟教师工作。

但目前针对混合式学习和在线学习研究,还停留在技术与应用层面。技术与教学是割裂的,近十年的国内文献回顾也表明,国内对于技术应用背景下教与学的研究少之又少②。本文将以学术英语写作课为例,梳理近十年国外的优秀做法,着眼于技术如何融入教与学环节之中。

1.国外在线课程设计理论框架和实践方法

Marjorie 和 Kristen③ 在其著作 *Essentials of Online Course Design* 中,指出在线教学包括三个组成要素,分别是呈现新知识与新技能、筹备活动与资源、提供评价与反馈。该书作者认为,这种在线教学可以且理应是有趣的。这种趣味性体现在几个方面:

(1)多模态的知识呈现方式。如音频、视频、影像、文本等能抓住学习者的兴趣,发挥其想象力。

(2)提供的内容除了是静态的。如上文提到的音视频资料,还应该锻炼学生的实际操练能力(hands-on)。

(3)内容是真实有意义的。这样才能促使学习者建立知识和现实世界的联系。

(4)合作学习。学习者完成自身学习任务的同时,也能对他人学习提供

---

① MAJOR,C. H. Teaching online:A guide to theory,research and practice[M]. JHU Press,2015.

② 郝丹.国内 MOOC 研究现状的文献分析[J]. 中国远程教育,2013,11(21):42-50.

③ VAI,M.,SOSULSKI,K. Essentials of online course design:A standards-based guide. Routledge,2015.

帮助。这种学习社区(learning community)能够培养学习者的批判性思维。

（5）勤于反思。自我评价促使学习者保持自我审视的能力。

（6）对多种学习方式反应灵敏。比如,能识别出学生的学习习惯,哪些是内向型学习者(intrapersonal learner),哪些是外向型学习者(interpersonal learner)。本文作者认为,这种趣味性体现在内容多元,真实,可操作,易识别。

值得一提的是,一套完整的学习管理系统(Learning management system,以下简称LMS),对于各种课程都有较强的实用性。LMS的基本架构包括:①课程公告。②教学大纲。③每周课程。④讨论区。⑤共享文件夹。⑥各种材料。⑦成绩簿。⑧课程邮箱等。在此基础上,还可以添加博客,wikis,测试、学习小组等。作者在每个部分都给出了操作性极强的建议,如课程公告方面,教师要明确学生回复邮件的截止时间、如超过48小时未回复,则算作缺勤;再如,学生可以看到个人的动态成绩簿,每项活动的打分情况,督促学生自我反思和监督。关于如何搭建学习小组,作者也给出了多种组队方法。根据任务的性质和难易程度,可以按照能力相同、能力不同进行编排,也可以给组内每名同学设置不同的任务,让不同组之间相同任务的同学相互学习交流。关于测试,作者提到,并非所有的技能和知识都用一种评价方式。为了减轻学习压力,促进个人反思,有些任务不应设置打分评价,可以计入评价的活动包括课堂讨论与参与、小组活动及自我评价等。评价主体除了常规的教师、同伴和机器评价外,还可加入该专业领域的客座专家。评价内容包括需要改进的地方、建议、进步表现等。此外,评价应及时、频率固定。

2. 基于混合式和在线学习的国外学术英语教学实践与成效

国外在学术英语写作在线教学领域方面进行了长期且有效的探索,以teaching academic writing online为关键词,将搜索时间范围设置为2011—2020年,可以找到66.6万篇相关文献,而以"学术英语写作在线教学"为关键词,设置同样的时间范围,结果显示只有2.51万篇中文文献,且题目中涉及"在线"的文献少之又少。因此,回顾国外相关领域的优秀做法对于促进当下高校学术英语写作在线研究具有重要的借鉴意义。

作者梳理了近十年的相关文献,将从技术平台和课程设计两个维度回顾该领域的相关做法。

2.1 技术平台

学术英语写作课程常用的在线工具有Wikis、博客、Google. doc、Moodles

等。Wikis 和 Google.doc 支持多人同时在线编辑、更改,方便教师建立协同写作小组(图1)。而后期的反馈和评价也依托一定的平台,如论坛、数据库、投屏、YouTube、Turnitin 和 Grademark 等。以数据库 Moodles 为例,学生可以上传文章,之后得到一份详细中肯的反馈报告。这种及时有效的在线反馈平台极大地减轻了教师的负担,因为写作教学对教师而言,费时费力①。

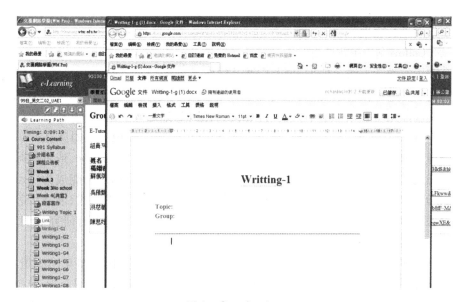

图 1   Google.doc

虽然类似于 Wikis 这种在线同时编辑软件使用者较多,但不存在最优写作技术。使用在线技术之前,教师应向学生解释该项工具的学习价值和学习成果的关系,以及最佳使用方法等②。这对教师的信息使用能力要求较高,因此有大量文献认为,应加大对教师的技术培训和指导③。没有一定的前期培训,这种写作辅导效果有限④。

①   Wijeyewardene,I.,Patterson,H.,Collins,M. Against the odds:Teaching writing in an online environment[J]. Journal of Academic Language & Learning,2013,7(2):A20–A34.

②   Scott,D.,Ribeiro,J.,Burns,A.,Danyluk,P.,& Bodnaresko,S. A review of the literature on academic writing supports and instructional design approaches within blended and online learning environments,2017.

③④   de Smet,M. Online per tutoring behavior in a higher education context[M]. KU Leuven University,Belgium,2008.

2.2 课程设计

为了解决互联网背景下的学术英语写作问题,Scott 等认为,我们应从关注技术转向关注具体的教学手段或教学设计,其宗旨是促进学生学习。技术平台应和有效的教学实践相辅相成,而当前的困境在于教师不了解在在线教学背景下如何设计课程。本文将从知识构建、互助反馈和效果评估三个方面进行梳理。

Collins 等①在新英格兰大学进行了为期 5 年的在线教学实践,总结了一套实用的教学方法。他们开设了两门写作基础课(foundation units)。第一门基础课以体裁讲解为主,训练学生的体裁结构意识和批判性思维。第二门基础课则重在训练学术英语写作的语言意识,如通过实践、练习和评价等环节,让学生了解语法、风格、段落结构和引用等相关知识。该团队在知识讲解方面,主要采用网上丰富的优质视频讲解材料,比如 YouTube,或者教师制作的线上视频。研究者发现,学生通过这些生动的视频介绍,能成为主动的学习者,帮助其构建学术写作相关的知识。这种翻转课堂模式,能减少教师课堂解释的时间,让学生提前了解并思考学习内容②。但也有研究表明,除了提前看慕课,教师仍需要面对面讲解。

更多的文献将关注点转向运用线上文档处理平台搭建协作互助小组。这种互助小组多采用同伴共同修改一篇文档的方式。Lekha 和 Lina③ 曾撰文指出学生将在线合作写作(online collaborative writing,简称 OCW)视作一种互动、支持空间。其特点是学习者共同创设,需要教师安排和指导。类似于论坛的聊天功能有助于学生相互学习讨论、取长补短。诸多研究表明,这种在线讨论的方式能够促成学习者社区的建设,鼓励深度学习,并且当讨论被纳入课程评估时,学生更愿意参加这种有意义的交流互动。具体的做法包括学生在线贴出某个问题的答案后,教师要求其必须点评其他学生的帖

① WIJEYEWARDENE,I. PATTERSON,H. ,COLLINS. M. Against the odds:Teaching writing in an online environment[J]. Journal of Academic Language & Learning,2013,7(2):A20–A34.

② PARR,J. M. ,TOWNSEND, M. A. R. Environments, processes and mechanisms in peer learning[J]. International Journal of Educational Research,2002,377(5):403–423.

③ LIMBU,L. ,MARKAUSKAITE,L. How do learners experience joint writing:University students' conceptions of online collaborative writing tasks and environments[J]. Computers & Education,2015,82:393–408.

子①。值得一提的是,这种评价并非无据可依,教师在开展学生互评之前,会对探讨的问题列出详细的评价原则,这样学生的回答就会日趋成熟,更有意思的是,这种探讨从线上互动延伸到课后的反思。比如,将这种探讨生成话题辩论,并要求学生根据学术写作的体裁要求,将辩论的想法生成学术写作。Tuomainen②认为混合式教学能够锻炼学生的沟通交流能力。学生认为混合学习是便捷的、灵活的、并且便于个人的时间管理。尽管关于在线互助写作的反馈多是正面的,如为学生提供了传统教学环境外的小组合作的可能,但一些因素仍会影响小组合作的有效性。一是缺乏教学法的支持,二是在线合作和人际关系处理不当,三是学生不情愿使用在线工具。

在线平台的使用,也促成了更加多元化的评价体系。常见的评价方法有教师评价、自我评价、同伴互评和档案袋评价③。技术带来的好处是,评价更加及时、方便。比如在线投票软件 Survey Monkey,Google Forum 广泛应用于小组评价。评价是否客观取决于教师设置的评价标准是否详细、准确。这一点和 Marjorie 的观点不谋而合,即教师要向学生清晰地说明学习要求和期待。因此在评价环节,不管是教师评价还是学生评价,都要有充分的证据佐证观点。除此之外,形成性评估需要量化数据,能体现学习者的进度,并且也要提供合适的机会,供学生检测、应用所学的知识和技能。

结束语

在线学术写作教学是一门耗时耗力的课程,仍然需要教学法的指导和实践,如优质的教学反馈和技术价值的阐释。毫无疑问,技术带来了教学方式的变革。但无论技术如何风起云涌,师生始终是技术的操控者,其目的是以教学效果为导向,让技术更好地服务教学。因此,我们要将使用技术的能力转化为具体的教学法和课程设计能力。

① Hofmeister, D. , Thomas, M. Using virtual learning modules to enhance and assess students' critical thinking and writing skills[M] // P. Comeaux. Assessing online learning. Bolton, MA:Anker Publishing Company,2005:72-87.

② Tuomainen, S. A blended learning approach to academic writing and presentation skills [J]. International Journal on Language, Literature and Culture in Education,2016,3(2):33-55.

③ 严明. 高校学术英语写作能力评价体系建构[J]. 外语学刊,2014(6),108-112.

模式方法篇

"工欲善其事,必先利其器"

——《论语·卫灵公》

"互联网+"背景下的教学重构与超越

王耀革　郭从洲

随着计算机网络技术和Internet的不断发展,网络为学生提供了海量的教育资源和日益成熟的在线教学技术平台,在线教学成为一种必要的授课模式,学生通过网络在线学习的方式成为教育发展的一个新的重要方向和途径。网络对高等数学课程课堂教学从"教"到"学"产生了革命性的影响,"互联网+"背景下的高等数学教学重构成为迫切和需要。

1. "互联网+"背景下的高等数学教学模式重构

"互联网+"背景下的教学,是在网络环境下,教师充分利用网络平台的教育功能和网上教育资源优势,师生远程进行同步或异步的教学活动。学生学习受时空的限制小,可以自由地选择合适的时间、地点,单独地进行学习;不同层次的学生,可以最大限度地利用各种教学资源,对于理解困难的内容,进行反复的学习,强化学生的主体意识,有利于培养学生的自学能力和创新意识,拓展学生个性发展的空间;但是忽视了教师的主导性,忽视了教师言传身教的情感因素在学习过程重点作用,师生之间,教与学之间时空分离,教师对学生的组织管理比较松散,对于自我约束能力不强的同学,容易出现放任自流的情况,容易造成学生两极分化。因此,有必要在"互联网+"背景下重构高等数学教学模式,按照"自学—重难点讲解—解疑答疑—练习巩固—分层次作业"的模式,将传统教学模式和网络教学模式二者结合起来,互相取长补短,优势互补相得益彰。

1.1　自学

这是"互联网+"背景下高等数学教学模式的核心步骤之一。自学不是学生随心所欲,各取所需的"自由随意性"学习。这里的自学是在教师指导下有目的、有计划地进行自主学习。教师预先搜寻线上课程优秀资源,慕课、优秀公开视频课,或教师自制学习资源,或者是公开视频课+慕课测试题等,自由组合模式,扬长避短,将学习资源"有计划"地提供给学生。同时教师"有目的"提出任务要求,如上交学习笔记、归纳总结学习内容、完成慕课测试题,等等,以任务驱动学生完成学习任务。"目的性"和"计划性",使得教师在"自学"阶段中发挥了主导作用,也是自学取得成效的决定因素。

1.2 重难点讲解

这是"互联网+"背景下高等数学教学模式的另一核心步骤。《高等数学》课程现有的线上资源,慕课或公开视频课,为了视频制作精美,都有一个共同的特点——"干净",也就是教师在讲慕课或公开视频课过程中没有语言的反复强调,没有版面的留痕,学生很难认识和准确把握哪些知识为重点内容,因此,在学生自学之后,教师需要围绕重难点再做必要的讲解和补充,围绕重点精心设计例题,由浅入深,由易而难,以求课堂讲授内容具体、深入,而且易懂、明确,使重点更突出、更丰满。重难点的呈现方式可以以板书的形式呈现,根据教学内容,精心设计突出重点的板书内容,力求做到板书的形式新颖、布局合理、有层次、别具一格,避免芜杂、混乱,突出重点。

1.3 解疑答疑

对学生在学习过程中产生的疑问,要面对面地与学生交流,先了解学生对问题是如何认识的,做了怎样的思考,在什么环节碰到了障碍;对学生产生的错误思路要认真分析原因,而对学生有价值有创意的思路要给予特别的肯定,发挥老师的指导作用,有些问题可顺水推舟,适当拓宽延伸,有些问题与学生一起来加以归纳总结,使学生得到的收获不仅仅停留在一个问题的解决上。答疑课及时反馈教学情况,体现教学相长,有助于我们发现并纠正在施教过程中存在的错误和不足。

1.4 练习巩固

美国数学家哈尔莫斯指出"学数学就是做数学"。这句话道出了数学练习的重要性,好的练习对于巩固知识,形成技能,提高数学能力,培养学生的创新意识,具有决定性意义。但是,这并非说要大搞题海战术,练的越多越好,教师应该精心设计与本课时教学内容相匹配的练习题和课堂检测题,在练习安排上,基础知识集中练,重点知识经常练,混淆知识对比练,易错知识针对练,难点问题分散练①,做到"精练"+"巧练",才能起到事半功倍的效果。练习可以通过雨课堂的形式呈现,教师能及时地收到各层次学生在练

---

① http://blog.sina.com.cn/s/blog_14d7e184f0102w5mg.html,2016.

习过程中对知识的掌握程度以及学生练习的速度、正确率等反馈信息，及时对练习的方式、练习量和练习的时间等做出调整，必要时还要增加或删去某些习题，从而提高练习实效，实现教学的最优化。

1.5 分层次作业

作业是教师与学生交流、沟通与反馈的平台。以往的数学作业往往是全班一步棋，不分好坏一律做同样的习题。这样做的结果往往是优良生吃不饱，学习能力没得到提高，发展受抑制，面对容易的题目产生骄傲自满的情绪，而中等生对于高于他们解决能力的题目感到压力，望而生畏，渐渐失去自信心，对学习失去兴趣，而且高等数学内容抽象，难理解，课程进度快，作业多，这就决定了作业存在较严重的抄袭现象。为确保每个学生能把课上的知识转化为真知，降低课后作业的失真率，可以将作业分层次，将作业习题分为起点题(由差生完成)，一般题(由中等生完成)，提高题(由优良生完成)。对优良生实行"跳一跳，摘果子"的原则，经过认真思考，动一番脑筋后才能回答总比在"伸手可得的果子"来的香甜可口，而且心情也特别激动和高兴，自尊心得到满足，学习的兴趣更浓厚；对中等生学生应适当安排略高于数学目标的强化性练习；对差生实行"低起点，多层次，够得着"的原则，选择难度低、信息量较小的题目，以消除他们的自卑心理，在作业处理上对他们优先提问，优先批改，优先辅导，以鼓励和表扬为主，提高他们的学习自信心，对学习产生兴趣。分层次作业可使不同程度的学生能在原有基础上学有所得，逐步提高。

2. 网课背景下的教学内容重构

高等数学教学内容按理论和实践分类，可分为概念教学和解题教学两大类。"重构"高等数学教学内容就是对概念、定理和例题进行"解构+重组"，即打破原有的教材布局，解构教材，将教学内容解剖成各个元素，然后根据突出重点、突破难点的需要来重新组合。这是对教学思路的一种整体规划，是要求教师在对教学内容和教学素材非常熟知的情况下进行的一种有理有据的创造性活动。

2.1 重构概念教学，注重思维训练

高等数学中很多概念都有着良好的物理背景或几何背景以及历史文化内涵。但高等数学教材，往往比较重视知识的逻辑结构，很少呈现出知识的形成过程和文化背景，而互联网为我们提供了丰富数学史料资源。在概念

教学中,结合概念的几何背景、物理背景和数学史料,一方面可以揭示概念产生的实际背景和基础,让学生亲历知识发现的过程,在暴露数学概念生成的思维方式上多下功夫,并注意揭示出概念的本质①,完成由较为直观的表述向严格的形式化表述的转化,把生动活泼的理性思辨通过数学概念的生成传导给学生,实施能动的心理和智能的导引。另一方面可以使学员感受到高等数学丰富的文化内涵,改变概念课的抽象、枯燥、乏味,提高对数学学习的兴趣,扩展高等数学课堂的张力,使高等数学的课堂显的丰满而有活力。例如,在讲定积分的概念时,首先,从定积分概念的起源讲起,古希腊时期阿基米德就曾用求和的方法计算过抛物线弓形图形的面积,我国古代数学家刘徽提出的割圆术求圆面积,以及牛顿—莱布尼茨微积分创始人之争,激起学生学习的兴趣;然后,及时抛出问题——如何求解曲边梯形的面积,引发学生思考,先引导学生思考与曲边梯形面积不会求的原因———一条边是曲线段(非均匀变化函数),而形状类似图形且会求、易求面积的有矩形(或直边梯形)—均匀变化的线性函数。如果直接将整个区间上的大曲边梯形用矩形代替,求面积时误差较大;如果是很小一段区间上的小曲边梯形用矩形代替,虽然仍有误差但是误差不大,因此,将区间化整为零,无限细分,每一小区间段都非常短(小区间长度 $\triangle x \rightarrow 0$),对应的每一小曲边梯形面积都用矩形做近似,误差都不大。这里化整为零的目的是近似代替,近似代替的原因是用已知知识解决未知的问题(用均匀变化函数的性质解决非均匀变化函数问题),将每一小区间段对应的小曲边梯形用矩形代替求出面积之后,叠加即得到大的曲边梯形面积的近似值,由近似到精确,运用极限方法即可得到。同理,让学生用类似的思想方法求解变速直线运动的路程问题,结果,两个不同的问题在同样的思想方法下得出了相同的数学模式,这样,经过步步启迪,让学生归纳定积分解决问题的思想"化整为零→近似代替→积零为整→取极限",抽象出定积分的定义便水到渠成了。如果我们成功引导学生得到定积分的概念,对他们学习重积分、曲线积分与曲面积分的概念都是一个很好的启迪。

2.2 重构解题教学,重视解题理论

数学教学有重视解题的悠久传统,人们也一直认为,掌握数学的一个重要标志就是善于解题。但是这种重视主要表现在操作层面上,如"模仿"+"练习"、勤学苦练、熟能生巧等,缺乏"解题理论"的科学指导。教师在讲解

---

① 熊淑艳,方瑛.高等数学概念教学的问题与对策[J].华中师范大学学报,2008(3):9-11.

典型例题时,将解题过程分为两个阶段:第一阶段,利用结构分析法,确立解题思路①,即从分析题目(条件和结论)的结构出发,分析题目条件和结论的结构特点,类比已知的知识(概念或定理),通过对比条件和结论的结构特点,选择与其相似或相近的理论解决问题,形成解题思路;第二阶段,利用形式统一法,完成解题过程,即将题目中的条件或要证明的结论,通过与已知的概念和定理的形式作类比。如果题目属于熟悉的类型,就直接用相应的方法去解决;如果题目不属于熟悉的类型,利用形式统一法将研究对象向熟悉类型的形式进行转化,不能直接转化为熟悉的类型,可以将其分解成若干小问题,使每一个小问题都是熟悉的,或者揭示问题的深层结构,使问题的实质是熟悉的,还可以多次使用形式统一,不间断的变形习题,最终化为熟悉的问题,从而利用已知的定理和结论完成具体的解题过程和步骤。谁也无法教会我们所有的题目,将具体的解题过程,升华到理论高度,使学生通过有限道题的学习去领悟那种解无限道题的数学机智②。

结束语

高等数学"自学-重难点讲解-解疑答疑-练习巩固-分层次作业"教学模式重构,教师优选慕课、公开视频课等学习资源,指导学生自主学习,使学生成为学习的主体,重构的概念教学,使教学内容的重难点有史料支撑,即有趣易懂,又侧重应用,重构的解题教学,使教学内容的重点不仅突出,而且上升至理论高度,学会举一反三,分层次作业做到了因材施教,使不同程度的学生都能在原有基础上学有所得,实现提升和超越。

---

① 崔国忠,石金娥,郭从洲.数学分析[M].北京:科学出版社,2018.
② 罗增儒.中学数学解题的理论与实践[M].南宁:广西教育出版社,2008.

数学课程线上教学的探索与实践

鲁志波　滕吉红　李国重

引言

面对突如其来的新冠疫情,教育部提出了"停课不停学、停课不停教"和确保"线上线下同质"的要求,我校教务部门和基础部迅速行动,组织教员依托各类在线教育平台,严格按照教学大纲和教学计划开展在线教学活动。尽管我们前期也进行过线上线下混合式教学的探索,但完全采用远程网络教学进行授课对教员和学员都是头一次,因为线上教学并不是简单地把线下教室搬到线上,在网络教学实施过程中出现了很多新情况和新挑战,如何最大限度地提高线上教学的质量成为一个关键问题[①]。针对这一问题,我们结合大学数学课程的特点,对在线授课从课前准备、课中互动、课后反馈等环节进行了不断的探索和教学实践,积累了一些宝贵经验。

1.课前准备

1.1　教学方式

在线教学的方式包括学员自主学习慕课、教员录播和直播等。网络教学的优势十分明显,网络上有丰富的国内外优质教学资源可以利用,尤其是对高等数学、高等代数这样的公共基础课程,而且多数可以免费获得,有利于拓展课堂教学;此外,学员的学习时间更加灵活,学习进度自主可控,有利于开展个性化教学,等等。但是如果学员只是观看慕课和录播视频,那仅仅是一个知识的单向传播,课堂上缺乏学员有效的互动和及时的反馈,教学效果有限。尽管有些慕课在视频中设置了互动问题,但仅仅能起到对学员学

---

① 杨晓宏,周海军,周效章,等.高校在线开放课程教学质量认定标准构建研究[J].中国电化教育,2020(02):67-74.

习效果的一个检测作用,仍然缺乏根据学员的学习情况调整教学计划和教学策略的自适应性。因此,就数学课程而言,直播的方式更有利于学员掌握知识。这一点从学员的反馈结果来看是十分明显的。

1.2 教学平台

当前在线教学的免费平台非常多,主流的有钉钉、腾讯会议、QQ 群、雨课堂、超星学习通、CCTalk、Zoom 会议等,这些平台各有千秋。一个适合开展在线教学的平台应该满足这样一些条件:一是易于上手,因为大多数教员都没有直播的经验,所以平台要求简洁实用,减少教员和学生的学习成本;二是稳定可靠,由于当前各地大中小学都在开展网络教学,师生在线人数较多,对服务器的承载能力和平台的保障技术都有很高的要求;三是能够提供回放功能,便于学员课后学习,也是能为教员提供保存教学资料、反思教学的宝贵资源;四是能针对网络教学进行优化设计,比如发布通知、上课签到、作业管理、课后反馈、白板书写等,提高教学效率;五是要有备份平台,一旦平台出现故障或网络拥堵,能及时切换到其他平台继续开展教学。基于以上原则,我们选择十分大众化的钉钉直播为主教学平台,QQ 群课堂为备份平台。

1.3 教学工具

工欲善其事必先利其器,除了电脑、麦克风、摄像头等设备外,数学课程教学必不可少的就是写字板或数位板。数学课程的特点是需要大量的演示和推导,写字板能再现教室黑板的演示,吸引学员的注意力,更好地保证教学效果。市面上可选的写字板很多,一般价位在 $100 \sim 500$ 元间的产品足以满足教学需求,实测比较发现绘王写字板书写较为流畅,性价较高,总之,教员要了解教学平台和工具的优缺点,熟悉平台的操作和工具的使用,充分利用好平台提供的功能,更好地开展在线教学。

2. 课中设计

线上教学过程中,教员与学员不能面对面的交流,也没有眼神、手势的互动交流,不能像线下教学一样直观地观察学员的学习状况,因此合理的课程设计以及课堂安排就成了线上教学有效实施、保证教学质量的重要基础①。

2.1 预习

在本学期初,我们就给学员制订了详细的教学计划,并推荐了中国大学慕课网、哔哩哔哩等知名网站上的优质慕课和视频供学员预习,无论是教员还是学员对教学目标、教学内容、教学要求和教学进度都做到了心中有数。

2.2 备课

在线教学是一种全新的教学模式,除了对教学内容准备充分外,教员备课还需要考虑在线教学的特点,在教学方法、形式、手段、技术等方面围绕"以学员为中心"进行精心设计,尤其是在吸引学员注意力、加强教学互动方面多下功夫②。首先,如果使用PPT教学,设计上尽量避免大段文字陈述,应多利用数学公式、图片、关系图表等展现关键知识点,还可适当穿插小视频、动画、卡通形象以增强学习的趣味性。PPT幻灯片大小设计应与电脑屏幕相匹配,尽可能地增大可视面积,现在流行的笔记本电脑屏幕一般是16∶9,因此建议幻灯片大小也同步设置为16∶9。同时,幻灯片两边保留一定的空白区域,这样可以边教学演示边通过手写板进行板书。PPT动画设计上应该逐行显示,既能吸引学员眼球,又能让学员充分理解内容。其次,设计难易适中的选择题、填空题、讨论题,增强与学员的互动性,让学员在教学过程中有参与感。最后,在教学内容的准备上,力求精练,重点突出,尽量在15分钟内讲授一个知识点,使学员有所收获和领悟。

2.3 互动

为提高线上教学的质量,首要的是保证学员在终端全身心参与教学,因此除了依靠学员自觉性外,调动学员上课的主观积极性和参与感至关重要。教员上课的语言应简洁明了、生动有趣,表现出对话感,避免一个人的独白,在合理安排教学内容的同时,通过互动问题将学员锁定在屏幕前。教员也应及时观察学员的互动反馈,适时调整教学内容和进度,有条件的教员可结合雨课堂平台设计选择、填空、简答等问题,其优势在于全体学员都可以与老师互动,并后台记录学员的课堂参与度和课堂表现。如有必要还可以通

---

① 上超望,韩梦,刘清堂.大数据背景下在线学习过程性评价系统设计研究[J].中国电化教育,2018(05):90-95.

② 杨桂松,梁昕昕,何杏宇,等.对混合式在线智慧教学方法的研究与思考[J].教育探索,2018(03):112-116.

过语音或摄像头随机连线学员,请学员解答问题参与教学。有时教员提出问题后,学员只需要在钉钉平台上互动面板上回复答案即可,这也是参与教学的一种快捷方式,还可利用平台随机发起签到或暗号签到监督学员的学习状态,同时也让学员短暂地放松一下。

3.课后反馈

3.1 课后作业

数学课程的练习是必不可少的,作业是学员对所学内容是否掌握最真实地反应,因此,教员应仔细批改作业,分析学员容易出错和感觉困难的地方以及原因,并通过习题课和答疑辅导及时为学员解惑,必要的时候,通过一对一的辅导及时对学员进行指导,避免出现累积效应,导致问题越积越多。

3.2 单元测试

完成一定的教学内容后对学员进行测试是检测学习效果的一种有效手段,但目前在线教学条件下进行数学测试如何保证客观公正是一个难点。在诚信信誉保证的前提下,我们严格限定考试时间,以视频会议的形式通过摄像头监督等方式加强监管,确保考试的公正性和成绩可靠,尽量为分析教学效果提供客观数据。

3.3 问卷调查

通过利用QQ群的问卷调查等功能,以匿名作答形式进行学情调查,了解学员学习状态、网络自学慕课和课后完成作业的时间长短、在线教学方式的优缺点、对知识的掌握程度,以及对教员教学的意见和建议等。

3.4 教学反思

教员应结合反馈的学情及时反思本节课的教学目标和教学要求是否达到预期,并提出下一次教学的改进意见和建议。

结束语

因疫情而产生的线上教学,对广大教员和学员都是一次挑战,但同时也加速推动了课堂革命,促进了在线教学的落地和教育教学方式的变革。从长远来看,要坚持内涵式发展的道路,学校和教员对在线教学的探索今后只能继续加强,在充分利用优质网络资源、加强学员自主学习能力、教员之间的协同教学等方面发挥更大的作用,真正落实以本为本,促进教学质量的不断提升,增强我校的核心竞争力和战斗力。

精心设计教学过程　注重加强互动交流

郭东琴　何　静　苗劲松　宋冬灵

引言

2020 年春季开始,受新冠肺炎疫情的影响,全国各级各类学校都被纳入线上教学模式①②。作为高校教师,我们以此次线上教学为契机,变危机为动力,主动出击,充分研究现代教育信息技术和新时代大学生特点,探索基于移动终端、互联网和大数据背景下的大学物理在线教学,开展了基于线上直播、雨课堂等多样化的在线教学探索。在对教学班进行学情分析基础上,通过精心设计教学过程,有效利用课前、课中、课后三个教学环节,加强过程互动交流,借助数据化、智能化技术了解学生的学习过程和进行效果测评,适时调整教学策略和实施个性化教学。

1. 精准化的大学物理在线教学设计

1.1　教学平台及教学资源选取

在我校大学物理开课之前,老师就调查线上教学资源,学习线上教学平台的使用方法,搭建软硬件环境,并通过建立微信、腾讯等班级群,发布课程通知,和学生一起测试平台工具。教学班通过比较、研讨和尝试,最终选取钉钉直播,同时雨课堂贯穿教学全过程的模式。

钉钉平台比较稳定,能够实现直播、视频会议等教学形式,且直播和视

---

① 教育部办公厅 工业和信息化部办公厅. 关于中小学延期开学期间"停课不停学"有关工作安排的通知(教基厅函〔2020〕3 号).2020－02－12.

② 王青、识变、应变:面向未来的在线大学物理教育——教育部高等学校大学物理课程教学指导委员会关于推进在线物理教育教学研究的工作[J].物理与工程,2020,30(2):3-6.

频会议都能以录像形式保存,便于学生观看回放。此外,钉钉还能提供丰富的助学工具如家校本、通知、智能填表、投票等,方便线上教学进行。雨课堂是清华大学学堂在线于2016年4月推出的一款智慧教学工具,它将前沿的信息技术(如云计算、移动互联网、数据挖掘等)融入教学场景中,能为教学过程提供数据化、智能化的信息支持①。教师通过PPT课件和大家广泛使用微信连接起来,架起了一座课前、课上和课后进行实时沟通互动的学习桥梁,教师还能通过平台提供的精确数据分析,从而了解学生的学习轨迹及班级的整体学习情况。在教学过程中既利用了钉钉平台直播优势,又充分发挥了雨课堂在课前、课中、课后教学各环节中的作用。

1.2 教学过程设计思路

好的教学设计是开展线上教学的关键②。在教学设计中,我们秉承"以学为中心"的教学理念,借助现代教育技术和在线资源精心设计教学方案,从课前、课中、课后为主线优化教学设计,加强互动交流,充分发挥学生作为主体的积极性、主动性,同时利用效果测评和反馈进行精准化教学和个性化指导,全面提高教学效果(具体设计思路见图1)。

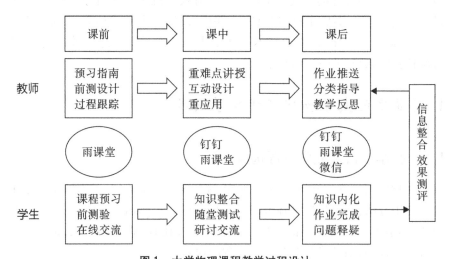

图1 大学物理课程教学过程设计

---

① 王帅国.雨课堂·移动互联网与大数据背景下的智慧教学工具[J].现代教育技术,2017,27(5):26-32.

② 王祖源,张睿,顾牡.基于SPOC的大学物理课程混合式教学设计与实践[J].物理与工程,2018,28(4):3-19.

1.3 教学设计案例

以刚体的角动量定理和角动量守恒定律为例,教学过程设计具体如下:

[**课前**]提前两天通过雨课堂给学生发布预习指南,预习指南主要包括以下几个部分,预习目标——理解刚体对定轴角动量的定义和角动量守恒的条件,,能利用角动量守恒定律联系机械能守恒定律及动量守恒定律解决相应的力学问题;预习视频——同济大学 MOOC 视频《大学物理 1》角动量定理及角动量守恒定律;预习课件——主要引导学生理解本次课重难点、帮助学生构建知识框架、把握知识点的前后联系等。两道前测题——涉及内力矩是否改变系统的角动量,角动量守恒守恒定律的使用条件。预习过程中教师保持全程跟踪,并和学生进行互动交流。学生预习后,通过雨课堂记录他们查看课件的页数、点不懂的地方和人数、答题情况以及留言反馈等,教师可以结合课前预习综合反馈情况,进一步深化分析教学内容,优化课中教学设计,以便精准高效教学。

[**课中**]钉钉直播讲授,过程中注重讲授重难点,加强在线教学互动,重应用。本次课首先播放直升机短视频引入新课,给学生以视听觉冲击,吸引学生的注意力,同时提出问题"单旋翼直升机为什么要安装尾桨,它有什么作用?"从一开始就激发学生学习的欲望,引发学生的思考并通过钉钉对话框或雨课堂弹幕功能展开讨论,然后开始正课讲授,在授课过程中,学生有不明白的地方也可以随时点"不懂",教师在讲完一部分内容适时通过雨课堂进行随堂测试,并根据反馈结果适当调整教学策略。对角动量守恒定律的适用条件这个重难点问题讲解透彻,并通过录播演示实验视频或动画演示现象,加深学生理解。理论联系实际,结合角动量守恒定律适用的三种情况分析地球自转问题、回转仪、花样滑冰等实例,在分析中通过问题引导学生主动思考讨论。最后回到课堂开始的引入问题,从而解决问题。

[**课后**]通过雨课堂给学生发布复习课件或者需要强化的知识点,同时布置作业、思考题或研讨题,学生需对所学内容进行巩固内化、拓展提高,同时完成作业和线上测试。教师针对学生的个性需求及时指导,对于共性问题通过钉钉进行直播讲解进行研讨。最后老师收集教学数据进行效果评测和教学反思。

2. 加强互动和效果测评的大学物理在线教学探索实践

2.1 利用 PPT+手写笔、钉钉白板的方式，实现直播授课中对知识点的有效推演

考虑到直播教学中，学生的视觉接受大部分来自于教师的 PPT 内容，PPT 的课件在突出重点的同时注意丰富性。考虑到在线教学不能像课堂授课那样直接黑板板书，在对一些重要概念的讲解和重要定律的推导过程中，通过 PPT 结合手写笔的方式，帮助学生对重点的掌握和难点的理解，使学生能够很好地跟上老师的思路。在课前对上次课内容的回顾和习题课中讲解难以理解的问题时，采用钉钉白板功能进行板书，再现课堂板书的功能，在学生中反应效果良好。

2.2 借助平台工具，加强线上互动交流，提升互动效果

线上教学无法面对面交流，那么如何进行互动，实时掌握学生的学习状态就成为许多老师线上教学的困惑和难题。在这方面，教师充分利用雨课堂架起了一座课前、课上和课后进行实时沟通互动的学习桥梁，同时借助钉钉和微信进行集体研讨和个别指导，有效加强线上交流互动。

2.2.1 适时随堂测验

考虑到在线教学中无法通过学生眼神、神态等了解学生的实时听课状态，也很难监督学生的课堂活动。在讲完一个知识点后，通过雨课堂推送题目到学生手机上，让学生在规定的时间内完成，教师可以适时查看学生的答题情况，还可以通过发"课堂红包"激励那些答得又快又好的学生，答题结束后，可以选择投影大屏幕公布答题分布情况，方便学生了解自己在班级中的位置。通过这种适时反馈一方面可以激发学生的好胜心，另一方面还能起到监督学生学习的作用。我们知道，线上教学如果老师一直讲，学生很容易走神，但是如果有做题的压力，学生听课时就会集中注意力，否则有些题目可能不会做。通过这种方式教师还能了解班级整体对知识点的掌握程度，考虑是否调整教学策略，比如测试显示 80% 的同学都已掌握，可直接进入下一知识点，否则对涉及的知识点进行进一步讲解分析。根据对所在教学班学生"问卷星"匿名问卷调查（共 85 人，参与人数 84 人），结果显示 80.95% 的学生认为该种方式互动效果良好。

2.2.2 弹幕和对话框课堂讨论

雨课堂将视频网站中为青少年所喜爱的弹幕功能移植到了课堂环境

中,这对于被称为"网上的原住民"的 90 后、00 后的大学生而言有着天然的亲切感。在线教学中引入弹幕式讨论能促使学生更积极地参与到课堂中去,更为踊跃地表达自己的观点,同时减小师生之间由于不能面对面交流所带来的距离感,拉近了师生之间的心理距离。由于多条弹幕可同时出现在屏幕上,因此可以实现了全班学生集体的"并行讨论"。另外,钉钉直播过程中,教师一些随机问题需要学生集体回答时,学生也可随时通过钉钉对话框给出答案或主动提出问题。问卷调查显示这种互动方式也广受欢迎(图2)。

选项	小计	比例
点名询问同学或连麦	19	22.62%
雨课堂问题随堂检测	68	80.95%
弹幕或对话框主动发言	47	55.95%
大家一起研讨或分组研讨	45	53.57%
本题有效填写人次	84	

图2 大学物理线上教学互动形式学生倾向问卷调查

2.2.3 钉钉视频会议小组研讨

通过线上教学实践,我们还摸索出一套适用于线上课堂的小组研讨模式。考虑到线上教学,学生居家自主学习时间多、上网查阅资料方便等优势,我们发现 CUPT 模式非常适用于线上课堂讨论。CUPT 题目都是一些开放性探究小课题,能够让学生在打好基础的同时,提升能力素质,如力学部分学完,布置了 2020 年 CUPT 的竞赛题目"下落的塔:相同的圆盘,一个叠在另一个上面,形成一个独立的塔。当塔底部的圆盘通过施加一个突然的水平力来移除,塔身的其余部分就会掉落到底面上,并依然保持直立状态。研究该现象并确定允许塔保持静止直立的条件。"让学生分组进行研究,要求 2 周时间完成,小组成员可以通过各种方式进行研讨交流。最后通过钉钉视频会议开展研讨,各小组展示研究报告,分享研究成果,各小组之间以及老师和学生之间展开讨论交流。从实际情况来看,该小组研讨模式,能够加强学生之间的交流沟通和协作学习,钉钉视频会议的引入极大地增强了线上课堂的活跃度,并且学生通过对这些实际问题的研究能够加深对物理规律的认识,提高学生的自主学习能力和运用所学知识解决实际问题的能力。

可见,虽然在线教学拉开了师生之间的物理距离,没有了传统课堂的面对面交流,但是通过教师的精心设计,借助移动互联网和信息技术反而能够在教学过程中建立起"同步"与"异步"的双通道交流,增加了师生间点对点的交流,拉近了师生的心理距离,并且借助大数据分析使得通过互动反馈调整教学策略变得更加精准,极大地促进了教学由"经验驱动"向"数据驱动"转型。正如教育部高等教育司司长吴岩说的"这些转变有效解决了中国高等教育的老大难问题"①。

2.3 借助于平台工具和数据分析,进行效果测评和过程考核

线上教学借助平台工具和大数据分析使得学生的学习过程变得有"迹"可寻,如利用钉钉能够记录学生参与直播课堂的时间以及观看回放的时间;雨课堂能够对学生的学习过程进行全景式记录和数据采集;如学生有哪些幻灯片没有看懂、课前的预习课件和视频看了几遍、随堂测试和课后作业的完成度以及正确率如何,等等。教师借助这些信息化检测及大数据分析等手段②③,一方面了解学生的学习情况和效果反馈,以便因材施教和个性化指导,另一方面,通过对学生学习行为的准确量化,能够从学生的学习态度、学习投入、学习效果、能力培养和素质提升等方面进行过程性考核,保障了形成性评价的可行性和科学性(表1是本学期大学物理平时成绩评价标准,其中平时成绩占总评成绩的40%)。

表1 大学物理平时成绩评价标准

	课件预习页数
	课前测试得分
学习过程(5分)	在线学习时长
	课堂主动提问问题数
	课堂主动回答问题数
平时作业(5分)	作业完成度
	作业正确率

---

① 教育部新闻发布会.介绍疫情期间大中小学在线教育有关情况和下一步工作考虑,2020 年 5 月 14 日.

② 张勇,周智勇,刘甦.建设基于移动学习大数据的大学物理智慧型金课[R].2019年全国高等学校物理基础课程教育学术研讨会,2019,07.

③ 吴海娜,公卫江,易光宇.基于雨课堂的大学物理学习行为可视化分析[J].物理与工程,2019,29(21):4-7.

续表1

素质测评(10分)	小组研讨与讨论课
	知识点思维导图
平时测试(20分)	雨课堂随堂测试
	单元测试
	期中考试

结束语

在大学物理在线教学过程中,本文从精心设计教学过程,加强交流互动和学习过程评价等方面进行了大学物理教学的探索与实践。问卷调查和在线测试等结果显示,这些探索实践能够促进学生的自主学习能力的提高,有效提升了大学物理在线教学质量。

正如2020年5月14日在教育部新闻发布会上,教育部高等教育司司长吴岩所说的[①]:"我们再也不可能、也不应该退回到疫情发生之前的教与学状态,因为融合了'互联网+''智能+'技术的在线教学已经成为中国高等教育和世界高等教育的重要发展方向。"历史的车轮必然会向前滚动,在线学习作为一种新的学习方式将成为未来教育的常态,因此,我们需要抓住机遇,应对挑战,加强大学物理在线教学与课堂教学的深度融合,推进混合式教学向纵深发展。

---

① 教育部新闻发布会. 介绍疫情期间大中小学在线教育有关情况和下一步工作考虑,2020年5月14日.

《高等代数》课程的 SPOC 教学模式探索研究

郭　杰　郭淑妹

引言

　　为了响应教育部发出的"停课不停学,停课不停教"的号召,高校课堂也采用了线上直播的远程网络教学模式,大家充分挖掘网路平台资源服务于教学活动,就像高等教育司司长吴岩在报告《应对危机,化危为机,主动求变,做好在线教学国际平台及课程资源建设》中所指出的那样,现代信息技术全面进入教与学过程,改变了教师的"教",改变了学生的"学",改变了学校的"管",改变了教育的"形态"。我校的线上课程也是如期展开,本着"积极响应、按纲施教、分类指导、分课施策、主动创新、提高质量"的方针,《高等代数》课程在有条不紊地进行中。《高等代数》①②③课程是面向我校通信工程、测绘导航工程、网络数据处理、密码管理等工科专业的一门公共必修课,在课程体系中发挥着支撑、服务后续专业课程的功能,为工程技术科学建模奠定理论基础,为训练学生的实践应用能力、逻辑推理能力、抽象思维能力起着举足轻重的作用。该课程注重培养学生以"代数思想"去思考和用"代数"的方法去处理工作中的实际问题的能力。传统《高等代数》课堂以老师的讲授为主,课堂时间大多用来推演定理、性质的证明和行列式的计算、矩阵的初等变换运算,缺少课前的深度预习和课后的自主探究。由于教学模式的单一,学生被动接受,效果差强人意。借助优质慕课资源可以转变传统课堂"填鸭式"教学方式以及时空约束较强的劣势,充分发挥现代教学技术的作用,最大限度调动学生的自主学习力。随着线上课程的开展,教学方法的不断探索,笔者为了提高学生自主学习效果不断尝试各种教学方法,构建基于中国大学 MOOC 平台,钉钉直播平台、雨课堂、微信群随时随地释疑解

---

①　杜院录.高等代数[M].上海:上海交通大学出版社,2017.

②　同济大学数学系.线性代数[M].5 版.北京:高等教育出版社,2007.

③　魏战线,李继成.线性代数与解析几何[M].2 版.北京:高等教育出版社,2010.

惑的 SPOC 教学模式,以期提高线上课堂教学效果和人才培养质量。

1.《高等代数》SPOC 教学模式的构建

根据《高等代数》课程特点,结合实际情况,SPOC 教学模式大概分为三个过程:课前准备、课中实施和课后评估。具体实施分为四个阶段:课前教学资源准备、课前教学推送、课中教学设计、课后巩固及考核评价。该教学模式分段设置学习任务、分层设计教学活动,环环相扣,层层递进,实时辅导答疑有效地促进了老师和学生的全方位互动交流,增强了《高等代数》课程的学习效果①。

对老师来说,课前教学资源准备包括甄选网络慕课优质资源、充分挖掘现有教学资源以及资源补充建设等三个方面。课程团队挑选了两门中国大学慕课中的国家精品课资源供学生自主学习,同时课程团队在近年来持续不断的教学改革中积累了大量的教学资源,比如已经公开出版的教材教辅、教学目标测试题库、难易程度分层的习题册等。开课前期将这些教学资源推送给学生,同时笔者结合自身教学设计和教学方法,使用 OBS 录课软件、Coursemaker 录屏软件、微讲师等,自导自演,创作集知识性、趣味性于一体的微课微视频,大大丰富了教学资源。对于学生来说,课前资源准备就是下载中国大学慕课、钉钉、微信等 APP,启用雨课堂小程序、制作思维导图的各种软件,比如 Freemind、MindMaster 等,同时老师指导学生如何快捷有效地操作这些软件;另外,根据各个专业的人数多少大概分组,每组人数控制在 20 ~ 25 人间,由各个专业的课代表负责,有利于课堂上开展小组讨论,尤其提醒学员实名注册,便于记录执行过程考核。各个小组创建自己的社交群,教员进入到各个群中,实时组织引导小组讨论的议题和效率,同时及时答疑解惑。结合本教学班的人数情况,分成三个小组,每个小组不超过 20 人。

在学生展开自主学习之前,老师要把前期设计好的教学资源推送给学生,包括:教材教辅和习题册的电子版、微课微视频、自主学习导引、导读式的教学课件、课前自测题,本次课的学习任务以及扩展案例等。根据布詹姆知识模型,学习分为六类:记忆、理解、应用、分析、评价和创造,老师合理区分学生自学内容和线上同步教学内容,尽量把记忆、理解、应用等低阶认知类教学内容由学生自学完成,线上同步教学重在通过研讨启发培养学生分

---

① 杨文霞,何朗,彭斯俊.基于 SPOC 和翻转课堂的线性代数混合式教学改革与实践[J].大学数学,2017,33(4):44-50.

析、评价、创造等高阶能力①。

根据平台数据及学生反馈的问题、随堂测验的情况,老师大体把握自主学习进行到何种程度,哪些知识已经掌握了,哪些内容没有理解透彻,又有哪些知识点是出错率较高。老师做到心中有数,教学设计就有方向,凡是学生自主学习已经掌握的一律不讲,凡是自主学习有困难的要提供脚手架,帮助他们走出困难区。课中教学设计一方面要突出重点、化解难点、解析疑点,将自主学习过程中的障碍扫除干净;另一方面,还要对本节课内容进行提纲挈领式的总览概括,把知识脉络勾勒出来,或者说用一根"线"把知识点串起来,让知识不再是一个个孤立的、零散的状态。这样学生有了整体把握,也就完成了对知识的分析、评价,并通过拓展案例的分组讨论、集体评价,学生已经具备了一定的创造能力,能够学有所用,学有所成,体验学习乐趣。

课后,老师根据自主学习情况、学习任务完成情况、听慕课整理笔记情况、随堂测验成绩、分组讨论发言的数量和质量等数据,对学生进行多元化评估,同时仔细梳理学生反馈的问题,以及批阅作业时的问题进行不断的改进和优化,总结经验,为下一次线上直播课堂提供借鉴。

2.《高等代数》SPOC 教学模式的实施

SPOC 教学模式重构了课堂教学的主要流程,变"课堂满堂灌"为"线上引导学",变"课上被动听"为"线上主动学",先学后教,以学定教。通过钉钉课堂直播,钉钉微信辅导答疑解惑等多方位地掌握知识,内化知识,提炼升华②。下面以《高等代数》中第二章第五节矩阵的初等变换为例介绍 SPOC 教学模式的实施过程。

2.1 课前教学资源准备

课前教学资源准备重点是对现有教学资源的补充建设,结合教学实际,对现有的教学资源进行丰富完善,录制微课和微视频,录制内容可以是重要定理的逻辑推理,可以是重点难点的分解剖析,可以是前后关联知识点的归类梳理,也可以是某类典型题目的思路解析,微课微视频上传群文件之后,需要的学生可以反复观摩直至完全领会。每个微课或者微视频控制在 10 ~

① 赵炬明.聚焦设计:实践与方法(上)——美国"以学生为中心的"本科教学改革研究之三[J].高等工程教育研究,2018(2):30-44.

② 谢娜,孙蔚,于淑娟.基于 SPOC 的翻转课堂混合式教学实践研究[J].电脑知识与技术,2017,7(3):122-123.

15分钟,因此需要对复杂的数学理论知识和数学专业技能进行重组优化,科学合理分解,就是常说的碎片化或者模块化处理。以《高等代数》中矩阵的初等变换为例,将原教材体系中的三部分内容分解为五个有逻辑顺序、又相对独立的知识模块,方便学生自主学习。重组过程充分考虑到本节课的教学目标、教学重难点,以及本次课与前后知识的联结,帮助学生理清课程的问题与概念之间的关系。比如矩阵的初等变换目标可以是行阶梯矩阵,也可以是行最简形矩阵,或者标准形矩阵,要结合初等变换的作用而定。如果是通过初等变换求矩阵的秩,只需变换到行阶梯形矩阵;如果是通过初等行变换求逆矩阵或者求线性方程组,就需要变换到行最简形矩阵,而这两种矩阵类型已经在第一次课常见矩阵中给出定义,在本次课中需要及时复习和应用。诸如此类的问题,在知识结构重组、分解过程中要通盘考虑(图1)。

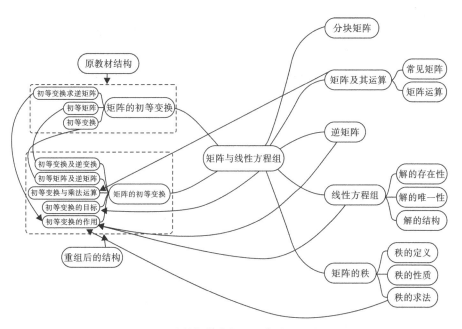

图1 矩阵的初等变换知识点的重组优化

2.2 课前导学推送

为指导学生线上自主学习,课前老师要针对每节课制定详细、科学有效和具有挑战性的自主学习导引,引领学生自主学习的同时,促进学生对知识的深度思考,加深对知识的理解①。相比较平时在校学习,线上自主学习更需要课前导学和课后督学。提前两三天将自主学习导引、导读课件、学习任务和要求及扩展案例推送到平台,督促学生开展自主探究学习。有的知识是记忆理解的内容,学生可以自主学习并掌握,而有的问题需要综合分析评价,促使学生在自主学习过程中不断地进行小组讨论和探究,最后到课堂上评讲。"慎思之,明辨之,笃行之。"通过缜密思考,激烈讨论,问题也就明白了许多。第四章第五节线性方程组解的结构这一节的自主导引可以设计如下:

1)复习一般线性方程组解的判定。

2)线性方程组解的结构解决的是方程组的什么问题。

3)引入齐次线性方程组的基础解系的意义是什么,如何确定一组基础解系。

4)试分析在解线性方程组过程中,自由未知量的选取原则。

5)结合向量组的最大无关组的不唯一性理解基础解系的不唯一性。

6)请总结矩阵的秩与基础解系的关系以及矩阵的秩在解线性方程组中的作用。

7)试着总结求一般线性方程组通解的步骤。

8)含参数的非齐次线性方程组的解法要注意什么。

9)试着建立一般线性方程组解的理论体系(解的存在性、解的唯一性、解的结构)。

10)请尝试解决剑桥减肥食谱问题和网络流问题。

问题1)和问题2)起着承前启后的作用,在第三章中已经介绍了线性方程组解的判定,为这节课解的结构问题做好铺垫。问题3)至问题5)属于概念辨析的内容,对于理解本节课起着支撑作用。问题6)至问题9)属于对前后有联结关系的知识的归纳总结,加深对知识的理解和掌握。问题10)是实践应用的内容,通过本节课的深度预习和小组讨论尝试解决一些实际问题。

2.3 课中教学设计

为了检测自主学习效果,有必要设置课前测验环节,在导读课件中已经预设了计算推理性的题目,课前测验以选择题和填空题等客观题为主,检测有关记忆、理解内容的掌握情况,雨课堂中的数据分析有助于老师把握学生自主学习以及积极参与课堂的情况。直播课堂重点放在疑点和难点的剖

---

① 方茹,王勇,吴勃英.基于MOOC+SPOC+翻转课堂的概率论与数理统计混合式教学实践[J].大学数学,2018,34(5):23-28.

析,知识结构的梳理、综合应用与评价,以及前后知识点的关联解读,帮助学生构建完整的知识网络。对于数学课程,每次课的计算和推导是必不可少的,挑选具有代表性的题目进行验算推理,在推演过程中尽可能把遇到的问题和需要强调的问题都列举出来。通过直播课堂的讲解,以期达到突出重点、化解难点、解析疑点,将知识传授转化为知识内化的过程。讲解的过程分层次、分模块,一个内容讲完停留几分钟,提问题或者连麦学生,这个互动的环节必不可少,利于提升注意力、激发学习兴趣、创设高效课堂。俄国教育家乌申斯基说过:"注意是我们心灵的唯一门户,意识中的一切,必然都要经过它才能进来。"人的智力活动分为五个基本因素:注意力、记忆力、观察力、想象力、思维力,而注意力恰恰是这后四项的准备状态,或者更形象点说,注意力是道门,它不打开,记忆力他们四个进不来。通过小组的讨论,已经达到了预设的基本目标,课堂上老师可以适度扩展,介绍相关知识的发展方向以及前沿领域,开拓学生视野,丰富课堂内容。

小组讨论是进一步提高学生自主学习能力以及探究学习能力的有效手段,极大地激发学生的创新意识。通过前期的自主预习,学生对本次课的内容已经有了一定程度的把握和理解,而小组讨论的内容主要是课前推送的自主学习导引中分析、评价、创造性的知识,比如前后衔接的知识点对比、综合评述的一些方法体系、利用所学内容解决实际问题等,通过小组内的研讨加深对所学知识的理解,进一步提升学生的高阶能力。有的学生课前准备充分,发言质量较好,对知识的理解到位。教师在各个组群中随时切换,及时指导和点评,提问学生,气氛积极活跃。同学们对知识的理解基本处在统一层面,某个同学的讲解可能点醒别的学生的盲点,使得茅塞顿开,恍然大悟,相比较老师的滔滔不绝的讲解会达到事半功倍的效果。这是SPOC教学模式的优势之所在。

为了学生整体把握知识体系,可以利用结构图或者思维导图的形式给学生展示课程内容。构建思维导图(Mind Map)便于廓清信息主线,梳理知识体系。皮亚杰的构建学习主义理论认为,学习过程,是有意思地对学习的知识进行构建的过程,而图式是主体的认知结构。思维导图通过组合运用关键词、图式、图片等可视化工具,能更好地表达概念和知识点之间的逻辑顺序与结构分层关系[①],在每章总结时除了老师引领学生复习,还要求学生对每章的知识结构都要以思维导图的形式上传,在构建思维导图的过程中,大脑对所学的知识进行全面检索,能够被大脑检索到的内容就是基本掌握

---

① 韩锡斌,王玉萍,张铁道,等.迎接数字大学:纵论远程、混合与在线学习——翻译、解读与研究[M].北京:清华大学出版社,2016.

或者已经理解的知识,否则就需要再做回顾复习。图2是第五章线性空间和线性变换的知识脉络图。

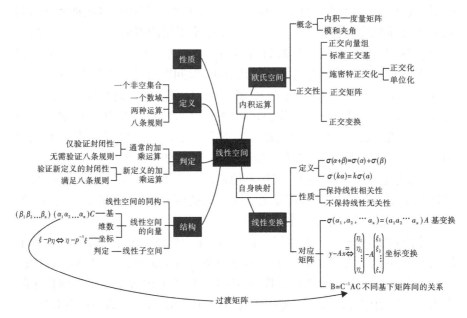

图2　第五章知识脉络图

2.4　课后巩固及考核评价

为了巩固所学知识,课下要求学生完成本次课的更深层次、难度更高的练习题目。考核评估可以反馈学生学习情况,也是老师反思课堂教学效果的基础。直播课堂的评价凸显了过程评价的重要性,覆盖了整个的学习过程。对于线上教学来说,主要是基于数据资料的评价,包括课前预习的测评、课堂问题的回答及互动、课后作业的质量以及每章节的测试成绩等,而学员互评主要依据学习小组对项目的讨论情况,以及讨论区发言的数量和质量(图3)。

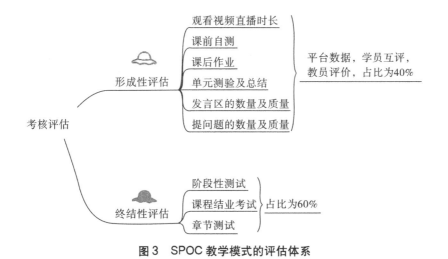

观看视频直播时长

课前自测

课后作业

单元测验及总结

发言区的数量及质量

提问题的数量及质量

形成性评估

平台数据，学员互评，教员评价，占比为40%

考核评估

阶段性测试

课程结业考试

章节测试

终结性评估

占比为60%

图3　SPOC教学模式的评估体系

3.《高等代数》SPOC 教学模式的总结与反思

　　基于线上自主学习的 SPOC 教学模式一定程度上调动了学生的自主学习积极性,强化了学生独立学习、深度思考的过程,增加了学习过程的持续性,充分利用网络优质资源,满足了学生个性化需求,同时督促老师转变教学理念,真正的"以学生为中心"来设计教学,开展教学活动,提高教学质量。从问卷调查的数据来看,绝大部分学生对这种教学模式是满意的,但在具体实施过程中也存在一些问题,比如网络的不稳定,在直播课程中出现卡顿、断网、掉线等问题,尤其钉钉直播的摄像模式,图像出现马赛克,声音断断续续等,这些问题直接影响教学效果;另外,就是老师与学生的互动无法高效进行,隔空对话课堂,不能看到学生的眼神、表情等听课反应,只能根据课程设计进行课堂教学,也有一些学生对于课前自主学习的积极性不高,或者提交上传作业笔记不及时等。为了兼顾到每位学生,因此,老师需要花费更多的时间和需要私聊,一对一单独辅导答疑,提醒学生看直播回放,根据个别学生的问题单独录制微视频。这些问题不断地促使老师提高自己的现代化教学水平,体验不同的教学软件,增添教学设备,完善教学设计以及教学评估方式。

基于实例驱动对高等代数线上教学难点突破的探索

郭淑妹　李新娜　郭　杰

引 言

　　我校测绘工程、信息系统、密码管理、网络工程和大数据处理等专业学员对代数素养要求很高,但普通线性代数教材无法满足,数学专业高等代数又过于抽象,不能与专业很好结合,所以我校设置了面向工科专业的高等代数课程。相比于《线性代数》的教学内容,《高等代数》扩充了线性空间与线性变换的内容,所用教材为自编教材杜院录(2017),教材突出特点为应用性强。高等代数课程立足于为学员专业打下基础,满足各专业学员的应用需求,所以在教学中注重学员应用能力的培养。

　　线性空间与线性变换这一章内容比较抽象,概念较多,通常学员一个概念还没有理解,在这个概念的基础上又定义了新的概念,并且知识点之间环环相扣、层层递进,开始不理解,后面就更难理解。基于历年的教学经验发现,这一章内容是整个课程教学的难点,很多学员概念理解不清楚,实际应用就会遇到障碍。

　　Carlson 等提出,学生在学习线性空间与线性变换时,没有对概念形成丰富理解,是学生理解概念困难的主要原因;Gueuedet 指明学生学习线性代数的具体困难在于很难建立概念的直观想象;Harel 表明教师在利用线性变换将几何图形转换为其他几何图形的过程中都会遇到困难。在这一章学习过程中,学员被一堆的新词语、新符号淹没,并且在学习中,很难找到可以用于理解概念、解决问题的情境。

　　学习到这一章的时候,线上教学已经进行了一段时间,学员从开始的好奇、兴奋到现在的疲惫期,主动学习的动力有所下降。如果学员对教学内容听不懂,感到茫然的时候必然会丧失学习的兴趣,不能积极主动学习,达不到预期的学习效果。为了突破这章教学中的难点,帮助学员理解教学内容,本文基于实例进行教学设计。在教学中适当引入一些通俗易懂的案例,给学员对于一些概念的理解营造场景,并构建抽象符号与具体事物之间的纽带,丰富学员的理解,提高线上教学效率。

1. 以实例为主线展开本章内容

学员第一次看到线性空间,觉得比较高大上,感到很遥远,有畏难情绪,所以就在本章内容第一次上课的时候给学员说明教学主要内容和主线。集合是学员所熟悉的,首先说明线性空间就是一个非空集合,但是这个集合上定义了加法和数乘两种线性运算。比喻为:集合中的每一个元素为一块砖的话,集合就是一堆砖,线性空间就是把这一堆砖按照一定结构组织起来,建成一所房子。我们所要研究的就是:这所房子的材料(向量)、搭建方式(线性运算)、地基(基)、内部结构(子空间)、外部结构(线性变换),按照这个思路展开教学,学员就不会对所学内容感到突兀,反而清楚了教学主线与教学安排。

2. 以实例加强线性空间概念的理解

在代数中,线性空间的概念不仅是向量集合的拓展,而且其本身也蕴含着与向量的关系有关的多个概念,并且可以由线性空间迁移到内积空间、赋范空间等的学习中。线性空间的概念摆脱了数及其四则运算的局限性,意味着研究对象从具体上升到了抽象。但是学员的学习还停留在数及其四则运算的阶段,所以在教学中,大部分学员不能很快理解线性空间的概念,只是会凭借记忆记住课本上线性空间的概念,形成的概念意象是形式化的、不够丰富的,还可能会根据所学知识建立起概念意象,但无法理解概念的内涵和意义。

这里通过本质的问题引入线性空间概念,借助生活中的直观例子帮助学员理解线性空间概念。首先是线性空间的概念,就以普通常见的象棋为例,帮助学员理解线性空间的本质。首先,让学员思考象棋的本质,进而引导出象棋的行走规则是它的本质,与它材质是木头、石头、玉的没有关系。如果象棋的行走规则变化了,那它就不会再是象棋了,但改变棋子的材质它还是象棋。这时给出三个例子:多项式集合 $P[x]_n$,矩阵集合 $p^{m \times n}$、齐次线性方程组的解集,对这三个集合进行分析,可以总结出他们的共性就是对加法与数乘运算封闭,并且满足八条运算性质,把三个集合的共性提取出来,就形成了线性空间。这里线性空间和象棋的行走规则一样,是具有相同线性运算的所有元素的一个抽象,本质就是它的线性运算规则。线性空间中的元素记为"向量",这个"向量"不是我们所说的那个具体向量,形式可以是数、多项式、矩阵、向量,这样学员就对线性空间的含义和元素有清晰的认识。

3. 以实例深化变换与矩阵之间联系的认知

线性空间相关内容涉及有基、维数、线性变换、过渡矩阵等概念，学员只有将所学的这些概念联系起来，明白其中的关系，才能够综合运用。这样才能通过线性空间的有关理论，了解线性空间的结构和理论框架，形成比较丰满的理论体系。

这里通过一些常见的实例引导学员进行探索和思考，让概念的产生和发展顺其自然。对于线性变换与矩阵的关系，要把线性变换与对线性变换的一个表示区别开来。这里可以举例：摄影师准备对一座大厦拍张照片，只要选定一个地点，就可以拍照。这个照片就可以看成是对大厦的一个描述，但一张照片只是一个描述，因为换一个地点再拍一次，会得到一张不同的照片，也是对这座大厦一个表示。任何一个地点拍的照片都是对这一座大厦的代表，但又都不是这座大厦本身，同样对于同一个线性变换，线性空间一组基只要选定，就可以确定一个矩阵表示这个线性变换，另取一组基，又可得到一个不同的矩阵。这些得到的矩阵都是对同一个线性变换的表示，但又都不是线性变换本身，进而提出问题：如果有两张照片，怎么能判断出两张照片上是同一座大厦？如果同样有两个矩阵，怎么知道这两个矩阵表示的是同一个线性变换呢？如果是一个线性变换的不同矩阵表示，那么不同矩阵之间又具有怎样的关系呢？这时就可以提出相似矩阵的概念，相似矩阵就是同一个线性变换在不同基下的表示。一族相似矩阵就是对同一个线性变换的表示，而两组基之间的过渡矩阵就表示两组基之间的一个变换关系。

再次举例，说明同一个线性变换为什么要用不同矩阵表示，对同一座大厦拍照，照片是有区别的。有些照片很容易看出大厦的特征，使人一眼认出，有些照片则不容易认出，我们更想要的是特征明显的照片。所以矩阵的相似变换可以把一个的矩阵转换成另一个的矩阵，并且这两个矩阵表示的是一个线性变换，这就是矩阵的相似对角化。

将抽象的概念、概念之间的联系利用学员所熟悉的矩阵联系起来，并将这些概念之间的关系通过实例进行阐述，学员更易于理解、掌握，并且学员对线性变换、基、过渡矩阵、相似矩阵会有比较深刻的理解。

4. 以实例形象演示矩阵变换表示

线性变换在现代科学技术的发展中应用很多，学员对于任何线性变换与矩阵构成一一对应的关系有了一定的了解,但是在实际应用中怎样理解线性变换与矩阵还需要进一步加深印象。在教学中给学员讲解彩色显示器的成色原理(图1),其实就是颜色的三原色(R,G,B)数据和国际通行的 CIE 色彩标准之间进行的一个转换,CIE 标准使用三原色,分别称为 X,Y 和 Z,用数学语言描述就是一个线性变换。

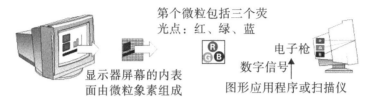

第个微粒包括三个荧
光点:红、绿、蓝

数字信号

电子枪

显示器屏幕的内表
面由微粒象素组成

图形应用程序或扫描仪

图1　彩色显示器的工作原理

给颜色模型规定一些属性或原色,将颜色分解成不同属性的数字化组合,所用到一个具体转换为:

$$\begin{pmatrix} 0.61 & 0.29 & 0.150 \\ 0.35 & 0.59 & 0.063 \\ 0.04 & 0.12 & 0.787 \end{pmatrix} \begin{pmatrix} R \\ G \\ B \end{pmatrix} = \begin{pmatrix} X \\ Y \\ Z \end{pmatrix}.$$

线性变换 $\sigma: y = Ax$ 的几何意义是对图形进行旋转、剪切、伸缩和对称等变换,特别是正交变换保持长度、内积等不变的优良性,在很多方面都有应用,但是对于线性变换的理解很多学员停留在公式上,没有具体的直观感受。在教学过程中通过几何实例,演示线性变换的性质,使学员具有更直观的认识,见表1。

表1　线性变换图形

变换矩阵	变换前图形	变换后图形
$\begin{pmatrix} -1 & 0 \\ 0 & 1 \end{pmatrix}$		
$\begin{pmatrix} \cos\dfrac{\pi}{4} & -\sin\dfrac{\pi}{4} \\ \sin\dfrac{\pi}{4} & \cos\dfrac{\pi}{4} \end{pmatrix}$		

在线上教学过程中,根据线性空间概念、关系、应用的抽象性、难以把握等实际情况,通过实例教学法可以帮助学员在抽象中找到具体对应、在复杂

中摸索出简化模型,学员认识到概念的本质,丰富对概念的理解,掌握概念之间的关系,体会概念之外的应用舞台,使学员对线性空间的理解从一种水平向另一种高水平上转化。

《高等代数》课程线上教学实践与认识

李国重　张　宁　马朝忠

前言

2020 新年伊始,一场新冠肺炎突然来袭。为了不耽误学员学业,大学党委积极响应国家教育部"停课不停学、停课不停教"的号召①,及时发出了"停课不停学、停课不停教、停课不停训"的动员令,明确了线上教学和传统课堂教学"同质等效"的总要求。基础部党委召开会议部署工作,提出"积极应对、按纲施教、分类指导、分课施策、主动创新、提高质量"的总体思路。数学教研室全体教师闻令而动,按照"教学标准不降低"和"教学质量不降低"的要求具体落实,在全校率先实施线上教学,有力推动了我校主干公共基础课线上线下混合式教学改革的进程。

高等代数和高等数学等大学数学课程肩负着培养学生逻辑思维和抽象思维的重任,数学中的许多定理、命题和公式需要推导演绎,讲解需要重现思维过程。数学课程的特点决定了其线上教学要求更高,实施起来难度更大。作者结合多年的数学类课程教学经历,对高等代数课程线上教学进行了探索和实践,以期分享经验,抛砖引玉,共同进步,推动我校数学类课程线上线下混合式教学规范、高效的实施。

1. 高等代数课程线上教学探索与实践

1.1　利用信息技术创新教学模式

开展线上教学,必须依靠网络平台。经过不断探讨、摸索和实践,最终

---

① 教育部.关于在疫情防控期间做好普通高等学校在线教学组织与管理工作的指导意见［J/OL］.（2020 – 02 – 05）［2020 – 03 – 27］. http://www. moe. gov. cn/jybxwfb/gzdtgzdt/s5987/202002/t20200205_418131.html.

我们选择了钉钉直播平台。为了更好地进行数学公式推导和逻辑推理,我们筛选了功能相对优良的教学辅助工具——手写板,将手写板与笔记本电脑相结合,利用微讲师软件在 PPT 上进行推理演算,实现线下日常教学中的板书功能。

利用钉钉直播或录播,解决 MOOC 中知识点平均使用精力,重点、难点凸显不足问题。直播不仅能强化重难点知识,还能对易混淆、易出错的知识点进行辨析,如:行列式和矩阵表示的不同;矩阵初等变换用箭头表示不能用"="表示的道理;矩阵最高阶非零子式是原矩阵的某个子式,不是行阶梯型矩阵的子式;矩阵乘法不满足交换律、不满足消去律;数与行列式的乘积与数乘矩阵不同,等等。

利用钉钉实现在线交流。通过互动面板鼓励学员随时发表意见、回答问题,在钉钉讨论区留言,在线投票,实时查看学员对知识的掌握情况,然后有针对性地开展教学。

1.2 利用信息技术更新辅助教学模式

有效的线上教学能够保证愿意学习的学员听得明白,但要巩固学习效果,必须对学员进行一定数量的数学题目训练,及时解答在训练中出现的各种困惑。在日常线下课堂教学中,师生在教室面对面、一对一答疑非常便利;线上教学的答疑是通过钉钉群、微信群等平台实现,且将具有共性问题的解答过程及时发布到公共群里,实现信息共享,使一对一答疑升级为一对多答疑。

另外通过钉钉平台我们把优质教学资源推送给学员。一是把山东大学的线性代数、厦门大学的高等代数 MOOC 推送给学员。这些 MOOC 都是国家精品资源课,网评很好,粉丝很多,且能够在中国大学 MOOC 里获取免费。山东大学的线性代数 MOOC 适合我校工科学员使用,但比我们学习的高等代数少了多项式和线性空间两部分内容,厦门大学的高等代数知识全面但适合理科学员使用。这两所知名"双一流"高校的 MOOC 综合使用可实现优势互补。二是通过微信学习群、钉钉学习群推送了我校自编的高等代数教材电子版、练习册电子版、PPT 教案、自编的线性代数疑难解惑辅导书,线性代数附册学习辅导与习题选解等教辅材料。三是把每次课的学习内容、进度安排、学习要求、重难点知识推送给学员,使学员自学起来心中有数,另外,钉钉还支持学员通过观看回放实现知识的重复学习和重难点突破。

1.3 利用信息技术优化教学设计

让学员注意力高度集中听一整节课(45 分钟)是很难做到的,这就要求我们利用信息技术合理设计教学,把握课堂节奏,缩短学员注意力的低潮期。其主要做法有:一是把每节课的知识点进行整合划分,设计成三个小块,知识块之间放慢授课节奏;二是设置互动讨论或者连麦问答,让学员参与其中,使他们的注意力能保持在线;三是提前设计每张 PPT 如何讲解,如何在 PPT 上留白、在 PPT 上注释;如何利用手写板再现定理或命题推导过程,让学员有深度思考、有思维触动。

1.4　利用信息技术助力教学管理

一是及时掌握学员听课情况。可通过课程签到、查看直播听课时长、随机点名等方式监督听课状态。二是通过作业批注,让学员及时查漏补缺。在钉钉平台对每本作业每个题目进行批注,把作业评价发给学员,书写评语激励学员,优秀作业在群里公示(便于其他学员纠正错题),显示作业提交的先后次序,还可督导和提醒未交或迟交作业者。三是调动"懒惰"学员的学习积极性,如:把积极上进学员问到的有深度问题的详细解答过程拍成图片发到微信群、把教师根据教学经验预测到共性问题的解决办法发到微信群等。四是通过线上章节测试监测学习效果,开展针对性教学。章节测试是在钉钉的云课堂组织,它的优点是防作弊功能强,能够限时作答、能够打乱题目的顺序,试卷批改也比较方便,客观题都是自动批改的,主观题需要教师自己批改,批改后成绩也就直接出来了比较方便。

2. 线上教学的几点体会

通过实施高等代数线上教学,我们有以下几点体会:

2.1　线上教学真正体现了"学为主体、教为主导"的教育理念[①]

线上教学借助信息技术和平台,更新了教学工具和教学手段,丰富了教学模式。它对传统的课堂教学既是冲击、挑战,又最终必将是互相补充、协调发展。线上学习时间和空间不受限制,学员是学习的主角,其他都是配角,这对培养学员的自主学习能力以及养成终身学习习惯具有重要作用。

2.2　线上教学对教师提出了更高的要求

教师除了具备渊博知识、对学员有仁爱之心外,还必须转变教育理念,

---

① 吴平,刘彩霞,胡欣,等."学导式教学法"在《概率论与数理统计》教学中的应用[M].北京:国防工业出版社,2010.

接受和适应网络教学模式,主动学习和掌握信息化技术,优化教学内容和教学设计。线上教学把教师从网络教学新手、生手,倒逼成网红、能手。线上教学提升了教师的应变能力和授课能力。

2.3 线上教学管理难度加大

线上教学看不到全体学员的表情,无法通过眼神、表情判断学员对知识的掌握程度,更无法完全掌控所有学员的在线状态(是在认真听还是仅仅在线,是在书房听还是躺在床上听等),管控学员的难度在加大。我们的做法是通过在线作业、在线测试、随机点名等信息化技术掌控其学习动态。开课前告诉学员网课就是正课,学过的知识开学后不再补课,还告知学习状况、作业完成质量等都将计入平时成绩。对作业优秀者、主动提问者、网课活跃者大力表扬且平时计分高,发挥其先进带动作用。对于作业迟交或不交者、对于无故不参加网络直播也不看回放者,把这些信息在群中公示,同时主动和队干部联系,队干部和教师一道督促学员,调动落后学员的积极性。

2.4 线上教学与课堂教学应相互补充和有效对接

开学后所有纸质版作业(学员用红笔订正后)上交办公室,开学后第一时间组织学员测试,检验学习效果,测试成绩计入平时成绩。对于学习中存在的共性问题进行查漏补缺,做好知识点的衔接。继续实施线上辅导,想方设法保护学员刚刚养成的自主学习习惯。

2.5 直播时间的选择有讲究

直播时间最好避开网络拥堵高峰期,避免卡顿、掉线,造成直播效果下降。直播持续时间也不宜过长,这样可适当休息和提升学员注意力。

结束语

线上教学拓宽了学员获取新知的渠道,学员自主学习的时间和空间将不受限制,自由灵活的学习方式对培养学员的自主学习能力和养成终身学习习惯具有重要作用。数学教师积极投身线上教学,尝试运用多种教学设备和平台,如:微信群、QQ群、钉钉、雨课堂、微讲师、学员手写板、平板电脑、触摸屏+手写笔、数位板等,创新教学模式,优化教学内容。数学课程线上教学探索仍在走深走实,追求卓越的教学态度将确保教学质量。可以期望线上教学必将加快我校线上线下混合式教学改革进程,必将是今后课堂教学的有益补充,必将更好地服务于我校的人才培养战略。

线上数学教学实践

郑治中　鲁志波　黄晓英

引言

突如其来的疫情迫使我们开始了数学的线上教学工作,和很多师生一样,将网络工具作为最核心的教学手段是具有一定偶然性的。这样的被迫之举也让我们成为历史上范围最广、规模最大、程度最深的在线教育的集体尝试者之一。经过几个月的磨炼,带着偶然性的线上教学从"新鲜感"向着"常态化"逐步转变,形成了一种教学模式的"新常态"①。

1. 新常态之新在于以下几个方面

一是全面提升了教员的信息技术应用能力。在大学前期开展的混合式教学改革中,教研室部分先行者已经开展了一段时间的课程实践,他们的探索在一定程度上给作为后来者的我们提供了有益路径指导与宝贵经验支持。自 2020 年 2 月中旬教研室启动线上授课动员开始,广大教员尝试的授课模式有直播课、录播课、慕课、雨课堂、远程指导等多种形态。在多样性的备课和授课中,对于信息技术应用的要求,都迫使教员本身跨出舒适区,密集地尝试各种新型教育技术形态,通过一定程度的比较,找到了适合自身的教学模式。在这一过程,揭开了一些看似神秘的技术面纱,鉴别出一些网络教学模式的弊端,是教学技术手段前进中的一小步。但是,通过多种尝试进行了全新层次的设计与探索,也是教学理念进步的一大步。

二是潜移默化地引导教员开展教育本质的思考。线上教学是一片蓝海,本无框架和成规,广大教员获得了空前的教学方式选择性。多样化的教学方法尝试与迭代,核心在于对教学效果的及时反馈与不断认识。线上课

---

① 教育部. 在线教学将成为高校复课后"新常态"[N]. 新京报,2020-05-15.

堂存在缺乏互动的环境因素,而教育是唤醒学员自主学习的过程,幽默感对课堂效果的提升是有益的。但是幽默感不等价于讲段子,满是段子的课堂也是不合适的,因为不管是传授知识还是传授学习知识的能力,其承载主体都不应该也必然不是段子。形式与技术的多样性,其根本需体现在内容的深度与广度。通过深度挖掘知识内蕴,广泛串联知识脉络,才能真正达到提升教学质量的目的。

三是教学主体在悄然发生变化。以直播课为例,它没有传统课堂的面对面,却增加了师生之间点对点的交流互动。传统的"单声道"到现在的"双声道",一方面传达出教员"教了什么"变成了学员"学到了什么",另一方面,也体现了从以教师为中心到以学生为中心的教学主体的转变,而慕课、网络答疑等多种形式的辅助教学,使得之前单纯的知识传递转向知识、素质、能力的全面培养转变。

2. 数学在线教学探索

学习理论[①]中将知识分为三种:陈述性、程序性和策略性知识。它们分别有各自不同的教与学的方法。市场中已有的各种在线教育中,成功的学科类型大多属于陈述性,而对于数学这样的程序性课程,在线教育鲜有成功者。这是因为数学的学习过程大致分为两个步骤:一是对规则进行说明和解释,使学习者理解问题表征和解决方法;二是程序性操作,将第一阶段学习到的规则应用到具体的问题上,通过因果式的练习与迭代以期望产生规则的迁移,而两个阶段的衔接具有一定的阈值,这体现在:

在当前的线上数学教学探索中,教员们在教授知识时的作用主要体现在第一阶段。在对知识点的介绍、分析与解释过程中,通过设计典型特征的例题,引导学员理解概念与方法规则。从教学方法角度来看,有理论研究表明,通过问题牵引式的教学方法更能促进规则的迁移。线下教学的优势在于教员在实施牵引式教学法时,可以通过观察与无时不在的互动(眼神、语言、表情等)反应来判定教学的效果,从而调整教学节奏或改变教学策略、内容,以期望得到最优教学效果。在线数学课无论是慕课或直播课,互动性都有一定局限,在利用讲授法进行授课时,难以及时、广泛地采集到学员学习状态的数据并进行分析判断。我们在线上授课伊始,即采用全程不间断连麦的做法,将"一个话筒"转变成"两个话筒",增强课堂实时互动性,而随着相关软件的迭代更新,将类似于"邀请连麦"这类功能的灵活应用,使得课堂

① 克劳兹.我们如何学习:全视角学习理论[M].北京:教育科学出版社,2014.

的互动性得到进一步的拓展。

从教学设计角度看,呈现形式对课堂效果产生重要影响。有研究人员指出,在线学习的呈现形式不合理会加重学习者的认知负担,从而影响学习效果,这一点在数学课程上体现尤为明显。对于广泛采用的幻灯片授课方式,在线下教学中如果出现页面内容的跳跃,还可以方便地通过板书方式进行分析与推导(这似乎也成为一种惯例)。但在线上教学中,需要对教学内容深入分析,精益求精的对幻灯片进行设计与制作。

从教学手段来看,要达到数学教学第二阶段中规则的迁移,需要进行适当的例题演示。规范的板书在线下教学中的作用不可替代,它也长期地作为数学教学的"标准范式",而在线上教学中,公式输入的不便一直是制约教学效果提升的一个痛点。广大教员们尝试了多种多样的方法以提升线上"板书"效果,如手写板录入等,而现在通过我们的实践,熟练掌握 Tex 语法,通过 Mathtype 软件进行标准化数学输入与推导,可以达到规范化电子板书的效果。随堂形成的电子文档可以实时共享给学员,配合视频回放,便利学员的学习与复习,受到学员的欢迎与督导专家的认可。

3.线上线下教学衔接

随着我国抗疫斗争的不断胜利,线下教学也即将重回教学舞台中心,做好线上线下教学的衔接,是下一步的重点工作。除了大学、部和教研室在管理层面的统筹安排,也需要教员从自身层面进行以下的工作:

一是对线上教学情况进行细致小结,对线上教学中存在的不足要进行记录,为不适应线上教学的学员设计针对性辅导措施。

二是结合学情和课时分配,制订好线下教学计划,确保线下计划的科学性与有效性。

三是关注线上学习情况异常的学员,了解其客观情况与心理状况,以帮助其尽快在线下学习中进行调整。

四是线上教学的优势应继续保持,要做好各类教学方式和资源的统筹,思考和探索符合本校实际情况的混合式教学方式、方法和手段,以助力学员的课程学习。

实践是检验真理的唯一标准,在这次疫情中所开展的线上教学实践,必将对我校开展的混合式教学改革产生积极而深远的推动作用。

以学为中心的大学物理在线教学实践

何　静　郭东琴

引言

随着信息技术的不断发展,对各行各业的影响也越来也大,教育行业也受到信息化浪潮的影响,网络资源与环境成为现代教育的重要组成部分,应用现代信息技术是教育发展的必然趋势。在这次新冠肺炎疫情期间,全国高校普遍采用的教学方式正是依托网络资源的在线教学①。但在线教学相比于课堂教学,教学环境、师生关系以及教学组织结构和管理方式都发生了变化,教师如果还是照搬课堂教学的经验、模式与方法进行网上教学,无异于用线上课堂的短板去对应课堂教学的长板,实际效果必然不佳,如何让学生在线主动学习是在线教学需要解决的问题②。

相比于课堂教学,在线教学网络资源丰富,可以不受时空的限制随时随地的提供支持,这些优势更加适合于以学为中心,而不是以教为中心的教学模式。在线教学中可以将知识内容进行模块化的划分,学生根据自己的基础水平以及能力特点,有选择地进行自主学习,教师也可以通过进阶式的模块引导学生提高知识水平和能力素养。为此以《大学物理》课程为例,进行以学为中心的模块化在线教学的实践探索。

1.以学为中心的在线教学特点

"以学为中心"就是视学生为学习和发展的主体,是知识的主动建构者,教师要利用各种教学因素来支持学生的自主学习和协作学习,提供优质的

---

①②　王青.识变、应变:面向未来的在线大学物理教育——教育部高等学校大学物理课程教学指导委员会关于推进在线物理教育教学研究的工作[J].物理与工程,2020,30(2):3-6.

学习资源,培养学生学习的自主性、能动性、创造性①。网络环境是"以学为中心"教学模式非常重要的环境手段,在线教学本身就是基于建构主义,自我驱动性的自主式学习②。学生可以按照自己的时间来进行合理的规划,根据学习需要,重听或重学部分内容,从而更好地掌握所学内容,并充分巩固学习效果,有效地增强学习的针对性,提高个人的学习效率,同时通过网络可以方便地实现学生之间互相交流和协作,及时地把自己的想法和他人进行沟通,宽松的学习氛围更可以使学生发挥他们的聪明才智和主观能动性③。

但是与线下教学相比,在线教学要求教学双方必须都能上网,教学效果受网络因素的影响较大,同时因为缺少教师的现场指导,对学生的学习能力和自我约束能力要求较高。因此在教学设计方面就要充分考虑在线教学的优缺点,在教学目标分析的基础上,对线上教学过程进行组织,为学生的知识建构提供指导和帮助,从而让在线教学更加有效地开展。

2.以学为中心的《大学物理》在线教学实践

2.1 在线教学环境调查

在线教学所有的教学过程都是在线完成,学生端的设备和网络配置将成为制约在线教学效果的重要因素。为此在进行在线教学前,对本班学生的网络基本情况及在线教学需求进行了问卷调查。调查显示95.18%的学生家中有电脑,所有学生都有智能手机,满足在线教学所需的基本硬件环境;85.72%的学生家中有 WiFi 环境,所有的学生手机都设有流量包月,55.71.%的学生手机流量在 30G 以上和不限量,且94.15%的学生家中移动信号一般或良好,满足在线教学的基本网络环境。

在线教学要依靠教学平台来完成,教学平台的性能好坏直接影响教学效果。结合《大学物理》课程特点,要达到良好的在线教学效果,教学平台除了要满足可以直播授课外,还要能够实现屏幕共享、课堂问卷和师生互动,同时学生可以回放授课视频,教师可以通过平台收集学习情况的数据反馈。目前常用的教学平台主要有超星学习通、雨课堂、钉钉、腾讯课堂、ZOOM 等

① 吴砥.在线教学更适合以"学"为主[J].中国电化教育,2020(04):6-7.
② 牟蕾,张军,万小朋.发挥在线开放课程效能 推动"以学生为中心"的教学模式改革[J].中国大学教学,2017(06):54-55.
③ 于四海.基于信息技术的以学为主教学设计研究[J].黑龙江高教研究,2010(10):142-144.

等,从功能的角度来说,基本上能够满足教师的要求,教师可根据自己的使用习惯来选择所需教学平台①。本文以钉钉直播平台为主要教学形式,雨课堂为辅助形式,实现课堂反馈与互动,同时建立班级微信群,应对突然出现的网络故障和平台问题。

2.2　以学为中心的《大学物理》在线教学设计

以学为中心的教学设计,教学方法上采用问题驱动式教学,学生为主体,通过问题引导,借助网络教学平台,根据学生学习基础和水平,进行个性化的教学,将线上教学的基本流程划分为基础知识模块、疑难问题模块和提升拓展模块三部分,通过师生互动交流,驱动各模块的学习,引导学生发挥知识构建的主动性与积极性。其基本流程如图1所示:

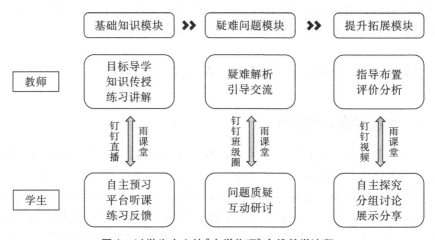

图1　以学为中心的《大学物理》在线教学流程

下面以《大学物理》中的"刚体的角动量定理和角动量守恒定律"内容为例,说明教学实施的具体过程。

2.2.1　基础知识模块

"刚体的角动量和角动量守恒定律"是教育部《理工科类大学物理课程教学基本要求》中的核心内容,在基础知识模块的教学中把刚体角动量及其定理的建构过程作为重点,通过自学引导和直播授课两环节完成知识建构。

自学引导时,教师通过雨课堂的"预习学习单",向学生手机端推送。预

---

①　杨海军,张惠萍.新冠肺炎疫情期间高校在线教学探析[J].中国多媒体与网络教学,2020(03):194-196.

习学习单内容是 3 个层层递进的问题,即"已经学过的质点的角动量形式是如何得出的?""刚体的角动量和质点角动量的异同点有哪些?""内力矩是否改变系统的角动量?"引导学生由已学过知识点,自主建构新知识,并学习类比的研究方法,对新知识进行分析,同时完成 1 道概念测试题。教师通过雨课堂设置的教学日志列表,查看学生概念测试题目作答数据以及学生留言反馈等信息,通过线上反馈手段,教师可以及时了解学生预习完成情况。

在预习学习的基础上,教师利用钉钉直播进行授课。授课过程通过问题引导,由"刚体角动量和质点角动量的关系是什么?""力矩如何改变刚体的角动量""角动量守恒的含义是什么?""刚体角动量什么情况下守恒?"等问题引导学生思考。学生通过雨课堂发弹幕,与教师互动。少了传统课堂教学的束缚,学生在网上的讨论氛围更轻松。弹幕的形式能够让教师更快地了解学生的想法,对学生的疑问直接进行解答。问题讨论通过雨课堂随机点名和钉钉举手的方式进行,增加学生学习参与感,提高教学效果。每个知识点建构完成后,利用雨课堂以选择题的形式进行教学练习,因为答题结果对学生端是匿名的,所以学生更愿意参与,提高了学习的积极性。雨课堂将学生答题正确率反馈给教师,如果 80% 的同学都已掌握,直接进入下一知识点,否则对涉及的知识点进行进一步讲解分析,接着再进行一个题目测试,查看学生掌握情况。

在基础知识模块中,对不容易理解的知识点,学生可根据自己的掌握情况,利用钉钉网络平台进行回看,提升自主学习能力。

2.2.2 疑难问题模块

在学生完成基本知识的建构之后,根据雨课堂反馈的答题情况,进行个性化的教学。将学生分为知识加强组和疑难探究组。其中答题正确率比较低的同学为知识加强组,这部分学生继续参与课堂,教师针对其错误问题进行进一步的知识讲解,并加以练习,帮助他们掌握重点知识;同时,将选做题目推送给答题正确率较高的疑难探究组。学生可根据自身情况,选择继续听教师的知识讲解,也可以选择对选做题目进行自主探究,通过钉钉班级圈进行交流,发挥互联网共享与互动的优势。在充分讨论的基础上,教师在辅导答疑时间对问题焦点进行分析,引导学生发现认知上的不足,加深他们对知识的理解。

这样,有了网络平台的统计数据,就可以根据学生的问题特点进行分层次的教学,有针对性的解决不同基础学生的疑难问题。

2.2.3 提升拓展模块

"刚体的角动量定理和角动量守恒定律"是刚体部分的最后一节内容,经过基础知识模块和疑难问题模块的学习,学生已经具有刚体定轴转动的知识储备,为了更好地将所学知识与实际问题相联系,教师在钉钉班级圈中发布供探究的小课题,对所学知识进行拓展。课题内容以开放性的研究问题为主,如 2016 年的 CUPT 的竞赛题目"如何用非损伤的方法来检测鸡蛋煮熟的程度",引导学生是否可以从分析鸡蛋的转动惯量入手,探究鸡蛋煮熟的程度,除此之外还有什么方法能够无损检测。学生以小组为单位,通过分组协同收集资料,运用所学知识进行理论分析,利用生活中的材料进行实验探究,通过手机上的 Phyphox 软件进行实验的测量,通过 Interactive Physics、Tracker 等软件进行模型仿真和数据分析。各个小组可以利用视频会议的方式进行互动研讨。

经过两个星期的探究之后,在线上安排讨论课进行小组报告,学生利用钉钉视频会议展示小组的研究报告,分享自己的研究成果。在提升拓展模块中,学生通过实际物理现象发掘物理本质,提高运用所学知识解决问题的能力,培养学生团队合作精神和创新开放思维。

3. 在线教学的效果反馈

为了进一步了解"以学为中心"的在线教学效果和学生对知识的掌握程度,在经典力学知识讲授结束后,进行测试。将 2019 年课堂教学的同专业教学班作为对比班,测试题目与 2019 年同期测试题相同,并利用钉钉视频会议保证测试效果的公平性。

成绩统计显示,在线教学班的平均分 76.96 分,对比班的平均分为 74.4 分,在线教学班略高于对比班,在线教学的总体教学效果良好。其中优秀率和不及格率对比如图 2 所示。可以看出,在线教学班优秀率为 15.7%,对比班优秀率 10.5%,通过在线的模块化教学,能够提高学生的自学能力,对那些自律性强的学生来说成绩提高明显;但从不及格率的对比中也能看出,在线教学班的不及格率较高,达到 8.7%。这反映出对于自律性不强的学生,由于少了教师的管理和监督,在线教学的学习效果有所下降,特别是对基本概念的掌握不扎实,不能熟练应用基本原理解决具体问题。

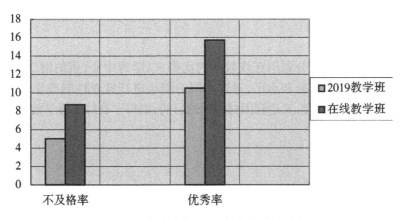

图2 在线教学班与2019教学班成绩对比图

4. 在线教学的实施体会

通过一个月的教学实施,"以学为中心"的模块化在线教学,能够既注重学生的主体地位,又加强教师的主导作用,同时增强生生之间,师生之间的互动交流,共同完成知识的传授和能力的提升,为了达到较好的教学效果,需要注意以下两个方面。

4.1 在线教学的时间及节奏把握

由于在线教学没有教学的空间限制,教师容易忽视教学的时间限制,造成讲授时间过长,引起学生疲劳。在教学过程中,模块化的教学方式方便教师进行时间把控。在知识传授的节奏把控上,20分钟左右完成一个知识点的传授,能够避免学习的疲怠性,也可以引导学生自主讨论,避免长时间的知识灌输。

4.2 采用形成性的评价方式

课程考核过程是决定学生实际发生变化、实际达到何种程度的过程,由于在线教学的特殊性,教师要想使学生实现自学、互动、探究的教学过程,就要改变传统的考核方式,注意过程考核和形成性的评价,通过多样化的教学组织模式和全过程的考核方式,促使学生自主学习、参与课堂、协作探究。

结束语

在疫情期间,充分利用在线教学的优势,以学为中心,借助网络教学平台,根据学生学习基础和水平,通过不同的模块进行针对性的教学,既增加了学生自主学习机会,又达到因材施教的目的,取得了良好的教学效果。

大学物理精准教学课堂设计与实践

张　晖　苗劲松　陈文博　何　静

引言

2019 年 10 月,教育部先后发布了《关于深化本科教育教学改革全面提高人才培养质量的意见》①《关于一流本科课程建设的实施意见》②,强调本科教育的重要性,要求积极发展"互联网+教育"、探索智能教育新形态,推动课堂教学革命。自 2018 年秋季学期开始,笔者所在教学团队就开展了基于智慧课堂——雨课堂的大学物理混合式教学模式探索,并达到了一定效果。2020 年春天新冠肺炎疫情促使我们对线上教学进行了更深入的探究和实践。那么,如何利用基于互联网的信息化技术助力疫情期间大学物理课程线上课堂开展精准教学、提升教学效果,是值得深入思考与认真谋划的重要问题。

1.大学物理教学现状分析

以物理学基础为内容的大学物理课程是高等学校理工科各专业的一门重要的通识性必修基础课程。它不仅具有高度的理论性和严谨的逻辑性,同时又是一门以实验为基础的课程,要求学员既要有一定的高等数学知识为基础,又要具备一定的逻辑推理能力和空间想象能力。但高中阶段的物理教学在物理知识、原理和规律的基础上,侧重于定性分析、特例问题以及初等数学的应用,学员对物理知识的掌握不够系统,对物理学各部分之间的横纵向联系不够清晰,对现象背后物理本质的学习不够深入,因此,学员普

---

① 中华人民共和国教育部.教高〔2019〕6 号,教育部关于深化本科教育教学改革全面提高人才培养质量的意见,2019-10-08.
② 中华人民共和国教育部.教高〔2019〕8 号,教育部关于一流本科课程建设的实施意见,2019-10-30.

遍感到大学物理有一定的难度。此外,我校是在全国范围内招生,不同地区高中阶段物理课程学习模块的差异导致一少部分学员的学习基础较弱,这对差异化教学和个性化教学提出了更高要求。目前,传统的线下课堂教学难以满足学员差异化和个性化的教学需求。

在教学过程中,学员的学习基础、学习状态是教员进行教学设计的基础。在传统的线下教学中,教员和学员之间难以建立持续的、有效的互动渠道,教员往往是根据自身的教学经验和大多数学员的情况进行教学设计,有可能在教学策略的选择和教学活动的开展中出现偏差。师生无法在有限的45分钟时间里进行充分的交流互动,教员就会不自觉地希望学员跟着自己的思路学习。如此,对于特别优秀的学员,会觉得授课内容简单,没有必要认真听讲;对于落后的学员,教学进度超出了既有知识基础和理解能力,难以跟上节奏,也不愿认真听讲。

2. 精准教学课堂设计与实施

为了更好地实现教学目标,更有效地开展课堂教学,整个教学过程必须坚持以学为中心的原则,进行精准教学课堂设计。精准教学是基于反馈和评估的教学,通过分析学习者的学习状态、学习行为、学习成绩及其变化,不断搜索最适合学习者的教学方法和策略[①],因此,精确教学要求教员根据学员的课前学习状态和知识基础进行教学设计;在课中及时调整教学策略,适应学员学习状态的变化;课后在深层学习的基础上进行巩固。

信息化技术的快速发展,使教员能够对学员的学习行为和进度进行准确记录和深入分析,从而为精准教学提供有力的数据支撑和技术支持。清华大学推出的智慧教学工具——雨课堂为开展精准教学提供了平台,它将复杂的信息技术手段融入 PowerPoint 和微信,覆盖了课前–课中–课后的每一个教学环节:课前,教员可以将带有 MOOC 视频、习题、语音的预习课件通过雨课堂推送到学生手机,并对学员的学习进度、学习效果进行收集和整理;课中,实时答题、弹幕互动,提供了传统课堂教学之外的完美解决方案;课后,学员可以通过讨论区给教员留言,进行线上答疑。此外,疫情期间学员滞留家中不能正常返校,也使学员能够进行自我时间管控、充分利用教员提供的网络学习资源、随时随地同教员进行互动交流,便于教员及时了解学员动态、开展线上精准教学。

① Lindsley O. R. Precision teaching's unique legacy from B. F. Skinner[J]. Journal of Behavioral Education,1991(1):253-266.

疫情期间,我校大学物理教学团队,对混合式教学进行了深入研究,提出了基于多平台的多类资源相融合的大学物理教学的精准谋划。基于雨课堂的精准教学包含了三个阶段的内容,分别是课前预习、课堂教学及课后复习。课前预习阶段,在对教学内容进行深度分析的基础上,教员通过雨课堂发布自主学习指南,提供学习资源,指定预期学习成效(intended learning outcome)[①],不仅要让学员了解下次课要学什么、主题是什么、重点难点有哪些,还要指明如何学、应达到什么样的目的。学员根据自主学习指南,利用相关学习资源,开展自主学习,并进行自主学习评价。自主学习评价的结果通过雨课堂同时反馈给教员和学员。教员根据学员的预习情况对学员的学习状态和知识基础有了初步了解,并在此基础上对课堂教学设计进行优化;学员根据成绩反馈对自己的水平以及需努力的方向有了基本的了解,便于在课堂上进行自我管理。课堂教学阶段,教员在 PC 端由多媒体课件登录雨课堂的同时,可以利用雨课堂或者钉钉等其他平台进行直播授课。登录雨课堂的目的是便于教员和学员进行课中教学效果评价。授课过程中可以穿插MOOC 资源进行实验演示,弥补不能进行现场演示实验的不足。根据课前预习情况,教员对自主学习内容进行系统串讲,并对共性问题和重难点内容进行针对性讲解。讲解后,利用雨课堂发布客观题形式的即时计时问题,进行学习效果即时检测。根据问题回答正确率的不同,教员实施不同的教学对策:对于正确率高于90%的问题,教员不再组织讨论;对于正确率介于60%到90%之间的问题,教员引导学员连麦发言进行讨论,开展协作学习;对于正确率低于60%的问题,教员直接给予讲解。课后复习阶段,由于学员的基础水平、学习能力、学习态度都存在着客观差异,为了兼顾不同层次学员差异化的学习需求,采取差异化教学策略,引导学员进行不同方式的深层学习:督促学习落后的学员先针对自己的疑难点有选择地回看授课视频,再进行常规性质的课后习题的作答;为处于中间程度和特别优秀的学员分别提供难度适宜和拔高性质的练习题。差异化教学的持续进行能够有效挖掘每一位学员的潜能,帮助每一位学员都能在原有基础上获得良好的发展。

3. 启示与思考

教育改革的核心环节是课程改革,课程改革的核心是课堂教学[②]。新冠

① 王颖,丁妍,高洁.卓越的大小教学——构建教与学的一致性[M].上海:复旦大学出版社,2019.
② 钟启泉.“有效教学”研究的价值[J].教育研究,2007,6:31-35.

肺炎疫期促使我们(教员和学员)加速开展课堂教学的改革,从前期"大部分线下+小部分线上"的混合式教学模式跃进到完全基于线上的"直播授课/MOOC授课/录播授课"多种教学方式相混合的教学阶段。课程、课堂、课本全部实现网络化:课程慕课化、课堂网络化、课本电子化,这一系列的变化在不知不觉地改变原有的教学生态。这种改变不仅促使一线教育工作者和教育管理者更加重视互联网教育资源和信息化教育技术,也加速了学习者之间的两极分化。

基于实体课堂的教学和纯粹的线上教学是两个互动感觉完全不同的过程。在实体教室中,教员和学员是面对面地接触、交谈,双方的面部表情、肢体语言、眼神交流都是线上教学中不可能实现的。在纯粹的线上教学中,学员之间学习目的、学习态度、学习习惯、自律能力的不同被放大。可以预见,本学期的线上教学其实是一个"大浪淘沙"的过程。因此,纯粹线上教学实现精准的前提,是教育者和学习者的高效互动;而达到高效的前提,则是学习者的高度自律。

在5月14日教育部召开的介绍疫情期间大中小学在线教育情况发布会上,教育部高等教育司司长吴岩说到,我们再也不可能、也不应该退回到疫情发生之前的教与学状态,因为融合了"互联网+""智能+"技术的在线教学已经成为中国高等教育和世界高等教育的主要发展方向。可以预见,学员返校后,正是我们进行线上线下深度混合式教学的开始!

多元互动混合式教学模式在听说教学中的应用

任园园　董　伟

引言

教育部 2017 年颁布的《大学英语教学指南》(以下简称《指南》)中指出,大学英语教学应以英语的实际使用为导向,以培养学生的英语应用能力为重点。其中,英语应用能力是指用英语在学习、生活和未来工作中进行沟通、交流的能力。同时,《指南》对大学生的英语交流能力和跨文化交际能力的培养提出了更高的要求。其中,对学生听说能力的培养成为大学英语课程教学的关键环节,也是学生交流能力的一个重要体现[①]。

1. 背景

在现行的大学英语课程体系中,英语听说教学的目的旨在培养提高学生的英语听力技能和口语表达能力。传统的听说教学模式多是在多媒体教室或多功能语音教室内开展。听力环节以播放音视频材料、学生答题、学生反馈、教师点评为主。口语交际环节主要通过设置与本单元相关的话题,通过讨论、演讲等形式进行有针对性的训练。

目前的英语听说课主要是采取线下教学、课堂面授的环节来实施开展。但是近年来由于大学英语的课时逐渐在压缩,课程内容无法深入细致地展开,听力口语的练习多是浅尝辄止,带来的问题就是学生课上开口少,课前、课后不开口,教学材料单一,学生听力、口语能力提升缓慢,甚至还出现倒退的现象。

为了实现人才培养目标,改进听说教学的现状,将混合式教学模式运用于大学英语听说教学中是势在必行的选择。混合式教学模式将各种线上开

---

① 何莲珍. 新时代大学外语教育的历史使命[J]. 外语界,2019(1):8–12.

放课程资源与传统课堂教学联通在一起,有效解决了目前存在的一些问题,充分拓展了学习资源,还将学时从线下延伸至线上,从课内延伸到课外①。然而,听说教学因其内容和特点,其开展混合式教学的程度并不高。但是,这场突如其来的疫情给大学英语教学,尤其是听说教学带来了前所未有的挑战,同时也提供了很多机会。笔者结合我校大学英语线上授课的情况,探索依托互联网及线上教学平台开展混合式听说教学的模式,使线上的听说教学与线下教学做到"实质等效",有效结合信息化教学手段推动多元互动以达到更好的教学效果,从而巩固线上阶段的教学成果,以期灾后疫情时代对线下教学带来一些启示。

2. 支撑多元互动混合式教学模式的"1+1+1"教学平台构建

2020年3月初,联合国教科文组织在其官网发布数据显示此次新冠肺炎疫情已使全球从学前教育到高等教育阶段的近3.63亿学生受到影响,其中包括5 780万高等教育学生。此次疫情期间开展线上教学,看似是"无奈之举",实则是信息化教学发展的必然趋势,因此在实施线上授课时,必须要充分考虑线上教学与疫情结束后的线下课堂之间的有效衔接,建构整体一致性行动,确保教学工作的延续性、规范性与创新性。所以,在进行混合式教学中,教学平台的选择至关重要,除了能够保障各个教学环节的顺利开展,而且要能够延伸至线下现实课堂教学中。在经过前期的调研和试用后,笔者主要选用了三种平台作为听说课的教学主阵地。

2.1 钉钉平台

笔者将办公平台钉钉作为听说课的主要线上教学直播平台。我们要清楚直播授课并非现实课堂的网络翻版,一定要有清晰的教学设计和教学侧重点。在听说教学过程中,要在学生课前预习的基础上,在直播授课中进行深化和系统化,以精讲、精听、精练为主,结合精选的听力材料开展有针对性的听力技巧训练,并巧妙设置有关话题,通过多种形式开展口语练习。

钉钉直播功能可以实现师生双向连麦,既可以激发鼓励学生的主动性和积极性,也可以保证教师随时进行课堂抽查。在直播过程中,师生还可以通过互动面板界面进行答题分享、问题提出、即时交流等。对于重难点,教师可以在钉钉的工作台随时发起投票和填表,及时掌握学情。

---

① 董菊霞.构建大学英语听说课程混合式教学模式的策略 [J].新西部,2019 (121):157-158.

钉钉会议功能可以实现学生间的生生互动,有利于学生远程相互交流,协同完成口语输出任务和讨论任务。学生在进行小组汇报时可以作为会议支持人,模拟会场发言,更好地创设模拟演讲情境,激发学生的学习热情。

2.2 "U 校园"智慧教学云平台

为了顺应信息化教学发展趋势,建设智慧型校园,我校于 2019 年引入外研社 U 校园智慧教学云平台(以下简称 U 校园)。此次疫情期间,大学英语课程充分依托了 U 校园平台开展混合式教学、翻转课堂等。

课前利用 U 校园平台发布课前自主学习清单,通过 U 校园发布导学视频及音频,并完成预习检测任务。根据课前的这些数据,教师制作课内学习任务清单,针对学生在主题理解、听力方面的问题,课内予以重点、有针对性的指导和讲解,并通过产出活动,巩固学生的理解和口语表达。课下,教师在 U 校园设计拓展任务,鼓励学生用所学的知识完成教学过程的闭环。

利用 U 校园平台还可以即时统计学生使用过程中所产生的数据,对学生的学习情况进行清晰的可视化分析。教师通过手机 APP 端的签到插件可以掌握每个教学过程中学生的到堂参与情况,便于教师和学校对学生进行教学管理。

2.3 雨课堂+微信平台

雨课堂作为传统课堂与 E-learning 的桥梁,将 PowerPoint 和微信两个工具有机融合到一起,建立起课堂的实时交流互动。教师可以通过推送题目,准确掌握学生对某个知识点的掌握情况,同时,通过弹幕、随机提问等方式,随时监督学生并活跃课堂学习氛围。

作为移动终端的即时通讯软件,微信(WeChat)平台支持语音短信、图片、视频及文字等信息的即时共享。在"直播授课+U 校园"双平台基础上,笔者将微信平台作为线下与学生的交流、答疑、讨论、通知、分享的平台,对学生进行一对一个性化指导和帮扶。

三种教学平台覆盖"课前–课中–课下"三个学习过程,互为补充,形成全闭环式学习路径,教师与学生全程参与各个环节,实行多维交叉关联互动(图1)。

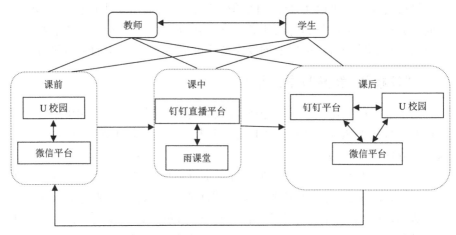

图1 "1+1+1"线上教学平台基本架构

3. 多元互动混合式教学模式设计

在深入研究我校听说教学的教学目标、知识体系特点的基础上,在"1+1+1"多平台基础上逐步构建起多元互动的混合式教学模式。

3.1 多元互动的意义

现代教学理论研究表明,教学是一种社会性认知活动,学习过程中积极适时的互动对学生学习能力的培养和教学目标的实现有着重要的意义和价值[①]。在线上教学过程中,多元互动主要通过多种信息化教学平台及互联网技术实现教学研讨线上化、教学资源线上化、教学互动线上化,达成师生互动、生生互动、人机(网络)互动、课内课外互动等多维度的有效互动,将"以学生为中心"的理念与线上教学的特点高度契合,形成了师生间和生生间多方位、多途径参与线上教学的特点。

3.2 多元互动的核心

师生互动和生生互动是多元互动的核心[②]。在直播授课中,笔者充分利

---

① 温秀兰,王东霞,乔贵方,等."互联网+"环境下专业基础课多元互动混合式教学模式探究[J].中国现代教育装备,2019(1):12-14.

② 翟卉欣.大学英语听说课程混合式教学模式探究[J].现代交际,2020(5):216-217.

用了多种教学平台进行实时互动,通过创设各种问题及情景,最大限度地激发学生的积极性,使其主动参与教学全过程。在直播授课时,通过钉钉直播平台的连麦功能和互动面板进行师生互动。学生也可以利用互动面板进行交流互动。通过雨课堂、U校园投票插件、钉钉工作台等功能,提前设置相关问题,随着课程安排和进度进行答题和投票互动;利用雨课堂、钉钉填表功能发布问卷收集学情反馈。同时将学生分为学习小组,生生互动可以通过微信平台延伸至课下,在教师监管不到的地方,学生之间仍旧可以进行交流。

3.3　多元互动与个性化指导相结合

教师要充分了解学生已有的知识结构,精心设计教学活动。同时,教师还要认识学生之间的差异,并采取相应的措施进行个性化指导与帮扶。在教学活动中,教师应尊重学生的各种不同见解,保护学生的创造性和好奇心,创设情境鼓励学生发表己见,允许学生提出不同的(甚至是错误的)观点,这也有利用培养学生的思辨能力和独立思考问题的能力。

4. 合理严密的教学准备和教学质量监控

线上教学不同于现实教学,教师与学生分处在网络的两端,想要随时随地掌控学生的学情是很难的。线上教学带给教师的挑战不言而喻。为了保障线上教学与线下教学的"实质等效",教师要加强课程设计与学情分析,整理教学资源,利用便捷的协同交流开展网上教学研讨和集体备课,课前还要对考核方式等可测量内容提出具体要求,规范教学各程序环节[①]。

对于混合式教学来说,还应充分利用各类教学平台线上教学数据采集的优势,实时进行学情分析,掌握学生的学习情况,这样才能做到有的放矢,同时,教学质量监控还应该有专门的质量监控团队的参与,包括教学督导、一线教师、教学管理人员等主体,力求全面、准确反映教学质量,及时向管理部门与教师反馈,提升教学过程质量监控的效率与效益;另外,还要通过教学平台或其他渠道畅通与学生间的沟通交流,开展学生评教、评学,及时收集、反馈学生关于教学质量的信息,有效掌握学生参与教学的情况。

---

① 王晓凤,阮绩智,周昕. 基于信息技术的"多元互动混合式"翻译教学探析[J]. 浙江工业大学学报(社会科学版),2010(4):429-433.

5. 结束语

这场疫情终会结束,而这次大规模的线上教学活动却给我们带来更多的思考和启发。作为大学英语教师,应充分认识到此次线上教学的积极意义,在"互联网+"背景下,积极探索信息技术在听说教学中的深入融合和应用,将此次的线上尝试的成功经验有机过渡并嵌入线下教学,融入学校教育教学改革的系统工程中去,探索混合式教学的有效途径。

综上所述,利用可观可测的学情数据深入分析线上教学的优势与弊端,全面系统总结线上教学的经验与不足,为后疫情时代现实教学实现"以教师为主导""以学为中心"信息技术和教育教学深度融合以及打造高效课堂的目标奠定下良好的基础。

大学英语口语课堂混合式教学实践探析

张小艳

为有效提高大学生的口语能力并不断满足社会需求,使他们的英语学习更加全面化,近年来各大学纷纷将英语口语测试作为大学生期末英语考试的一项重要内容。当前,以语言输入为主要教学方法的传统英语口语课堂已经远远落后于时代发展的步伐,且无法满足广大英语学习者的求学需求,亟待进行教学改革,因此,制定一些具有个性化、自主式的英语口语学习模式变得势在必行。在当前"互联网+"的时代背景之下,混合式教学应运而生,并赋予了学习全新的内涵。混合式教学提倡将线上网络数字教学与线下课堂教学相结合,转变学习模式,将知识学习由共性的标准化的习得转变为个性化的自主建构。

1. 混合式教学概念的界定

混合式教学即将在线教学和传统教学之间的优势相结合的一种"线上"数字网络模式+"线下"实地课堂模式的教学。通过这两种教学组织形式的有机结合,可以使学习者的学习由浅到深发展,更为广泛化①。混合式教学不同于混合式学习,却又与混合式学习有着一些密切联系。"混合式教学"所反映的是学生作为学习主体在其学习过程中的积极性与主动性,其目的在于采用线上、线下教学等的不同教学方法和策略来组织课堂教学,以使得学生的学习效果得到更好地提升。全方位、多维度的混合方式,涵盖了在线课程学习与线下实地课程学习的有效整合统一,也包括了多个层面的学习理论。它不仅仅是融合了网络数字课程与传统课堂学习,更为重要的是对新型的教学环境与创新式教学方法的有机整合。

---

① 李聪.基于MOOC的《思想道德修养与法律基础》课混合式教学研究[D].南昌:江西师范大学,2015.

2. 大学英语口语教学现状

英语教学在传统意义上被定位成英语语言知识的教授与学习,于是,英语语言也在无形之中被定义为一种科学来教授,这样的观点不仅在理论上较为片面,在实际的英语教学应用中也存在一定的弊端。不少的大学英语老师对于口语教学不够重视,也较为直接地导致了大学生在英语口语表达能力上的欠缺。这种能力的欠缺突出表现在以下两个方面:

2.1 英语口语基础薄弱

由于条件的局限性以及传统模式的教学方法主要以应对考试为主,导致很多大学在大学生英语口语培养的教学上有所忽视,使得大学生英语口语基础薄弱。大部分学生只会一些较为简单的交际用语,一旦遇到较为复杂的问题便力不从心,无从下手去面对。

2.2 英语口语词汇量匮乏

不少的大学生在英语学习中过于注重学习结果而轻视必要的学习过程,特别是英语词汇量的积累。较少的词汇量导致了大学生对于英语学习难以下手,遇到疑难问题总是思路受到阻碍,无法清晰地表达自己想要表达的意思,这样也同时直接导致了学习兴趣的缺失,使之产生厌倦的情绪。

3. 大学英语口语课堂混合式教学实践过程

3.1 混合式教学模式应用

在混合式教学模式的具体实施过程中,可以通过一些英语口语教学平台的合理设置,及英语口语学习小组的建立双向结合,充分显示学生的主体地位,加之以教师的创新性英语教学,方可使得英语口语教学实现较好的效果。在这个过程当中,教师可以根据英语的不同分类,将一些作业有针对性地布置于网上英语教学平台,同时要求学生务必做到准时无误地完成,否则,将会做扣分处理。此举可使学生形成一种较为强烈的危机意识,又能够不断地促进学生去积极主动地探索学习英语知识,并逐步培养自身解决问题的能力来更好地锻炼口语运用能力。于混合式教学而言,在线教学平台和教师所提供的知识是学生在线学习的最为主要的来源。学习资源的优化及学生基于学习资源的有效自主学习,是混合式教学实现其有效性的先决条件。

3.2 混合式口语教学实践优化

传统的高校英语课堂教学不论是教学内容还是教学场地等方面都存在着一定的局限性,且一般是将教师作为主导。相较于传统教学,混合式教学模式则在此基础上对将学生作为主导的网络在线教学进行了结合融入,二者之间相互融合又互相促进,也使得学生对于英语口语学习的积极性有所调动,更是在资源上实现了优势互补,有效地发挥学生的主观能动性作用,也让其有效地参与进英语口语学习过程中来。据相关的调查研究数据显示,将近80%的学生在混合式学习实践的初始阶段认为自己英语基础较差,缺乏一定的词汇量,认为没有能力将这门课程学好,对于听力及口语的学习更是无从下手,同时,他们对于自身的自控力以及学习时间的掌控上,也存在着一些担忧和不确定因素。

通过对以上情况进行分析,不难发现,尽管网络在线学习教育已经成为教学发展的必然趋势,但如何对学生的英语学习思维加以正确地引导并付诸以实践行动仍然十分重要,这也是大学英语口语课堂混合式教学急待解决的问题。此外,据笔者观察,在进行大学英语口语混合式的实践过程中,最为有效的举措之一就是将学生进行分组。可根据宿舍的划分对其进行混合式学习小组的进一步划分,使之在小组学习中相互交流互相帮助,在使得英语口语学习实践的团队意识得以培养的同时,也达到事半功倍的效果。在整个混合式教学实践过程当中,学生之间相互比较,共同进步,相互促进,这对于英语语言整体能力的学习和训练十分有益。不少的同学对该学习模式表示认同,他们认为,此种模式下,同学间的友谊得到了加强,更为重要的是,英语口语能力也得到了潜移默化的提升。有不少同学认为,将宿舍作为单位来进行混合式学习,让他们都实际参与到了英语口语的学习当中,对于他们英语口语表达能力的提高亦是起到了较好的作用。

4. 混合式教学模式下大学英语口语教学的启示

随着"人工智能+教育"热潮的来袭,混合式教学在互联网时代发展的本质是为学生创建一种真正高度参与的个性化的学习体验。大学英语口语教学在混合式的学习范式下,其本质与内涵也已发生变化。学生不只是追求传统意义上的知识习得,对于一些个性化与创造性的知识的追求上亦是有着一些较高的标准。此时的高等教育也需要注重将一些优秀的网络资源合理地引入到传统课堂中来,进而打破线性的教学局限,使得学生的个性化全面发展得以有效实现。大学英语口语课堂混合式教学模式充分体现了英语教学的魅力,能够让学生的积极性得到更好的调动,更加热爱英语学习,也在同时让教学效果得到了更为巧妙的呈现。因此,高校的英语老师还需要不断间总结与反思,从学生的实际情况以及教材的实际内容出发,理论结合实际,实事求是地开展好英语课堂教学。

结束语

综上所述,大学英语口语混合式教学充分展现了新时期大数据信息网络技术所带来的优势。网络数字在线教学伴随着当前网络信息技术的不断飞速发展也得到了不断地拓展,教学资源也随之得到了丰富与优化,学生们对于知识的获取途径也发生了一些较大的转变。新型的混合式教学模式在线上教育与线下教授相结合的情况下应运而生,也在一定程度上带来一些较为深远的影响。对此,在大学英语口语课堂中,混合式教学实践顺应了教育改革发展的潮流,这种新型的课堂教学将会走在教育改革的最前方,也定会使得师生之间的沟通交流得以逐步强化,并加深教学效果,实现"教"与"学"的终极目标。

《大学语文》课程线上教学模式与方法创新研究

张　晨　李双伶

引言

　　《大学语文》是为提高学员的语文素养和写作能力而设置的一门重要基础课程,通过对古今经典的语言与文学赏析以及对军事应用文的学习,潜移默化地培塑学员的家国情怀,增强学员文化自信,提升其听说读写综合能力。疫情发生以来,《大学语文》课程借助腾讯课堂、钉钉平台全程开展线上教学,进行了教学模式与方法上的改革与创新,积累了一定的经验。

1. 创新教学模式 增强教学效果

　　教学模式,是在一定教学思想或教学理论指导下建立起来的较为稳定的教学活动结构框架和活动程序,有鲜明的稳定性、完整性、灵活性与操作性等特点。一般而言,常见的教学模式有讲授式、启发式、讨论式。

　　线上授课以来,新的教学平台、全新的授课环境,给《大学语文》课程的授课模式调整与创新提供了契机。

1.1　打通课前与课下,实现教、学互动全程化

　　线上教学最大的优势,是可以实现优质教学资源的集约化学习。网络资源与课堂讲授相结合,可以实现课前、课下的全程教学互动。

　　结合具体授课内容,课前,教员精选优质预习资源向学员做集中推荐,同时,教员科学设置预习问题,让学员带着问题开展预习,可以提升预习效果、节约直播时间;课下,结合课程讲授内容,结合相关音视频资源,布置有针对性课下作业,实现课堂学习的深化、作业完成的优质化,如课程《史记》专题讲授时,课后布置作业时,教员会有针对性地推荐《中国通史》(纪录片)相关内容,让学员结合视频完成"司马迁人生经历与《史记》创作"问题的深层次、多维度解读与回答。

1.2　坚持直播与录播相结合，实现教学模式多样化

网上授课以来，《大学语文》一直坚持直播与录播相结合的授课模式。直播与录播的结合，更适应网络授课的节奏，同时也让整个教学内容重点更加突出。

直播与录播相结合，坚持直播为主。网上授课，因为无法面对面观察到学员的听讲状态，而直播可以通过加强线上互动的形式及时了解课堂情况。直播的过程中，通过互动与交流，教员可以及时调整授课节奏，精简教学内容，因此，坚持直播为主是确保网上授课效果的重要保障。

录播内容，选择知识性强的内容作为录播对象，可以节约教学资源，如《大学语文》文学部分的授课内容，作家、作品基本情况介绍、文学史相关知识讲授，主要通过录播形式在课堂展示。录播的形式，在节约教学资源的同时，可以实现知识传授与答疑辅导同步。收看录播课程时，教员可以边播放边答疑，促使学员牢固理解和掌握知识点。

1.3　多名教员同堂在线联播，实现主讲效果最优化

选择合适授课专题，开展多名教员同堂在线联播，可以深化学员对学习内容的理解，实现课堂主讲效果的最优化。

《大学语文》课程中许多教学专题，如《史记》《红楼梦》《鲁迅与现代文学》《中国现代军旅文学》等，涉及知识点多、知识面广，若想让学员全方位理解其中蕴含的中国文化、文学的魅力，需要教员多角度、多层次、全方位地解读。这样的专题，就适合通过多名教员同堂在线联播的形式开展。各位教员选好角度，提前制作好授课视频，通过线上课堂的方式实现多名教员共上一堂课。

2. 丰富教学方法 提升学员能力

线上教学的效果如何，最终要通过学员来体现。他们的语文阅读、欣赏能力是否得到提升，他们能否进行自如表达、流畅写作，这些都是检验教学效果重要的标准。

线上授课中，可以实现多样教学方法与信息技术充分融合。利用信息技术，让学习者加入到各种形式的持续进行的对话中，这样一方面能了解到有关学习者越来越多的特定学习兴趣和学习效果，另一方面也可以加强教

学的反馈效果,提升教学质量①。

本学期线上授课中,课程组以提升学员能力为宗旨,采用了科学、多样的教学方法,取得了到了较好的教学效果,得到学员普遍认可。

2.1 采用任务驱动法,培养学员独立探索及合作精神

任务驱动式教学就是以授课教师设定学生感兴趣的任务为目标,从而培养学生的各方面能力。任务驱动教学法主要是注重学生的自主学习能力、独立分析问题、解决问题能力②。《大学语文》线上授课过程中,充分开展任务驱动式教学法,教员提前给学员布置探究性的学习任务,要求学员查阅资料、对知识体系进行整理,再选出学员代表讲解发言,代表发言时其他同学要积极提问,最后由教员进行总结。任务驱动式样教学法可以以小组为单位进行,也可以个人参加,鼓励小组参加。

在进行"三国演义"专题授课时,教员提前布置"我最喜爱的三国人物"主题任务,要求学员充分利用居家时间、网络便捷资源,提前查阅相关资料、撰写讲解文稿、制作讲解课件、录制展示视频。任务完成中,多数同学采用小组合作方式。组员间密切配合,擅长平面设计的、课件制作的、文稿撰写的同学合理分工,顺利完成任务。任务完成后,集中利用授课时间在课堂上展示学员作品,同时开放交流平台,鼓励同学以在线提问、交流的形式与任务完成者进行交流。最后,由教员统一评价、总结。

线上教学中,任务驱动式教学法对课程教学提出了更高的要求,要求教员布置任务要具体、参加学员要广泛。合理采用任务驱动式教学法,可以让学生在完成任务的过程中,提升分析问题、解决问题能力,进而培养探索精神、合作意识。

2.2 采用讨论法 激发学员学习兴趣、提升课堂参与度

讨论法,是在教员指导下,学生以全班或小组为单位,围绕授课中心问题,各抒己见,通过讨论或辩论活动,获得知识或巩固知识的一种教学方法。

《大学语文》线下教学时,受到班级人数的制约,很多愿意加入讨论的同学无法参与其中,以致讨论式的教学方法无法充分展开。线上教学中,不论是小组讨论还是个人讨论,讨论活动可以同时、平行展开,教员可以同时看

---

① 岳志坤.基于网络个性化教学的组织与实施[J].甘肃广播电视大学学报,2014(4):65-68.

② 屈凯,闫晶,高虹,等.任务驱动式教学在高职实用语文课程中的实践应用[J].才智,2014(2):143.

到同学的讨论发言,确保讨论环节的参与度。

讨论式的教学方法,需要教员精准设置讨论问题,便于学员在线上开展。设计的问题,选择难易度适中的话题,不需要学员长篇大论式的回答,可以及时把答案通过打字的形式呈现在课堂上。以《史记》专题为例,教员选择《项羽本纪》的开头一段文字,让学员从中分析项羽的性格特征。大家从不同的角度,言简意赅展开对问题的讨论,保证了同学们的参与度。最后,教员对大家的发言进行及时总结,深化了学员对文本人物的理解。

2.3 采用课上、课下练习法,促进学员知识向能力的转化

"学而时习之,不亦乐乎?"(《论语·学而》)知识,只有在反复的练习中,才能转化为能力。人文学科同样如此,《大学语文》课程的教学,要实现知识向能力的转化,必须经过适当的练习。

线上授课以来,《大学语文》课程在进行应用文写作部分的讲授时,充分采用练习法,通过课上与课下练习相结合的方式,提升学员的应用写作能力。同时,练习题目的设置,应充分结合学员实习学习的需要,以学员日常生活及工作中出现频率较高的公文(如通知、请示、总结等)为练习对象,精选试题,达到学以致用的目的。

课堂练习要与教员引导、点评相结合,只有及时指出练习中出现的问题、进行全面的总结点评,才能让练习发挥应有的作用,真正促使学员写作能力的提升。

2.4 开展线上实践活动,打造多彩第二课堂平台

第二课堂教学,是课程教育的必然要求,是对课程教学内容、模式、方法与手段的进一步补充。丰富的第二课堂活动,有助于提升课程的整体教学效果,提高学员的综合能力。本学期线上授课以来,结合课程授课内容,联系当下时政、重要节日,开展了主题征文和"师生共读一本书"活动。

征文活动以"寒假 疫情"为主题,引领学员结合时政,立足个人身份写生活、写心情,进而强化其使命担当。教员通过线上答疑、讲评,对学员写作进行有针对性指导。整个活动,学员积极踊跃,课程组共收到征文700余篇。这样,通过评选优秀论文、鼓励作者介绍写作经验,让征文活动的育人效果得到了进一步强化。

结合4月23日"世界读书日",课程组开展线上"师生共读一本书"读书交流活动。师生共读模式的开启,让师生最大限度"齐聚一堂"。虽远隔千里、身处各地,师生共读的阅读模式,可以师生共读一本书,实现共同阅读、时时交流。

一是,课程组结合时政时情,立足军旅题材,优选共读书目,让共读活动更好进军营、砺军魂。共读活动中,教员们选定著名军旅作家柳建伟的代表作品《突出重围》为共读书目。作为"新中国 70 年 70 部长篇小说典藏"作品,《突出重围》是和平时期军人成长的立体镜,是新世纪军人血性胆气的磨刀石。"突围"是个人命题,更是时代命题。"突围"主题给学员带来了深刻的启示。大家表示,要突破个人懒惰懈怠的束缚、突破小我私利的围困,练就当代革命军人的魄力、能力,凝神聚力、携手并肩,在强军之路上披荆斩棘、阔步向前。

二是,活动采用多种方法,采用科学方法,让学员积极性、创造性得到充分展现,即活动中,每天打卡、纸质书与电子书结合、原创与电视剧改编作品互补、小组分工与协作,确保学员参与度与积极性;阶段性共读后,篇章读书札记、整本读书报告、读书心得视频展示、电视剧改编作品配音、有声书制作、演习过程兵棋推演、电子地图动态演示、故事结构思维导图分析等,全方面展示阅读成果,展现学员创造性。

合力搭建平台,久久方能为功。不管是线上征文活动还是读书活动,都需要教员与机关、教员与学员之间的通力配合,激发学员的阅读、写作兴趣,养成学研学员阅读、写作的读书习惯,营造线上书香课堂,需要大家的共同努力。

结束语

对《大学语文》课程来说,线上教学是挑战,更是契机。加强线上教学模式与方法的创新研究,以研促教、以研促改,以此优化课程教学内容,扩大课程影响,才能更好地服务大学人才培养。

"我家的红色基因"主题研讨线上实施方案设计与效果评估

王志远　刘　欢　郑明帅

引言

　　"人民军队历史与优良传统"课程既是《军校院校政治理论课程设置方案》的规定内容,又与全军"传承红色基因、担当强军重任"主题教育相向而行,承担着帮助学员牢记光荣历史、继承优良传统、坚定强军信念的重要任务。学员家庭(家族)历史中蕴藏着丰富的党史、新中国史、改革开放史、社会主义发展史和军史等红色历史资源,是我军光荣历史和优良传统的重要载体之一,传承家庭(家族)的红色基因是传承红色基因的题中应有之义。借鉴军地高校好的做法,结合我校思政课教学成功经验,课程组于2019年春季学期开始尝试在"人民军队历史与优良传统"课程开展"我家的红色基因"教学研讨活动,取得了较好的教学效果。突如其来的新型冠状病毒肺炎疫情客观上影响了2020年春季学期该课程的正常教学活动,但课程组积极采取措施,利用疫情防控期间大多数学员居家时间充裕、查找史料便利等有利条件,精心设计并组织实施了"我家的红色基因"线上主题研讨活动,有效提升了教学效果。

1.教学设计

1.1　基本依据

1.1.1　教学大纲要求

　　根据课程教学大纲要求,"人民军队历史与优良传统"教学必须坚持课堂教学和实践教学相结合,倡导采用研讨式、情景式、体验式等方法,鼓励运用网络开展在线教学,全方位提高教学质量。"我家的红色基因"主题研讨活动完美契合了大纲的要求,由教员向学员布置任务,动员学员围绕家庭

（家族）中现役或退役军人的从军经历、光荣事迹、优良作风、崇高品质进行发掘整理，最后形成文字材料，以课堂研讨交流的方式分享红色家史，在发现历史中接受教育启迪。主题研讨方案设计严格以课程大纲为依据，不仅丰富了教学方法，推动党的理论创新成果进课堂、进学员头脑，还有助于学员从身边的红色资源中汲取营养，传承红色基因，铸就有灵魂、有本事、有血性、有品德的新时代革命军人。

1.1.2 上级文件规定

中央军委政治工作部 2019 年《关于在全军开展"传承红色基因、担当强军重任"主题教育的意见》提出："改进创新教育形式方法，用活用好信息网络、新闻舆论、典型示范、文化熏陶等手段，推动教育展现新风新貌。"2020 年《关于聚焦"传承红色基因、担当强军重任"主题深化思想政治教育的通知》强调，主题教育要"同学习党史、新中国史、改革开放史、社会主义发展史和军史结合起来"，要"以创新的思路举措提高教育的针对性和实效性"。上述文件的有关要求表明，创新教育教学形式方法迫在眉睫。"人民军队历史与优良传统"教学中的"我家的红色基因"主题研讨，聚焦军校青年学员生活中关于"红色基因"的真实案列，紧贴学员的家庭生活实际，激发起他们的学习兴趣，增强其学习主动性，是院校铸魂育人工作的新举措。研讨目的与全军"传承红色基因、担当强军重任"主题教育同向同行，使学员在挖掘自身家庭（家族）红色基因的过程中，对党史、新中国史、改革开放史、社会主义发展史和军史产生情感认同和共鸣，实现了学校教育、社会教育、家庭教育、自我教育的有机结合。

1.1.3 教学经验积淀

地方高校和我校历史类课程教学活动的成功经验，对开展"我家的红色基因"教学研讨活动有重要的借鉴作用。近年来，地方高校依托"中国近现代史纲要"等课程，在思想政治理论课普遍开展的"家史征文""口述历史与家史记录""我和我的祖国"等主题征文、研讨、演讲等活动，通过挖掘、整理、记录、传播家史，使青年学子在家史与国史的深度契合中升华爱国情怀、汲取历史营养，取得了良好的社会效果和教学效果。如"北京高校大学生家史征文大赛"已经连续举办五届，不仅在高校中引起了强烈反响，而且在社会上和学生家庭产生热烈共鸣，主办方也在史料采集、写作方法、交流方式等方面积累了丰富的经验。我校自 2014 年起，在"中国近现代史纲要"课程中开展了"我家的近现代史"教学研讨活动，要求学员采取各种途径发掘、整理自己家庭（或家族）在中国近现代史的主要人物、重大事件、家风家训等历史记录，制作 PPT 和文字材料，以作业汇报的形式在课堂上自愿分享家史。2019 年，还结合庆祝中华人民共和国成立 70 周年纪念活动，将活动主题确定为"我家的新中国史",将宏观的历史事件与微观的家族变迁结合起来,加深了学员们对新中国史的认同感,实现了思想政治理论课教学效果和思想政治教育效果共同提升。"人民军队历史与优良传统"是《军校院校政治理论课程设置方案》规定新增的一门思政政治理论课,教学必须遵循历史类课程教学的基本规律,借鉴其成功经验。以上教学经验的历史积淀,为"我家的红色基因"主题研讨活动提供了借鉴。

1.2 活动方案

1.2.1 活动主题

要求每位同学发掘能够体现本人家庭、家族中现役或退役军人的从军经历、光荣事迹、优良作风、崇高品质的历史资料,整理先辈军人保存的照片、书信、证件、证书、勋章、牌匾、旧军装、旧书报等物品,以单独或集体访谈的方式记录留存"口述历史"。在此基础上,结合自己入伍(入校)以来的感受和收获,谈谈自己对新时代军人"传承红色基因、担当强军重任"的认识。

1.2.2 实施时机

以往学期的课程研讨活动一般安排在"人民军队历史与优良传统"课程的人民军队优良传统版块,即教材第九章教学中开展。这样安排有两方面考虑:一方面,教材以人民军队发展壮大光辉历史为脉络,以阐释人民军队优良传统为灵魂,分为"人民军队历史"和"人民军队优良传统"两个版块,其中第一至第八章是人民军队历史版块,课堂讲授约30学时,而人民军队优良传统版块只有第九章内容,最多安排4个学时的课堂讲授,两个版块比例极不均衡;另一方面,教材第九章"铭记光荣历史 弘扬优良传统",集中讲述人民军队建立的伟大历史功勋、形成的优良传统,意在帮助青年学员把从历史传统中汲取的智慧和力量,转化为鲜明的政治立场、坚定的信仰信念、先进的制胜之道、崇高的革命精神、优良的作风纪律。学员家庭、家族中先辈军人的从军经历以及所体现出的优良传统和良好精神风貌,不仅是其家庭、个人的荣誉和宝贵历史财富,更是我军优良传统的个性化体现,是人民解放军光荣历史和光荣传统的一部分。口述的历史真实度高,可信度高,能够使学员产生情感认同和历史共鸣,有助于固化、升华人民军队优良传统版块的教学效果,并使其迅速转化为学员学习成长和强国强军的动力。

根据2020年度春季学期疫情期间"停课不停学"的要求,本学期"人民军队历史与优良传统课程"采取线上教学方式。课程组提前谋划,在开学后第3周就布置"我家的红色基因"主题研讨活动,要求大家利用居家期间完成作业时间充裕、资料齐全、方式灵活等优势,以对历史负责的态度,深度挖掘家庭(家族)史,努力提升作业质量。由于布置作业时返校时间未定,课程组对研讨时机做了两手准备:如果学员于第九章教学开始前返校,则在线下组织教室课堂研讨;如学员返校时间推迟至原定课程教学结束之后,则利用腾讯会议或腾讯课堂平台组织线上研讨。

1.2.3　组织形式

布置主题研讨活动时,课程组要求每位学员根据收集的史料和访谈记录制作 PPT 和文字材料。作业收齐后交由教员统一审查,学员根据教员提出的修改意见自行准备交流发言。线下教学研讨活动一般安排 2 学时,由学员担任主持人,以根据学员报名情况安排的交流发言顺序为主,以教员随机选择完成质量好、有代表性的作业交流发言为辅,每人 10~15 分钟为宜。教员既可在每位学员发言后点评,也可在全部学员交流发言后集中点评,总时间以不超过 5 分钟为宜。针对 2020 年度春季学期特殊情况,课程组于第 14 周和第 15 周腾讯会议平台组织实施了本学期“我家的红色基因”线上主题研讨活动。具体组织流程为:教员预约腾讯会议,在微信群通知主持人和课代表;相关人员提前入会上传演示课件并试讲;讲授时由学员骨干(课代表)接替教员成为会议主持人,组织学员按试讲顺序交流发言;教员点评总结。

2. 效果评估

2020 年度春季学期,课程组先后在我校 2018 级生长干部学员和某任职培训班次学员共 8 个教学班的“人民军队历史与优良传统”课程中开展了“我家的红色基因”主题研讨活动。活动的开展呈现以下特点:

2.1　参与热情高

由于此次教学活动要求学员以家史的真实性为基本依据,学员对完成作业普遍高度重视,认真准备,踊跃报名参与线上交流。据介绍,“我家的红色基因”主题研讨活动得到了学员家庭(家族)成员的大力支持和广泛关注,一些家庭还专门召开了微信群视频会议,发动家庭成员踊跃挖掘珍贵的历史资料。2020 年度春季学期两个层次的主题研讨活动共收到学员作业 729份,作业完成率 100%,全部为线上提交的电子版作业。共有 76 人在教学日当天利用腾讯会议平台做了课堂交流发言(原计划安排每班次 10 名发言,因部分同学超时不得不缩减计划),课后还有部分学员主动要求增加一次交流发言的机会。

2.2　作业质量好

经统计,全部作业中有 327 份介绍了直系亲属(父母、祖父母、外祖父母、兄弟姐妹等),占作业数量的44.85%;有387人介绍了旁系亲属,占作业总量的53.08%,两项合计高达97.93%。其他学员介绍的大多是同学、同乡或朋友,还有部分战士学员介绍了自己原部队的领导和战友,只有极个别同学介绍的是从网上下载的自己关系较为牵强的人物或事件。优秀作业的共同特点是资料丰富,真实可信,情感炽烈。同学们采取了电话采访、微信群访谈、照片扫描传输、视频录制、实物展示等手段广泛收集红色家史,演示文稿图文并茂、制作精美,文字交流材料文笔流畅、情感真实,音频视频资料齐全、运用得当。此外,本次活动同学们深入发掘整理了一批珍贵的历史文物,如原四野首长颁发给辽沈战役老战士的立功证书、地方政府颁发的抗美援朝老战士优待证明等,具有较高的收藏价值和教育意义。

2.3 教学效果实

教学活动过程中,课堂上气氛活跃,互动频繁,掌声不断。演讲者本人充满骄傲地介绍自己家庭的红色基因,传承了优良家风家训,其他同学也受益匪浅,从身边同学的历史介绍中了解了我军历史发展的细节,汲取历史营养。有很多同学在讲述和倾听红色家史时为祖辈们的丰功伟绩和崇高品质所感动,泪洒课堂。一些学员在交流发言之前在家庭内部试讲,线上交流时邀请家人一同观看,共享红色家史资源,共育"四有"革命接班人,还有的同学将完成的作业分享到家庭(家族)微信群,不仅活跃了居家隔离期间的家庭生活气氛,还有效促进家庭和谐,提升了家庭幸福指数。

3. 开展"我家的红色基因"活动的启迪

3.1 要引导学员消除负面情绪

根据以往教学经验,学员完成此类作业过程中易出现以下一些负面情绪:一是因本人家庭(家庭)中缺乏军人背景或因家史平淡而产生的失落情绪,从而导致对完成作业持抵触态度;二是有个别同学在完成作业过程中产生攀比心理,进而导致虚构历史、夸大史实等弄虚作假行为;三是个别同学居家学习期间患"懒癌",在完成作业时拖延滞后,进而导致敷衍交差或网络抄袭。经查证,这些现象在此次线上主题研讨活动中所占比例极小,但危害很大,教员必须注意科学引导。教员在布置作业和讲评总结等教学环节中,应注意教育学员以正确的心态去看待家史,尊重历史的真实性。要向大家解释清楚教学活动目的并非是为了攀比家庭的显赫历史功绩,而是鼓励大家挖掘家史中的红色教育资源,使之成为大家成长进步的共同财富。对于因态度不端正而导致作业质量不高的同学,教员应耐心帮助教育,指导其提高作业质量。要注意做好一人一事工作,避免出现个别学员心理失衡,引发其他问题。

3.2　要帮助学员固化教学效果

学员参与线上主题研讨的成绩评定,应等同于常态教学中线下主题研讨活动,并按形成性成绩的相应比例计入最终课程成绩。要利用主题研讨的良好效果激发学员参与后续线上和线下思政课程教学和铸魂育人活动的热情。在符合相关保密规定的前进下,将学员作业编辑成电子文档,在"美篇""音乐相册"等 APP 和小程序中推送,扩大影响。课程组要努力争取经费支持,将学员精心制作的作业以纸质文档编辑印刷,可公开展览,也可寄送家人保存,有效提升学员的获得感和满足感,促进家庭和谐。

校园读书会构建思路暨线上读书活动开展方法探索

陈亚萍 郑 恺

1. 把握校园读书会的本质

读书会是两人以上、志同道合的同志,为研究某些问题或现象,有规律性地进行专题阅读和研讨,并形成一定成果的文化活动组织。其中阅读研究的问题可为专业领域、时事热点、个人兴趣爱好等问题,可以说对读书会来说,解决问题是目标,阅读研讨是手段,有规律的活动是方式,形成成果是结果。

开设读书会要以目标为牵引,任务为驱动,才能保证其运转具有可持续性,如笔者所在的"万卷读书会",旨在探索军校理工科学员课外阅读书目,解决学员浅阅读、盲目阅读的问题;提升他们的阅读技术和方法,以精读和泛读为主,每周一次口头报告和研讨发言,成果则是每年形成一册《读书报告汇编》,最终编撰成"青年军官必读书手册"。在共同目标凝聚下,读书会有组织有纪律的推进,人心才不会散,活动才能有效、持续开展。

2. 成立校园读书会的作用与价值

首先,个人阅读存在很多困难和盲区,需要交流解决。一方面,个人阅读难以成体系,视野较窄,因而难以坚持,另一方面,军营中训练、学习、岗哨、公差勤务等任务繁多,文化学习和读书的氛围较难营造。此外,由于单兵作战、独自阅读,缺乏途径和机会了解更多的书籍信息和阅读方法,存在很多读书上的盲区,二是交流困难,容易觉得孤单而难以为继。读书会作为一种集体阅读,可以发挥集体智慧,克服以上困难与问题。

其次,集体阅读可以提高阅读效率,学以致用。孔子说:"三人行,必有我师焉:择其善者而从之,其不善者而改之。"读书会成员以报告、研讨分享方式读书,能对所有会员阅读引发思维风暴,产生触发效应,从广度和深度上提高阅读效率。比如某人擅长"二战"军史领域,通过他的梳理、用多媒体的方式展示"二战"中的国家、战场战局、将领、政治博弈,拓展介绍"二战"相关的纪录片、影视剧等,既可以锻炼报告者本身的能力,也可以提高听众对该领域的认识,引发阅读兴趣,进行深入研讨、泛化,将所学和实际联系起来,提升军事理论素质,以便在日后的工作中学以致用。这些集体阅读的优势是个人阅读完全无法具备的。

最后,参加读书会能够增强个人心理素质和能力。做事半途而废,5分钟热度是年轻人的普遍特征,而如何克服,关键在于增强心理素质。西方心理学将人的精神活动分为知、情、意三种基本形式,持续参加读书会能够在意志品质、知识接受、思维锻炼方面提升心理素质。此外,组织、策划比赛、研讨等活动,协调会员、编辑刊物等工作也能提升会员的领导和组织能力。

3. 校园读书会的构建方法

3.1 机制设置上要让每个会员参与,同时注意骨干培养

很多官兵反映兴趣小组的组建,轰轰烈烈开始,草草收场的居多,同时很多学员在读书中遇到一个顽疾:看过就忘。这两个问题可以在组织方法、制度设计上予以避免。组织活动不能持久有两个原因:一是会员不热心,二是骨干不强,而过目就忘是因为食而不化,只注重阅读而不注重理解消化、输出使用造成的。学习方法中有一句广为人知的话说,听过的我会忘记,说过的我也会忘记,但做过的事我会记得,所以要多采用"任务驱动法"让学生在完成任务的过程中得到成长,而在安排相关活动时通过合理分配、因材制宜,要尽量让每个人都承担一定的工作,杜绝旁观现象,这样可以增强会员归属感、荣誉感,从而增强组织的凝聚力,而通过具体的报告、研讨主持、答辩、比赛等活动的参与,消化、巩固知识,让读书变得过目不忘,真正起到启迪人生智慧的作用。

3.2 阅读书目选择上,精读与泛读结合

读书会的内容可分为精读和泛读两种。精读可让所有会员就一本书进行阅读,每个人负责不同章节的内容导读,并在每次集体聚会时对该章节的背景知识、专业术语、内容梗概、关键段落、阅读疑问与思考进行口头报告,同时接受其他同志针对该章内容的质问与研讨,通过这样的形式可以增强会员的参与感,深化对所读书目的认识。泛读可就每位会员感兴趣或正在阅读的图书进行口头报告介绍,包括图书基本信息、专业定位、作者情况、内容梗概、精彩篇章与段落分享以及自己个人的阅读感悟,这样可以使报告人

对所读的书有一个更深入全面的认识,同时在向他人介绍时加深对书本内容的消化理解,将死知识转化应用,同时能够锻炼口头表达能力,也可以拓展其他会员的知识领域。

3.3 活动形式上丰富多样,及时固化成果

读书会的内容不仅限于专业内容研讨,日常可以较为正式组织口头讲解、书面札记、书评、思维导图等竞赛、交流,进行经典作品的朗读,诗歌诵读,还可以多媒体方式介绍书目和相关内容,还可组织外出交流、访谈专家,进行专题讲座和研讨等等,总之尽可能形式多样,避免单一。

读书会的活动要尽量在每位会员的精神上留下痕迹,更要在更大范围内产生影响,必须要有自己的活动档案和纪录,换句话说要有活动成果。这种成果可能是推介书目的汇总,可能是研讨发言的总结,可能是读书札记的整理,还有活动中的照片、影像资料,及时地把它们整理成册,印刷出来,是对已经作过的工作的积极总结,能够激励将来的会员努力将读书会的活动坚持做下去。

4. 线上读书活动助力校园读书会建设

2020 年春季以来,新冠肺炎疫情蔓延,教育教学活动大量以形式存在。网络教学实践过程中的很多做法,对校园读书活动的开展非常有利,如"线上师生共读"活动开展的就极为成功,对校园读书会组建有不少启发。

师生共读过程如下:确定阅读书目(《突出重围》为例)开展教师读书活动,进行多次集中研讨,分别录制导读视频,从 5 个不同方面和层次对共读书目进行集中导读。与此同时,各位老师分别在各自网络在线课程中设置阅读打卡活动,带领学生每天共读,以问题、在线讨论等方式,对小说人物进行了分析和介绍,通史就各章节内容进行精读、共读。经过 1 个月的共读活动,在网络课堂以"读书主题研讨"结束共读活动,计划返校复课后,在进行"师生论坛"为主要形式的公开课,拓展阅读效果。在此过程中,获得了一些线上活动的有益经验,整理如下:

4.1 利用信息化、智能化工具,进行读书会管理

利用钉钉等智能化软件的打卡、视频会议、群直播等功能,能够将在校生、毕业生等多层次的爱书人整合到一个平台,进行集中辅导。2020 年 5 月我们尝试开展了在线共读,为期21天,在本科生群和毕业生群两个群中进行《突出重围》每日一章的打卡活动,受到了同学的欢迎。很多同学表示这是

第一次进行类似的活动,线上共读节省了见面时间、经济成本,群留言、留言等方式,也大大降低了交流门槛,为不同时区、不同空间的人提供了交流渠道,对建立更紧密的同志关系提供了便利渠道。线上互动,看似松散,但其实千里万里心在一起,增加了会员之间的情谊,突出了读书会读书为主的内在特征,可以成为校园读书会增加会员联系的重要平台。

4.2 任务驱动、小组合作式的研讨方式锻炼会员能力

此次线上共读,主办方设置了读书报告、主题视频制作、读书札记等类型的参赛活动,学生通过阅读,利用演示软件、思维导图、兵棋推演、电子地图、影视剧素材、原文等作为材料,提交多媒体阅读作品与读书札记,提升阅读趣味性和参与度。

提交作业时,鼓励学生以小组活动阅读研讨,通过小组的形式提交一些作品和作业,强调团队合作的重要性,通过小组分工合作,完成各类作品,可以在交流碰撞中加深对阅读内容的理解,在完成任务中学会查找资料,活动结束的总结中学员表示:我们在一起讨论分析定稿,以及最后的协调合作,最终完成了我们的作品。共读一本书的过程使我真的感受到了集体合作的力量和魅力。

4.3 在线会议、思维导图、打卡功能、在线测试等新工具为大规模推广读书活动提供了新的可能

此次疫情期间,笔者所在教师团队先行开展了共读活动,组织了研讨发言,并在共读、充分研讨基础上,撰写了读书报告、读书心得,录制了导读视频。导读视频在相关课程中进行直播,或者利用班级群进行定点观看,大大提升了阅读指导的针对性;教师的读书札记示范,让学生明确了精读的注意要点,文章写作的路径;教师的导读也给青年读者在图书主旨、思维深度、内容拓展、阅读方法等方面提供了示范和引导。由于前期有了打卡阅读、问题引导讨论等方面的储备,所以学生的阅读速度、思维深度、札记撰写能力都有了同步提升。学生说:"以前做阅读理解总是感觉自己读不懂文章,都是凭着感觉瞎写。在阅读《突出重围》过程中,经过老师的讲解我感觉自己第一次真正能读懂作者想要表达的意思。"

此外,线上阅读中利用问卷星、在线表单等电子化智能工具对读者阅读效果以文字方式进行集中收集和交流,可对百人以上的读者进行统一的、智能化指导;同时多人在线课堂、网络课程资源等也为大规模信息的传播提供了得力工具,可以为读书会组建、校园读书活动方面提供了有益参考。

综上所述,校园读书会的组建,一方面要依靠现有传统力量,另一方面

要积极利用网络资源,拓展交流渠道、减少交流中间环节、降低交流门槛,让更多的人走进来,读下去,用起来,真正起到读书提升内涵,读书改变思维,读书提升生活质量的作用。

考核评价篇

"知者行之始,行者知之成"

——《传习录》

师生云端战"疫" 线上教学建功

尹　彬　杨　华

　　疫情防控期间,全国各类院校掀起一场以线上教学为主的教育教学变革。教育部大学物理教学指导委员会在线教育与高等教育改革发展务虚会上提到:本次全国大规模线上教学实践,既是一次针对高等教育改革的大规模探索,也是一次对教改方向进行观察、审视、反思、调整的珍贵机会。由此可见,线上教学已然成为未来教育改革的新风向。本文将介绍大学物理课程线上教学的实践过程,并结合学员学情调查和教学质量评估,交流分享大学物理线上教学经验。

1.大学物理课程线上教学的前期准备

1.1　数字化教学资源的储备和甄选

　　线上教学需要充沛的优质数字化教学资源做支撑。我校大学物理课程经过长期的建设和发展,积累了丰富的数字化资源。现用教材经历了从传统的纸质教材到立体化纸质教材,再到与在线开放课程相匹配的资源化教材的转变,实现了纸质化教材与数字资源一体化;基于高等教育出版社数字课程云平台,与纸质教材紧密配合的课程资源分为工程技术案例、微课、演示实验、演示程序与动画、在线测试五类共数百项。这样,多年来的优化布局和精心建设,为"停课不停教,停课不停学"奠定坚实的基础。

　　在教育部的大力支持下,面向全国高校免费开放的各类在线精品资源课程也为线上教学提供了丰富的选择。课程组经认真对比反复研讨,确定了国防科技大学黄明球教授团队在爱课程网开设的大学物理课程作为学员主要在线学习课程,并同步向学员推送了清华大学安宇教授团队和国防科技大学梁林梅教授团队的课程。

1.2　在线教学平台的测试和选择

探索发现线上教学模式下一堂优质的大学物理课程应至少包含优质线上资源的协同,合适演示实验(视频)的配合,精准理论知识的讲授和充分课上课下的交互四个维度构成,而基于现代互联网技术的多种线上教学平台,虽然都能很好实现虚拟教室的功能,但不同平台的功能侧重和操作难易度不同,单一的平台使用往往不能完全满足多维度教学的要求。经过对钉钉、腾讯课堂、腾讯会议、雨课堂等多个在线教学平台的使用测试,我们采用了腾讯课堂和钉钉配合使用的方式。其中,腾讯课堂主要用以在线同步教学和课堂管理,钉钉主要实现课后交互的功能。

1.3　教学内容和方案的优化和革新

在教学设计方面,我们持续坚持以学员为中心,以调动自主学习积极性为根本,大力培养学员学习兴趣,并引导学员科学规划学习时间:一方面,调整重构教学内容。线上教学对学员的课堂专注度和理解力有更高的要求,我们挑选新颖有趣且易于理解的教学案例来充实教学内容,如通过带领学员思考胸口碎大石为何要选择重石块而非轻石块,进而来思考物体质量与惯性的关系;另一方面,科学制订教学计划。我们详细制定了线上教学期间每次课的教学目标,梳理了学习内容和重难点,连同电子教材一并推送给每位学员,为学员规划学习时间提供指导,并鼓励有能力的学员可以按步骤超前于计划时间学习。

2. 大学物理课程线上教学的组织实施

2.1　协作式教学管理

我们构建了由教员、学员骨干、学员队和学员家长四位一体相互分工、共同负责的协作式教学管理模式。具体为教员负责教学方案设计,搭建学习平台并开展在线教学工作;学员骨干负责包括组织登录课堂,课上出勤率和课后作业提交的统计等管理工作并及时向任课教员和学员队反映学员们在线上教学中遇到的困难和问题;学员队负责统筹学员所有课程安排及日常的监管督促工作;学员家长参与教学活动为线上教学提供更多问题解决方案并为学员做好学习保障。四方高度重视线上教学,牢固树立线上教学同在校课堂科学等质同效的思想认识,持续交流探讨,共同为教学质量负责。

2.2 双模式教学过程

教学过程采用同步在线教学和异步在线教学相结合的方式展开:一方面,基于同步在线教学模式不受空间限制的特色,利用线上虚拟教室完成各项常规教学任务(具体实践为——课前,教员在腾讯课堂开启虚拟教室,学员骨干组织学员提前10分钟登录,随后教员发起签到统计学员到位情况;课上,教员介绍本次授课目标要求,并利用PPT、屏幕共享或视频播放功能授课,并不定时发放在线答题卡引导学员互动,在此期间学员也可以通过留言或连麦向教员提问;课后,教员在钉钉平台发布作业并批改反馈,同时基于在线教学平台的统计功能向学员骨干和学员队反馈课堂情况,由教员、学员骨干和学员队共同监管督促学员的课堂学习情况)。另一方面,基于异步线上教学模式既不受空间也不受时间限制的特色,利用在线教学平台的实时聊天功能,全方位倾听和收集学员的反馈和问题,实时为学员答疑解惑。

3. 线上教学模式下学情的调查分析

为更好了解学员对线上教学模式的态度和感受,准确把握学员思想动态,合理调整改进教学方式方法,我们组织教学班学员进行了线上问卷调查。从中发现:

(1)大部分学员对线上教学持积极的态度和较为乐观的期望。从问卷调查结果中可以看到,95.38%的学员能够接受线上教学的形式,其中60%的学员态度十分积极。无人对线上教学模式反感,极少部分学员表示无所谓(表1),同时,高达98.47%的学员对正在进行的网上教学表示满意,不满意的学员仅占1.54%(表2)。在对未来学习预期上,半数以上学员预期线上教学会给自己的学习方式产生积极影响,仅4%学员认为线上教学可能会带来消极转变(表3)。

表1　学员对线上教学的态度

选项	小计	比例
A.很积极	39	60%
B.能够接受	23	35.38%
C.比较反感	0	0%
D.无所谓	3	4.62%

表2　学员对当前大学物理线上教学的满意度

选项	小计	比例
A.很满意	42	64.62%
B.满意	22	33.85%
C.不满意	1	1.54%
D.无所谓	0	0%

表3　学员对未来学习的预期

选项	小计	比例
A.不会影响	27	41.54%
B.积极转变	34	52.31%
C.消极转变	4	6.15%

（2）线上教学的优势与挑战并存。在调查中我们发现,多数学员表示网络上丰富的信息资源对学习很有帮助,同时课堂实教学回放和教员实时答疑也让他们觉得学习更加自由。一方面,学员纷纷表示在线上教学模式下,他们对教员的依赖心理减弱,逐步培养起"学习靠自己"的理念,另外我们还欣喜地发现有超过60%的学员可以在正课之余,每周投入线上学习超过3个小时(图1)。这表明线上教学能够促使学员掌握学习主动权,也很好地体现了以学员为中心的教学理念。

另一方面,线上教学对学员自主学习和自我管理是一个大考验。调查中发现,仅23%的学员表示网上教学会占用大量的时间,这表明大多数学员是愿意投入时间精力到线上学习中去的。但分别有73.85%和75.38%的学员认为自主学习意识和自控能力是制约他们线上教学模式下学习效果的重要因素,还有超过一半的学员认为自己的自主学习能力也有待加强(图2)。

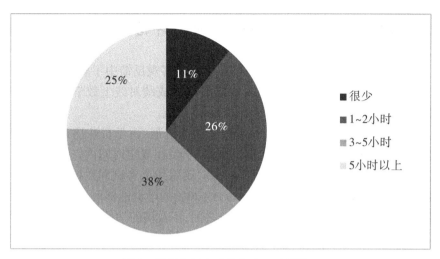

图1　学员每周主动线上学习时间情况

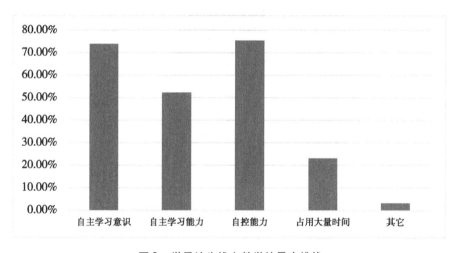

图2　学员认为线上教学的最大挑战

　　除此之外,在关于线上教学不利因素的调查中发现,缺少师生面对面的交流,使自觉性差的同学学习收效差成为学员的首选,而线上学习氛围不够浓厚、缺乏有效督促以及受网络状态影响大也是学员集中反馈的线上教学不足之处。分析认为:线上教学存在师生之间交流方式单一,缺少必要面对面的情感交互,同时教学质量的提高过于依赖学员的自主学习,缺乏有效的监督手段,这些可能成为目前线上教学还无法完全取代线下教学的重要原因。

4.线上教学模式下教学质量的分析评估

为更准确地把握线上教学质量,从学员的客观反馈中了解教学成效,我们严格组织了一次线上章节测试,并结合测试成绩对线上教学质量进行阶段性分析评估,同时提出了下一阶段的改进措施。

线上测试同样基于协作式管理模式组织开展:由学员队协调统一考试时间,教员按时推送试卷并在线组织测试,学员在规定时间内完成答题并上传答题纸,学员家长负责监考和保障工作,确保线上考试同在校考试一样严肃有序。从测试成绩分布来看(图3),约20%的学员能够取得90分以上的优异成绩,70%的学员在70分和90分之间,不及格的学员占总数的4%。

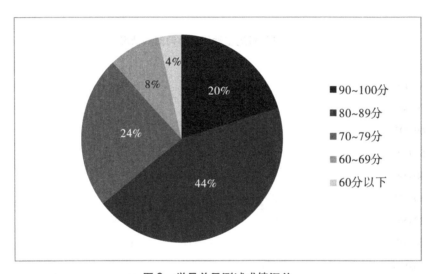

图3 学员单元测试成绩汇总

将本次测试成绩与我们在2018年和2019年春季学期利用相同试题测试的成绩进行纵向对比,结果见图4。我们发现,无论是从优秀率(90分以上)还是良好率(80分以上)上看,本次线上教学下的测试成绩都远好于前两次的线下集中教学下的测试成绩,而不及格率仅略高于2019年春季学期。这表明线上教学不仅可以做到与线下课堂教学质量实质等效,而且在关键重要指标上还可以做到更好更有效。

分析认为现阶段大学物理线上教学取得较为满意成效的原因主要有三点:

(1)教员和学员的辛勤付出。线上教学对大多数教员学员来说都是一次新的尝试和挑战,同时线上教学本身也存在诸多不稳定因素。为保障线上教

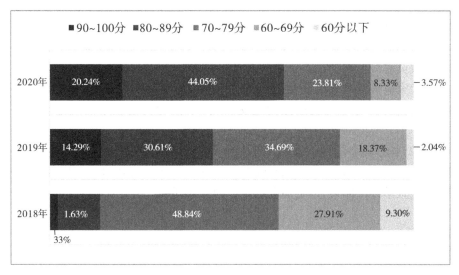

图4 近3年相同试题的测试成绩对比

学的质量,在前期的教学准备工作中,教员学员普遍要比传统课堂教学付出更多的时间和精力,同时,异步线上教学模式让交流和辅导无时不在、无处不在,教员和学员在教学过程中的投入也因此远高于传统的在校课堂教学。

（2）学员自我管理能力强。我校一直重视对学员在教学生活上的管理。长期的高标准严要求培养出学员良好的自我管理意识和能力。大部分学员在线上教学期间也能够毫不松懈的按计划完成学习任务。

（3）学员队和学员家长的密切配合。此次教育教学变革,不仅改变了教员的"教"和学员的"学",也改变了对教学过程的"管"。在我们的协作式管理模式中,学员队和学员家长同样发挥着十分重要的作用,他们和授课教员通力协作,共同为确保线上教学质量付出了智慧和辛劳。

在肯定线上教学质量的同时,我们也不会忽视测试不及格的少部分学员:一方面,我们将通过和学员本人、学员队之间的沟通,了解原因并进行针对性的教育辅导;另一方面,学员的自主学习和自我管理能力始终是影响线上教学质量的重中之重,进一步加强对学员线上学习的有效监管督促将是我们下一阶段在线教学的重点工作。

结束语

总的来说,线上教学模式在疫情防控期间的教育教学工作上发挥了巨大的作用。这一模式的深入探索也必将为我们今后的教育教学改革产生深

远的影响。结合近几个月线上教学实践和总结,我们对线上教育教学体系的下一步发展有以下两个方面的建议:

(1)持续巩固线上教学成果。通过近一段的深入持续探索,每个团队、每位教员对线上教学都有了进一步的认识和体会,也暴露了新的问题和困难。大家应该及时总结经验,充分发挥其内在优势,反思不足,并利用业务学习和会议研讨等时机加强沟通交流,持续推动线上教学的规范化和有效化。

(2)构建完备的线上教学评价体系。在成熟的线上教学基础上,持续探索基于互联网技术的线上督导,线上教学评估和线上考核机制,进而构建一套线上教学评价体系,以更加合理完备的方式开展线上教育教学工作。

基于疫情条件下学员居家体能训练模式探究

郭红发

刻苦训练为胜仗、强身健体谋打赢。新年伊始,新冠肺炎来势汹汹,阻断了学员们返校的归程,但阻断不了学员们进行体能训练的热情。"活动有方,五脏自合",在病毒危机之下,唯有长流水的体能锻炼,才能增强体质,打牢身体素质,保障身体健康,提高免疫力,锻造防疫墙。假期期间,一手抓防疫,一手抓体能,按照上级指示精神,在做好防疫工作的前提下,二月末,通过互联网平台,笔者先对 2017 级本科学员分批次进行居家体能初测,测试成绩基本符合预期;经过前期与队干部、学员的通力合作,在不断尝试中,笔者经过几个月线上实践,摸索出学员居家体能训练的一些做法,供同行借鉴与探讨。

1. 居家体能训练

对于大三学员而言,寒假期间的体能训练是自我提升的关键期,早在假前,在同队干部的密切联系下,与学员沟通项目的设置规范等工作。假期间,本科学员训练组织及时,训练热情高,训练活动开展较快,得益于前期监督辅导工作的良好进行,我们对本科学员前期的体能训练情况有较为详细的了解,通过微信群聊等平台与学员密切联系,对学员们的日常训练进行指导规范,按照因材施教的原则,为学员搭建立了三个微信群,并依据学员的体能素质为不同群组的学员安排了相应的训练。以下是教员根据学员初测与各自的实际情况,给不同群组的定位、计划范例、答疑。

1.1 "A 群"练起来

这个群的学员,主要是在学校身体素质比较弱的。各种军事体育项目如单、双杠练习,木马一、二练习,5 千米等项目,经过多次测试不合格人员,也是基础体能群重点关注人员。对此类学员的辅导,既需要注重加大训练量,下大力气提高其基础体能素质,有需要兼顾其承受能力,纠正其错误动作,防止伤病情况的出现。

1.2 "B群"提高

这个群的学员,主要是身体素质较好,各项军事体育项目测试都能合格的学员,通过基础体能训练还有很大的进步空间。在对此类学员的辅导过程中,我认为应当注重其训练方式方法,循循善诱,培养学员好的训练习惯。

1.3 "C群"冲优

这个群的学员都是普遍身体素质较好的学员,在校日常军事体育考试成绩都是良好以上的学员。此类学员已经有了良好的训练习惯,辅导以答疑、动作精讲为主。

1.4 训练计划

学员在新生入伍阶段学过军事体育训练理论,对训练计划的制订有了解,但惧怕学员有遗忘,教员先制订一个共性训练计划,给学员提供一个范例,学员依据范例,再制订符合自己的体能训练计划。训练计划范例见表1。

表1　训练计划

星期/日期	训练重点	第一周(恢复性训练)(2月20—23日)	备注
四/20日	心肺	准备活动(20分钟):原地慢跑3分钟,徒手操、动态拉伸(爬虫式拉伸6次,弓步行走6次,行走间燕式平衡6次,左右侧弓步6次) 训练内容(50分钟):原地高抬腿60秒*3组(组间1分钟)、原地弓步交叉跳15个*3组(组间1分钟)、15分钟跑(心率130~150)、跳绳200次*3组(组间2分钟) 整理活动(20分钟):静态拉伸(头颈部各30秒,大臂各30秒,肩部各30秒,手指小臂各30秒,体侧各30秒,大腿前侧各30秒,大腿内侧各30秒,小腿30秒)按摩放松	没有跑步条件的可用3分钟*3组(组间1分钟)上下台阶代替(每组上下各30次)

续表 1

星期/日期	训练重点	第一周(恢复性训练)(2 月 20—23 日)	备注
五/21 日	稳定/协调	准备活动(20 分钟):原地慢跑 3 分钟,徒手操、动态拉伸(爬虫式拉伸 6 次,弓步行走 6 次,行走间燕式平衡 6 次,左右侧弓步 6 次,徒手深蹲 15 次) 训练内容(50 分钟):平板支撑 60 秒 * 3 组(组间 2 分钟,四点固定、三点固定、两点固定各一组),燕式平衡 60 秒 * 3 组(硬支撑、软支撑、闭眼支撑各一组),侧桥 60 秒 * 3(组间 1 分钟),开合跳 20 个 * 3 组(组间 1 分钟),波比跳 15 * 3(组间 2 分钟),壁虎俯卧撑爬行 10 米 * 3 组(组间 2 分钟) 整理活动(20 分钟):静态拉伸(头颈部各 30 秒,大臂各 30 秒,肩部各 30 秒,手指小臂各 30 秒,体侧各 30 秒、大腿前侧各 30 秒、大腿内侧各 30 秒、小腿 30 秒)按摩放松	
六/22 日	恢复/柔韧	准备活动(20 分钟):原地慢跑 3 分钟,徒手操、动态拉伸(爬虫式拉伸 6 次,弓步行走 6 次,行走间燕式平衡 6 次,左右侧弓步 6 次,徒手深蹲 15 次) 训练内容(50 分钟):20 分钟跑(心率 110 ~ 140):躯干下肢静态拉伸一组、15 分钟跑(心率 130 ~ 150) 整理活动(20 分钟):静态拉伸(头颈部各 30 秒,大臂各 30 秒,肩部各 30 秒,手指小臂各 30 秒,体侧各 30 秒、大腿前侧各 30 秒、大腿内侧各 30 秒、小腿 30 秒)按摩放松	没有跑步条件的可用 3 分钟 * 3 组(组间 1 分钟)上下台阶代替(每组上下各 30 次)
日/23 日	休息		

1.5 训练答疑

(1)核心力量如何练?

(2)力量训练后肌肉为什么酸痛?

(3)在家如何进行耐力训练?

(4)膝关节伤如何恢复?

(5)训练中家庭其他成员如何辅助?

(6)需要天天训练吗?

(7)在小区里如何练习腿部力量?

(8)腰肌劳损、腰突怎么办?

(9)跑步成绩为何停滞不前?

(10)……,等 36 个问题。

共计答疑 81 次。

除以上内容外,教员每一天观看学员训练视频后,即日纠正学员训练中存在的错误动作,个别错误点对点纠正,共性错误点对面纠正。学员动作中存在的不足光用文字纠正往往无法达到理想的效果,网上的教学视频往往不贴近学员现实情况,因而我们将自己的动作录制成视频发布给学员学习观摩。此外,反馈还采用文字、语言、截图等形式,以简洁明了和标准正确为基准,并登记考勤 4 368 人次,看训练内容 2 184 人次、看训练体会 2 076 次;务求掌握每一名学员的情况,做到指导有据。

2. 居家体能测试

2.1 测试目的

有练就有测,体能测试是对学员们疫情防控期间训练效果的检查,是对教员指导效果的检验,也是下一步居家训练乃至返校训练安排的重要依据。从客观角度来说,居家体能测试既是对学员自觉性的考验,在组织上也存在一定难度,疫情防控也为体能训练的开展带来了不小的阻碍。但总体来说,测试的开展较为成功,在完成了既定目标的基础上,也为我们日后训练工作的开展提供了宝贵的经验。

2.2 项目设置

居家体能项目的设置,首先考虑不违反疫情规定,二是考虑居家训练条件,如 3 月 1 日测试项目为 A:体型,B:1 分钟平板支撑交替起,C:负重深蹲,D:10 米往返跑,E:原地摸高跳,F:12 分钟跑。4 月 4 ~ 5 日测试项目为 A:体型,B:1 分钟卷腹,C:单杠悬垂移动,D:五级跨步跳,E:4×100 米绕障折返跑,F:5 千米跑。

2.3 监考安排

测试人员从其他组中找一个人对应监督,队干部,老师和体委负责人抽查和监督,并听通知上报对应监督人员及预计考核时间。考试前一天做好视频演练,家里人负责协助录制视频,训练保护;测试前一天为调整时间,大家做好拉伸和放松,当天测试科目在前一天晚上进行通知;按照自己的实际情况,测试可在一天或二天完成。监督员每人最多监督一人,测试人员联系监督人员时间注意询问监督人数。如果被联系人已有对应测试人员,需要重新联系监督人。测试项目视频发到群里面,大家仔细观看视频,阅读相关测试细则,测试时注意动作标准及训练安全(表2)。

表2 监考人员安排表

参考	监考	抽查	备注
王杰	李逸飞	教员	
宋宝杰	白金辉	队干部	
欧阳琪	张自强		
……	……	……	

2.4 成绩统计与分析

在测试监督环节,我采用了教员、队干部、家长、学员骨干自身联合监督的方式:一方面,在测试前邀请家长对学员测试各项目进行确认,并在测试过程中面对面监督学员;另一方面采用学员与学员一对一监督的方式,对学员测试成绩的真实性进行保证,监督学员以微信视频监督测试,并通过录屏等手段留存影像资料;最后,为确保学员动作规范,我与队干部分别对进行测试的学员进行抽查,通过实时视频的方式,观摩学员的测试,最大程度上确保了测试成绩的真实性和有效性(表3)。

表3 成绩测试与分析

姓名	平板支撑交替起(个)	单杠悬垂/俯卧支撑后踢腿(次)	负重深蹲(kg)	6*10往返跑(s)	原地摸高(cm)	12分钟跑(km)	身高(cm)	体重(kg)	BMI指数	5000 m(男)/3000 m(女)	俯卧撑(个)	仰卧起坐(个)	引体向上(男)/屈臂悬垂(女)(个/s)
陈宇航	41	7	51	17	57.4	2.73	173.5	66	21.9	21"35	53	64	13
程阳	44	15	60	18.8	62	2.8	179.5	63	19.7	22"45	45	78	14
初峰	40	无条件	53	18.8	46	2.47	181	70	21	22"48	54	58	11
戴思远	24	32	30	19.2	40.2	2.26	163	52.2	19.6	15"30	20	76	70
狄芙莹	22	94	15	疫情影响	46	疫情影响	170	62	21.4	15"30	20	50	54
杜莎	30	87	35	22.9	41	2.5	163	53	20	15"30	25	74	71
杜雨盈	24	65	10	32	22	2.3	170	59	21.5	15"30	10	55	40
高靖洋	39	无条件	45	14	48	2.87	163	75.6	21.4	15"40	50	80	15
黄一锋	32	无条件	未测	未测	41	2.15	167	65	21.2	22"40	55	65	13
…	…	…											
…	…	…											

每次测试得以顺利进行的重要基础是参加测试人员的紧密联系。在测试中,不论是参加测试的学员,还是执行监督的家长,都尽心尽力,通过微信平台实时进行交流。我们认为,这种各方紧密交流,密切配合的模式不仅是在居家防疫训练中行之有效,在学员们返校后的训练也可以起到一定的效果,同时,每一次测试结束,都对学员测试成绩进行分析对比,针对性地提出改进意见,解决问题,提升学员的训练效率。共计 AB 群学员测试 3 次,C 群学员测试 4 次。

3. 几点启示

(1)基础体能课,不同于其他在线课程,教员必须遵循精讲多练的体育原则,线上讲的少,线下练的多。存在教员与学员视频量大,教员要及时观看学员的每个练习动作与测试动作正确与否,点对点多,点对面少,工作量要比在校上课多许多倍,这样对教员的事业心、责任心提出了很高的要求。

(2)线上居家体能训练与测试,是开天辟地头一遭,受疫情的要求和场地条件的限制,学员具体在家练习哪些科目、测试什么项目更合理科学,还需要同仁们进一步深层次的探讨。

(3)虽然笔者对学员居家体能训练进行了一些实践,但还存在如同一训练内容,不能在不同地域同时开展、测试不能同一时间同一秒展开、学员身体疲劳现象不能及时把控等问题。

(4)居家基础体能训练就像抗击疫情,也是持久战,不是突击战。冰冻三尺非一日之寒,我们要发扬愚公移山和一不怕苦、二不怕死的革命精神,时刻不能放松。一天不练,自己知道,一月不练,体型知道,几个月不练,战斗力知道,蒙混过关,战争输赢知道。疫情难不住练兵备战,难不住战斗力的提升。作为要以身许国的共和国卫士,没有一个强健的体魄谈何振兴中华,保家卫国;如果轻言放纵,又怎么担当强军责任? 我们努力进行体能训练,或许会厌倦、会疲倦,相信终有一天,这些看似波澜不惊的日复一日,会让我们看到坚持的意义。

研究生英语学术交流能力培养在线教学模式实践

李丙午　何明生　李艳霞

引言

　　研究生的培养目标是培养具有国际视野,能够独立进行专业研究的高层次、高素质的研究型人才。研究生需要了解国外的研究动态,能够阅读英文文献,撰写和发表符合国际标准的学术论文,参加国际学生会议,在国际会议上进行学术交流。正如复旦大学蔡继刚教授所指出的,学术英语课程的目标不仅仅是提高学生的英语语言能力,更重要的是培养学生用英语进行学术研究和交流的能力,跨文化交流的能力,因此,学术英语教学在研究生人才培养中发挥着重要作用,是研究生英语课程体系中的重要组成部分。

　　信息技术的快速发展促使高校教育与互联网有机融合,形成"互联网+教育"。二者的结合,有利于促进优质资源共享和提高教学质量。军内外高校高度重视网络课程的建设,翻转课堂、微课、慕课等新型教育形式在高校中逐渐兴起。我校也非常重视线上线下混合教学等新型教学模式的研究,但总体上看还处于起步阶段。

1. 研究背景

　　近年来,我校大力推进研究生阶段的公共英语教学改革,逐步将以往以综合英语为主的课程体系向学术英语方向发展,"国际会议交流英语"也是我校研究生教育的一门重要课程,全面转向学术英语,旨在提高学生参与学术研究的学术交流与沟通能力,用英语进行学术交流。该课程学制为1学期,总学时为20学分。该课程以面授为主,理论与实践相结合。新的改革正在进行,立足加强线上与线下的有机结合,促进理论与实践的高效对接,为高素质人才培养提供服务。

　　2020年突如其来的一场新型冠状病毒疫情让全国高校无法正常开课,我校研究生教学也同样受到了影响。传统的课堂教学模式难以为继,网络教学是不得不面对的选择。为了减少疫情对教学的影响,学校党委本着"开学不返校""停课不停学"的原则,决定新学期试用网上教学模式进行授课。

2. 研究对象和教学设计

本研究在此背景基础上,选取在本学期开设国际会议交流英语7个班作为研究对象,共计学生为192名,全部为2019年新入校的硕士研究生。他们大都有较好的英语基础,大学英语四级通过率为94.83%,大学英语六级通过率为47.99%。虽然绝大部分学生既有中英文学术论文的阅读和写作经历,但仅有6名学生参加过国际学术会议、在会议上宣读论文,仅有4名学生的论文已被国际学术会议录用(包括拟录用、已宣读)。在问及在准备参加国际学术会议过程中,最大的困扰是什么的时候,73.65%的同学认为是自己的英语口语能力,52.69%的同学认为是自己英语写作能力,学生学术英语口头交流和沟通能力急需提高,学生的英文学术写作能力需进一步提升。

基于此种情况,结合今年的疫情,我们的教学方式逐步改进。一开始由于情况不熟,我们试用了慕课+微信群的方式,帮助学生制定自学方案,并把相关的教学材料及教学内容、要求下发给学生,让学生自己学习吉林大学的国际学术交流英语网络课程,然后利用微信群与学生进行交流,解答学生相关的问题。

随着疫情的发展以及学校的要求,我们的教学方式进一步优化。为了提高学生的学习效率,我们逐步采取网络直播授课的方式,把传统的课堂教学内容与在线授课相结合。在教学中,教师融合了面授、学生课外自主学习和团队任务等环节,采用企业微信、微信群,以及钉钉群等网络平台;每次课抽出一部分时间,利用直播平台进行直播教学;利用弹幕以及留言,回答学员提出的问题,与学员进行交流;召开视频会议,讲评课程内容以及学生的作业;充分调动学员的积极性,由学员组织,进行视频研讨。

在学习内容方面,我们结合课程的特色以及学生的需求,系统介绍了参加国际会议的相关环节。注重学生的课程实践,每次课结合教学内容,给学生留有一定量的作业。为了确保教学效果,把每个班的学生分为四个小组,由学员选出自己的班长和小组组长,组成课程干部群,一方面便于互动交流,同时也对教学情况得到及时的反馈。在教学实践阶段,每个学生必须撰写或者选用自己领域的专业论文,熟悉并认真通读该论文。在此基础上,制作论文展示幻灯,进行自己练习以及在小组内进行展示。每个小组选出两名最好的同学,充分利用团队优势,互帮互学,在幻灯片的美化、演讲技巧等方面进行打磨,然后在全班进行展示。

在课程评估方面,加强形成性评估与终结性评估相结合,侧重让学生自己来评估自己。形成性评估主要以学生到课率、课堂参与度以及完成作业的情况为考察目标,进行适量的加减分。终结性主要依据学生论文展示的情况进行考评,评分的方式采用学生打分和老师打分相结合的方式,提高学员的参与度,进而提高教学效果。具体打分细则见图1:

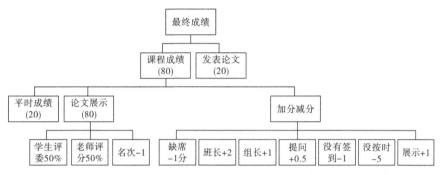

图1 课程考试评分细则

3. 研究方法及研究分析

学生延期返校迫使我们利用信息化教学手段开展教学,这既为教学工作带来了新的挑战,也为混合式教学深入探索提供了一个契机。10周的《国际会议交流英语》在线课程已圆满结束,在教学实践过程中,教师和学生都会遇到许多新问题,涉及教学内容、课程互动、教学环境,学习效果等,这些问题都引起我们的思考,也使我们深刻体会到,必须掌握新环境下混合式教学的特点,进一步加强在线课程建设,整合课程资源,彰显课程特色优势。为此,我们设计了2019级硕士研究生《国际会议交流英语》在线教学情况调查问卷,对学生经过10周在线教学情况、学习环境、学习效果等各方面进行不记名问卷调查。调查在《国际会议交流英语》7个教学班进行,收回有效问卷167份,能够代表本学习硕士研究生的学习状况。

3.1 在线学习环境情况

在教学实践过程中我们发现,学生的学习环境严重影响学生的学习效果。在问到"你认为在线学习时,影响学习效果的因素"时,99.41%同学选择了环境因素。为了调查学生的在线学习环境,我们设计了"疫情之前,您是否有英语在线学习经历""目前阶段你进行网络学习的地点是"等问题。46.71%的同学选择没有在线学习的经历,92.22%的同学都是在家里进行网络学习。学习平台大都采用钉钉群,占 99.4%,32.93% 的同学使用微信群,19.16% 的同学选用使用腾讯会议作为辅助学习平台。此外,还有少数同学使用企业微信(4.19%)雨课堂、QQ 群以及慕课。由此可知,在线教学不论对于老师还是学生来说都是一个新生事物,都有很多新的技术需要去学习、去适应。如果对学习平台用的不熟练,也必将影响学习的效果。

环境因素也包括居家学习这一重要因素。学生经常发现居家学习环境噪音大,难以专心学习;自律性差,时间管理比较困难;注意力差,学习习惯不好,有时候会产生在线学习焦虑和厌学的情绪,以至于有些同学经常挂着网课去做其他事情。教师在家教学也同样会遇到环境噪音、家庭其他人员、家务劳动的干扰授课的因素,所以家庭环境是影响学习效果的主要因素之一。

网络环境也是影响教学效果的主要环境因素之一。调查发现,47% 的同学会出现网络拥堵或不稳定现象,教师在授课的过程中也有同样问题,所以良好的网络环境是在线授课的必要保证。

3.2 学生在线学习情况

我校的硕士研究生对外语学习,特别是国际会议交流英语的学习有较大的兴趣,但也有部分同学,学习意愿不够强烈。针对学员的在线学习情况,我们从学员的课前准备、学习自制力、课堂参杜与以及课后作业的完成等方面进行了调研(表1)。

表 1 学生在线课堂学习情况调查表

	非常同意	同意	中立	不同意	非常不同意
在课堂学习之前,我能够做到认真预习	11.97%	32.34%	46.71%	7.78%	1.20%
我能够按时主动上课,不需要监督	48.50%	44.31%	6.59%	0.60%	0%
我在上网课时,有较强的自制力	24.55%	54.49%	19.76%	1.20%	0%
我积极主动的参与课堂活动	23.95%	59.88%	16.17%	0%	0%
在网络学习之后我能够按时完成并提交作业	45.51%	47.90%	6.59%	0%	0%

从上表可知:"在课堂学习之前,我能够做到认真预习"分布来看,"中立"样本的比例是 46.71%,"不同意"的占 7.78%,其中还有 2 个同学

（1.20%）选择"非常不同意"。问卷表明,在居家学习的情况下,学员对课前预习重视不够,在一定程度上会影响到整体教学效果。从"我在上网课时,有较强的自制力"以及"我能够按时主动上课,不需要监督"两项来看,样本中选择"非常同意""同意"占据大多数,分别为48.50%、44.31%以及24.55%、54.49%,这表明研究生大都有较强的自控能力,能够自觉学习,这对整体的教学质量来看是有所帮助的。这个表现也可以从"我积极主动的参与课堂活动"以及"在网络学习之后我能够按时完成并提交作业"两项问卷中得以证明。

3.3 在线学习效果

为了了解学生在线学习的效果以及学生对教师在线教学的情况,我们设计了一下问题(表2)。

表2 学生在线学习效果调查表

	非常同意	同意	中立	不同意	非常不同意
我能适应英语教学从线下面授转向线上教学	26%	55.69%	17.71%	0.60%	0.00%
我对国际会议交流英语的教学内容非常满意	41.92%	47.31%	8.97%	0.60%	1.20%
我对国际会议交流英语的教学方法非常满意	42.51%	47.90%	8.39%	0%	1.20%
经过学习,对我参加国际会议有较大帮助	38.32%	52.69%	8.39%	0.60%	0%
网课能达到与传统课堂同样的质量	22.16%	49.70%	19.16%	8.98%	0%

从学生反馈的情况来看,大部分学生都能够适应从线下教学转向线上教学。但是仍有少部分学生会比较难以适应在线教学或者在过程中会出现一些困难。针对学生对教师在授课中使用的方法以及本课程内容方面的态度,虽然对"我对国际会议交流英语的教学内容非常满意"和"我对国际会议交流英语的教学方法非常满意"两个问题选择"同意"和"非常同意"的占比率较高,分别是41.92%、47.31%和42.51%、47.90%,但是仍有一部分同学对我们的教学方法和教学内容提出了异议,各有两名同学占1.2%的同学选择了"非常不同意"。这对教师在下一步教学过程中,如何认真学习在线教学的特点、改进教学方法、丰富教学内容等提出了更高的要求。从整个教学

效果来看,学生还是比较满意本学期国际会议交流英语在线课堂的教学效果。大部分同学认为经过本课程学习,对自己以后参加国际会议有很大的帮助,选择"非常同意"和"同意"的分别为"38.32%"和"52.69%"。针对"网课能达到与传统课堂同样的质量",问卷给出了值得思考的一些问题。虽然选择"同意"的占将近一半,但选择"非常同意"只有22.16%,还有将近19.16%的同学选择"中立",有8.98%的同学选择"不同意"。这一方面反映部分同学对于在线课堂的不适应,另一个方面也暗示我们的在线课堂有许多需要改进的地方。

3.4 在线学习的看法

为了掌握学生对于本学期进行在线教学的看法,为我们下一步进行教学改革提供建议,我们针对学员对在线学习过程看法安排了一下问题(表3)。

表3 学生对在线学习评价表

	非常同意	同意	中立	不同意	非常不同意
网课提供了多种不同的资源帮助我学习	35.93%	56.29%	7.18%	0.60%	0%
我认为上网课会提高学习自主性	26.35%	43.71%	21.56%	8.38%	0%
在网课有很多与其他同学互动的机会	24.55%	48.50%	20.96%	4.79%	1.20%
我认为在网上学习,既方便又有效率	28.14%	44.92%	23.95%	2.99%	0%
与面对面教学的课程相比,更喜欢上网课	21.56%	38.32%	34.13%	5.39%	0.60%

从表3可以看出,虽然在线学习可以提供给他们更多的学习资源,但在线学习考验学生的自主性,8.38%的同学认为在线学习不利于学生自主性的提高。这也反映出,在居家学习的过程中存在学生学习自主性不高的问题。此外,有较多的同学认为在线学习不利于学生互动,最后导致学生学习效率不高等问题。

为了更清楚了解学生的对于网课的态度。我们还专门设置了主观题"你对在线学习有什么看法",让学员充分发表自己的见解。大部分同学表示线上教学可以提供更多的资源,便于学生复习,有助于同学们回顾课程,形式灵活。但有一部分同学,仍表示线上教学存在偶尔学习环境难以保障等问题,不太便于交流。适用于特殊时期,适用于迫切期望学习又有较强自制力的同学,只是线下教学的补充。总体效果仍然比不上线下教学。

结束语

　　互联网技术的进一步发展促成"线上"与"线下"的有机结合。学生可以通过线上平台,发展自主学习能力;教师通过网络直播,视频会议等方式,进行网络教学。但是线上教学仍然处于探索的初级阶段。在教学过程中,存在着这样那样的问题。只有充分了解学生的学习情况,了解我们在教学中存在的问题,才能为我们下一步"翻转课堂"等线上线下混合教学的有效策略和方式提供有力的支持。

心理学课程线上教学效果分析和建议

胡　伟　钱莹莹

引言

2020 年初,一场突如其来的新型冠状病毒肺炎疫情蔓延至全国,不仅对人们的生活造成了重大影响,也深刻改变了大学生学习的方式。受疫情的影响,全国大学生无法按期返校,在教育部"停课不停教,停课不停学"的号召下[①],各个高校积极开展推进线上课程,"网课"成为全国大学生学习的新方式。

1. 全员演练、线上教学

2020 年春季学期全国高校广泛开展的线上教学是信息化教学的全面普及。面对着这场史无前例的线上教学全员演练,一些学者从不同的角度进行了相关研究,例如,有的研究者以国际比较的视角,进行了国外大学线上教学的剖析[②];邬大光教授以文献分析的视角,进行了 40 年来我国高校教育技术演进中的困境[③];一些研究者以经验探索的视角,探讨了新冠肺炎疫情

---

　① 教育部.教育部:利用网络平台,"停课不停学"[EB/OL].(2020-01-29)[2020-05-21].http://www.moe.gov.cn/jyb_xwfb/gzdt_gzdt/s5987/202001/t20200129_416993.html.

　② 薛成龙,李文.国外三所大学线上教学的经验与启示[J].中国高教研究,2020(4):12-17.

　③ 邬大光.教育技术演进的回顾与思考——基于新冠肺炎疫情背景下高校在线教学的视角[J].中国高教研究,2020(4):1-6+11.

期间线上教学的问题和对策①②;一些研究者以量化研究的视角,通过问卷调查对疫情期间学生线上学习情况进行了调查③,或是对微博平台上关于大学生网课的评论进行词频统计和聚类分析,探讨了大学生在线学习的现状④;还有研究针对不同学科线上教学的效果与问题,结合该学科特点提出了提升教学质量的建议⑤⑥⑦。

尽管已有众多学者针对高校线上教学现状进行了探讨,但仍存在一些问题:①主要是基于地方大学线上教学的研究,缺少军校相关情况的调查分析;②量化研究较少,研究者主要进行了理论分析和经验探讨,缺少来自大学生调查的一手数据,由于本次线上教学开展的特殊性,量化研究更能全面反应线上教学的现状;③缺乏关于心理学学科的线上教学研究。本次疫情中,网络心理辅导发挥了巨大的作用,心理课的线上教学既具有知识传授的教育功能,也同样具有疫情中心理干预的辅导功能,因此,有必要对心理学课程进行针对性的线上教学调查。我校心理学课程是大二学员的必修课,为了增加课程的吸引力,课程采用"慕课+直播"的混合式教学模式,通过教学节奏的把控,提升教学效果。综上所述,我们在心理学网络课程结束后进行了本次调查,通过对学生的问卷调查,分析学生在心理课学习中的收获和对线上教学的看法,以期为我校线上教学的未来发展提供有针对性的建议。

2. 心理学课程线上教学效果分析

2.1 调查方法

为了更客观了解线上教学环境下学生心理课的学习现状,及时发现心

---

① 陈平.提升新冠疫情期间网络教学效果的途径研究[J].黑龙江教师发展学院学报,2020,39(5):13-16.

② 袁耀锋,林凌,王建,等.疫情防控期间线上教学的初步探索[J].大学化学,2020,35(5):0001-0009.

③ 刘燚,张辉蓉.高校线上教学调查研究[J/OL].重庆高教研究,2020,8(5):66-78.

④ 贾文军,郭玉婷,赵泽宁.大学生在线学习体验的聚类分析研究[J].中国高教研究,2020(4):23-27.

⑤ 刘洋,沈佩翔.关于提高高校思想政治理论课在线教学质量的思考[J].思想理论教育,2020(4):64-69.

⑥ 杨蓓.新冠肺炎疫情防控期间《组织学与胚胎学》课程网络教学研究[J].中国医学教育技术,2020,34(3):257-260.

⑦ 侯德亭,柳青峰,杨华,苗劲松,宋冬灵.抗疫期间提高大学物理线上教学效果的探索实践[J/OL].物理与工程;2020,30(3):11-25.

理课教学和学习的问题,我们结合大学教学安排,组织全体大二学员参与了对网络心理学课程的调查问卷,大二学员共 668 人,参与教学评价 662 人,参与率为 99.10%。

通过"你对前期心理课网络教学满意吗?""你认为主讲教员和学生的互动情况如何?""关于心理课网络学习,你的收获如何?""心理网络教学模式中你最喜欢老师安排的哪种课堂活动?""你是否希望返校后继续辅助使用网络平台进行心理课学习?"对网络心理学课程的课堂满意度、课堂互动、学生收获、教学形式、返校后网络学习意愿进行评估。

2.2 教学效果分析

2.2.1 课堂满意度

从结果可知,网络教学效果总体良好,学员对教学课堂整体比较满意,在"你对前期心理课网络教学满意吗"题中,54.83%(363 人)学员表示"非常满意",40.03%(265 人)学员表示"满意",4.84%(32 人)学员表示"一般",0.3%(2 人)学员认为"不满意"(结果见图 1)。

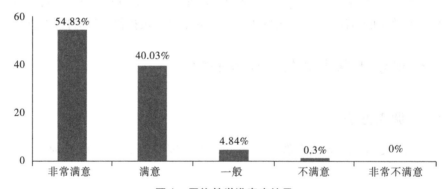

图 1　网络教学满意度结果

2.2.2 课堂互动评价

从结果可知,学员普遍认为和主讲教员有较多的互动,在"你认为主讲教员和学生的互动情况如何"题中(结果见图 2),51.96%(344 人)学员认为"互动很多",39.12%(259 人)学员认为"互动多",8.16%(54 人)学员认为"互动一般",0.76%(5 人)学员认为"互动少"。

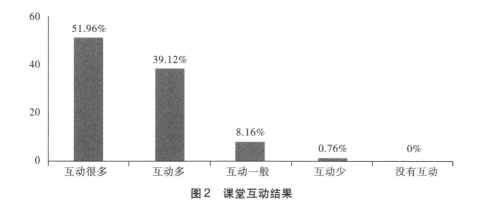

图2　课堂互动结果

2.2.3　学习收获

在心理课的学习中,大部分学生都收获较大,在"关于心理课网络学习,你的收获如何"题中,46.22%(306人)学员认为自己"收获非常大",46.22%(306人)学员认为自己"收获大",7.11%(47人)学员认为自己"收获一般",0.45%(3人)学员认为自己"收获小"(见图3)。

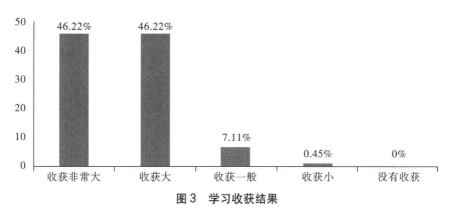

图3　学习收获结果

2.2.4　教学形式偏好分析

从"心理网络教学模式中你最喜欢老师安排的哪种课堂活动"题中可知,在网络教学活动中,22.66%(150人)学员选择"观看慕课",64.05%(424人)学员选择"老师讲授",5.14%(34人)学员选择"课堂提问",7.55%(50人)学员选择线上组织活动,0.6%(4人)学员选择私下请教,学员最喜欢的教学活动依次是"老师讲授""观看慕课""线上组织活动""课堂提问""学生私下请教"(具体数据见图4)。

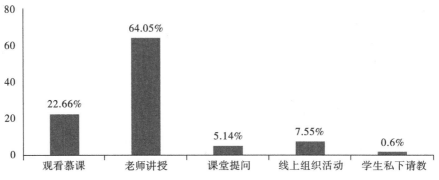

图4　教学形式偏好分析

2.2.5　返校后网络学习意愿

从"你是否希望返校后继续辅助使用网络平台进行心理课学习"题中可知,大部分学员希望未来能够把网络平台作为辅助教学的工具,这也说明学员对心理课网络教学的认可度比较高,具体来看,33.38%(221人)学员"非常希望"返校后继续辅助使用网络平台,38.07%(252人)学员"希望"返校后继续辅助使用网络平台,20.54%(136人)学员"一般"希望,6.65%(44人)学员"不希望",1.36%(9人)学员(具体数据见图5)。值得注意的是,和网络教学满意度与学员学习收获两题相比较,学员对返校后继续使用网络平台进行学习的积极性并不高。

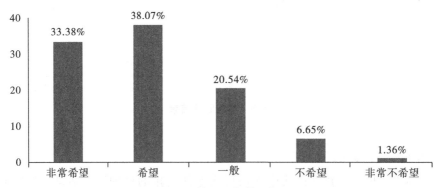

图5　返校后网络学习意愿

3.心理学课程线上教学建议

3.1 运用网络技术,进行"因材施教"优势

从调查结果可以看到,学员对于网络教学整体满意度较高,也认为自己在学习中有比较大的收获,这体现了网络教学的积极效果,也提示我们在未来教学中,要积极运用网络技术,扩大网络技术对教学效果的促进作用。传统的线下教学主要是教师根据教学计划进行课堂教学,而线上教学可发挥网络技术手段的便捷性优势,对学员学前、学后的状态实施监控,前阶段把握学员学期情况,例如,在上课之前,针对讲授专题通过线上数据进行,了解学员生活中遇到的问题、对于不同内容关注程度的主观需求以及现阶段在不同心理困扰的客观现状,教员可根据课前数据采用学员亲身经历做案例教学,也可根据学员不同学习板块的主观需求和客观掌握情况及时调整课堂安排,而课后也可同样利用线上调查、线上测试的方式了解学员的掌握情况,做到对不同班级、不同学员"因材施教"。

3.2 提升交流互动,创造学习氛围

课堂互动性是线上教学改革的难点之一,从调查结果可知,虽然大多数学员认为线上教学具有较多互动,但仍有部分学员认为互动不足。线上教学由于要进行屏幕分享或者白板书写,难以关注学员的听课状态,学员话筒静音也导致互动效果会受到影响,简单播放慕课和教师直播"满堂灌"很容易影响学员学习效果。因此,线上教学必须更加凸现学生的主体地位,提升学员信息接受体验,充分调动学员参与性,教师可通过师生问答、生生互问互答、随机点名等方式增加教师与学生的互动性,通过在直播间实时对一个问题进行投票使学员有参与感。综上,就是要在课程中从课前预习、课堂授课、课后作业等全过程设置互动环节,从而提升交流互动,创造活跃积极的学习氛围。

3.3 丰富教学形式,扩展学习资源

从调查结果可以看到,学员偏好的教学活动依次是"老师讲授""观看慕课""线上组织活动""课堂提问""学生私下请教",可以看出,学员可能因为个体差异会对不同的学习形式有所偏好,因此,在课堂设置的时候,一方面,可在教学形式上采用多种教学形式,如采用翻转课堂的教学方法理念,将慕课学习、教师讲授、讨论答疑、学员报告等多种形式相结合,还可利用心理学

学科特点,增设心理教学团体活动,如"房树人绘画评估",各类心理测试等;另一方面,可在教学内容上扩展学习资源,不少学员表示对心理学相关实验和案例,心理学发展前沿以及心理学电影都有很大的兴趣,线上教学可利用丰富的学习资源,为学员提供拓展学习内容,开拓学员科学视野,全面提升学员心理素质。

3.4 突出心理关怀,增加心灵沟通

由于本次线上教学的全面开展时期为疫情期间,心理学线上教学除了是知识传授的功能,更存在心理健康的监测和辅导功能。心理学教师可结合教学计划,有针对性地融入疫情中公众心理问题相关知识,通过全员普及的方式预防心理疫情的发生;除此之外,还可利用线上教学对学员心理健康进行监测,根据课堂教学内容,可安排学员进行相关心理测试,首先,促进了学员参与,其次,也可根据调查结果了解学员心理现状;最后,可发挥网络平台便捷性和匿名性优势,学员可根据自身遇到的问题和教师及时进行个别沟通,也可利用"问卷调查平台"设置问题匿名"小纸条"和"悄悄话",由学员自主选择回应或辅导方式,这样既减小了学生的心理压力,又扩展了心理辅导的覆盖面。

3.5 取长补短,构建多位一体教学模式

从调查结果中可以看到,尽管大部分学员支持返校后继续使用网络平台辅助学习,但还是有相当部分的学员对此态度并不积极,这可能和学员们偏好的学习形式有关,调查表明,教员讲授是学员最偏好的形式,而线下教学对此有较为突出的优势。这一结果提示我们,在未来的教学中,可以结合线上和线下教学的不同优势,构建多位一体的教学模式:一方面,发挥线下课堂的主体优势,对于心理课而言,线下课堂具有更多实践活动、学员参与的空间,大多数同学也更适应师生面对面地交流方式;另一方面,积极开创线上辅助教学课堂,作为线下课堂的支持资源,例如,慕课、心理实验、心理测量等不同的板块,充分利用辅助课堂发挥线上教学灵活性优势,帮助学员拓展视野,全面提升心理素质。线上教学能够弥补线下课堂的不足,但也存在一定弊端,可见,线上、线下教学取长补短,构建多位一体的混合式教学模式是未来教育的"新趋势"和"新常态"。

大二学员自我决定学习动机现状及影响

许　存　陈　雷

为了深入了解疫情防控期间学生在线学习的情况,笔者运用大学生自我决定学习动机问卷对学生的在线学习动机进行了调查,并进一步分析了学习动机与时间自我监控、学习投入时间、期中考试成绩、学习倦怠的影响。这也是为在线教学提供了数据参考,为下一步解决学生在线上学习中的障碍,保障线上教学质量提供了依据。

1. 自我决定学习动机概述

1.1　自我决定学习动机概念

20 世纪 80 年代,美国心理学家 Deci 和 Ryan 提出了动机的自我决定理论(self-determination theory)。它按照动机自我决定程度的不同把人的动机分为无动机、外部动机、内部动机三种。又将外部动机详细分为外摄调节、内摄调节、认同调节、整合调节四种。如图 1 所示,从无动机到外部动机再到内部动机,各种动机类型所含的自我决定成分依次增加。无动机指个体对任务不感兴趣,不认同或不关心任务的价值,对任务持冷漠、忽视的态度,多是非自愿地参与到任务中,即使参与了任务的执行,他们也不期待奖励。外摄调节是指个体完全出于对外在的诸如金钱、职位晋升等目的的追求或者为了避免外部惩罚而不得不行动,个体仿佛是被这些外在的约束所控制。内摄调节出现了自我卷入,个体为了避免内疚、焦虑的情绪或者为了维护自尊而行动,如持这种动机的个体会说"如果不这样做,我会很焦虑",此时,个体仿佛被内心的压迫感所控制。认同调节包含了轻度的自我卷入,个体行动时可以感受到内在的因果关系,认同任务的价值并因此而行动。此时,个体的受控制感降低,自我决定感增加,而内部动机指个体完全出于对任务的喜爱而行动(Ryan & Deci,2000)。本文中提到的自我决定动机,均指广义的自我决定动机,包括外摄、内摄、认同调节动机和内部动机(追求知识)。

图1　自我决定学习动机内涵

从心理学的角度来说,个体如果有强烈的自我决定学习动机,那么他不管在怎样的环境中都会促使自己吸收周围有利于自己成长的营养,让自己达到心理学家所说的"自我实现"。这也是地方高校虽然没有严格的管控,但自由放松的环境中仍有很多优秀毕业生的原因吧。这些优秀的毕业生定然有着不同于放纵型学生的学习动机,研究者好奇军校学员在没有严格纪律管控的情况下学习效果会怎样,与学习动机间有什么关系,是否能与地方大学生有同样的表现? 研究者进行了自我决定学习动机现状调查,并分析了学习动机与学习倦怠、学习成绩、时间管控的关系。

1.2　测量工具

本次调查针对 2018 级学员,发放了在线问卷,回收有效问卷 459 份,除去期中测试成绩不知的学生,实际分析用问卷为 409 份。

学习动机量表采用的是索玉贤[①]修订的简版大学生学习自我决定动机量表。该量表是在陈保华 2007 年修订的大学生学习自我决定动机量表中文版基础上简化的,共 19 道题,分为无动机、外摄调节、内摄调节、认同调节、追求知识 5 个维度,采用 6 点计分法。修订后的问卷具有良好的信效度,是可靠的测量大学生自我决定动机的工具。本次测量中,自我决定学习动机量表的 Cronbach's Alpha 系数为 0.865,表明量表信度良好。

调查内容除学习动机量表外,还进行了人口统计学的调查,设置了几道关于学习投入时间和期中学习成绩的问题,另外加入了之前研究者编制的时间自我监控量表、学习倦怠量表,拟在分析学习动机现状的基础上,探讨学习动机与时间自我监控、学习投入、学习倦怠和学习成绩的关系。

---

①　索玉贤.大学生自我效能感、自我决定动机、学业拖延的关系研究［D］.华中师范大学.2015:16—18.

1.3 统计分析

运用 EXCEL、SPSS 对问卷的调查结果进行统计分析,方法包括描述性统计分析、单因素方差分析、相关分析等。

2.疫情期间在线学习动机现状分析

2.1 学习动机总体情况

该量表分值越高为越有学习动机,分值越低则学习动机越低。从图 2 中可以看出,学习动机为 3(不确定)的人数最多,3 分及以下人数大概占 36%,3 分以上(有学习动机)者占比 64%,甚至 60 名左右学员学习动机非常高,占比 15%。

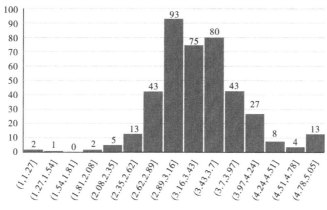

图2 学习动机总分分布图

2.2 无动机维度分布情况

左边竖轴为人次分布,右边竖轴为累计百分比。无动机维度上 3 分及以下学生占了绝大多数,大概比例为 85%,这说明绝大多数学生不认为自己缺乏学习动机。但 3 分以上学生仍然占比 15%,这说明还有部分学生不清楚自己为何上大学,对自己在大学的所作所为不理解,甚至会觉得在学校是浪费时间。该维度上出现了性别的显著差异,女生在该维度上得分更低,见图 3。

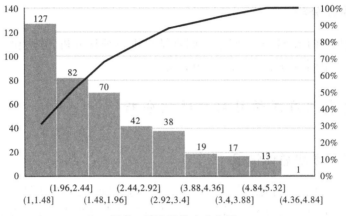

图3 无动机维度分布图

2.3 外摄调节维度分布情况

根据图4中数据计算,可以看出30%学生不认同该维度的说法,但仍有70%左右学生上大学是因为这些外部动机,觉得仅有高中文凭,不能找到一份高薪水的工作;上大学是为了获得一份体面的工作,将来好有一份可观的薪水。

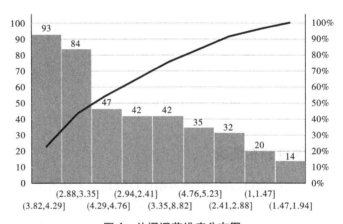

图4 外摄调节维度分布图

2.4 内摄调节维度分布情况

从直方图可以看出,该维度基本呈正态分布(图5),一半稍多学生不认同该维度上的说法,但接近一半学生认为这些说法符合自己情况,说明他们在学习上有内部卷入,为了证明自己有能力完成大学学业,拿到大学文凭。

每当我在大学中获得成功时,都觉得自己是一个举足轻重的人。为了显示我是一个聪明的人,因为我想显示自己能够在学习中取得成功。

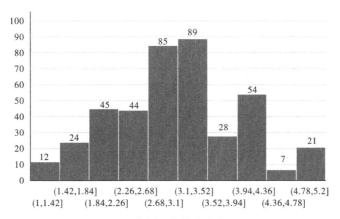

图5 内摄调节维度分布图

2.5 认同调节维度分布情况

绝大多数人都同意该维度上的说法(图6),比如上大学是因为我希望今后能有一个幸福的人生。因为上大学可以帮助我在职业生涯规划中做出更好的选择。因为我认为大学教育可以帮我为自己选择的职业生涯做更好的准备;因为我相信多接受几年的教育能够增强我作为一名工作者的胜任力。这算是有一定内驱力了。

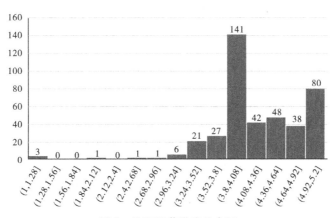

图6 认同调节维度分布图

2.6 追求知识维度分布情况

绝大多数学生都同意该维度上的说法,他们能够从学习新知识的过程中体会到快乐和满足,在热爱的专业领域体验知识增长,学习很多自己感兴趣的东西,获得发现未知的喜悦。该维度上出现了性别的显著性差异,女生得分相对更高(图7)。

可以看出,在学习动机总分、外摄调节、内摄调节维度上,男生女生无显著性差异。在无动机和追求知识维度上,男生与女生的差异有显著性。虽然绝大多数学生不认为自己缺乏学习动机,但还有部分男生不清楚自己为何上大学,对自己在大学的所作所为不理解,甚至会觉得在学校是浪费时间。绝大多数学生都能够从学习新知识的过程中体会到快乐和满足,在热爱的专业领域体验知识增长,学习很多自己感兴趣的东西,获得发现未知的喜悦,女生这方面动机更明显些。

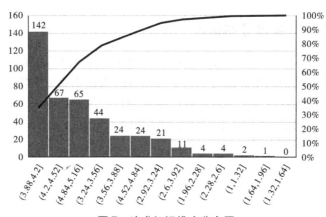

图7 追求知识维度分布图

3. 学习动机与学习相关变量的相关分析

在分析学习动机现状的基础上,我们探讨下学习动机与时间自我监控、学习投入、学习倦怠和学习成绩的关系,数据分析结果表明与前人有同样的研究发现。张莹(2019)等研究发现时间管理与无聊情绪、学业拖延有密切关系①;孙珊珊(2018)等研究发现未来时间洞察力与职业动机之间有显著相关②;张湛英(2015)大学生时间自我监控及各维度与学业拖延及各维度之间具有及其显著的负相关关系③。马先明(2013)对大学生学习动机和学业倦怠的关系研究发现,内部动机是影响学业倦怠的重要因素,并且发现内部动机在自我效能感和学业倦怠的关系中起到了部分中介作用④。郝东泽(2015)对500名高职院校学生学习动机和学业倦怠进行了调查,结果发现,学习动机各维度对学业倦怠各维度均存在显著的预测作用⑤。

3.1 学习不满意度分布情况

根据图8中数据可以算出,40%学员觉得这三个多月在家学习效果没有在校时好、对自己的状态不满意、不喜欢自己安排学习进度;30%无法确定哪个学习效果更好;30%学员觉得在家学习效果不比在校时差,对在家的学习状态表示满意,觉得自己安排学习的感觉也挺好。这说明一半以上学员在线学习效果也可以,网上教学也取得了良好教学效果。学员在失去严格管控后,仍然保持着良好学习状态和效果。这点从期中考试成绩也可以得到印证,各科平均成绩在80分以上的学员有145人,占了35.5%。70~79分的199人,占比近50%。60~69分的有61人,占比15%。不及格的仅有4人,仅占1%。这说明总体网上教学效果还是不错的。

① 张莹.时间管理、无聊情绪与学业拖延的关系及干预研究[D].曲阜师范大学,2019.06:12-13.

② 孙珊珊.大学生未来时间洞察力、职业动机与职业决策困难的关系:学历的调节作用[D].河北师范大学,2019.06:05-06.

③ 张湛英.大学生时间洞察力、时间自我监控与学业拖延关系研究[D].云南师范大学,2015.06:08-10.

④ 马先明.大一新生学习动机、自我效能感与学习倦怠的关系研究[J].黑龙江教育学院学报,2013.09:25-27.

⑤ 郝东泽.高职学业自我概念、学习动机与学业倦怠的关系研究[D].天津职业技术师范大学,2015.01:24-25.

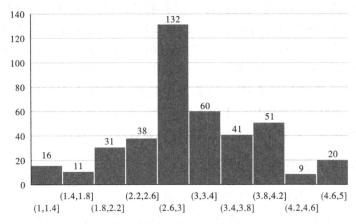

图8　学习不满意度分布图

3.2　时间自我监控分布情况

从图9中可以看出,学习动机与时间自我监控相关显著,与学习倦怠也呈显著相关。学习不满意度的预测力最强,它与时间自我监控、学习倦怠、学习动机都显著相关,说明对自己学习状态比较满意的学员,学习动机较强,时间自我监控较强,在期中测试中的成绩也较高,学习倦怠也不明显。但对自己学习状态不满意的学员,各方面相对都差些,学习倦怠较明显些。

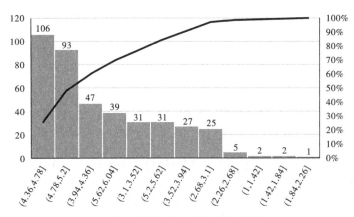

图9　时间自我监控得分分布图

3.3　各个学习相关因素间的相关情况

有意思的是,学习动机与期中测试成绩间并无显著关系。可能是学习动机是态度上的,比较宏观,具体落实在学习生活中,还是时间自我监控与期中测试成绩显著相关。时间管理意识强,并经常反省自己时间管理是否合理的学员,成绩更高些,时间管理意识差,不在乎自己时间管理的学员,成绩比较低,见表1。

表1　各个学习相关因素间的相关分布表

	网课时间	自学时间	期中测试成绩	时间自我监控	学习倦怠	学习动机总分	学习满意度
网课时间		1					
自学时间	.032	1					
期中测试成绩	-.057	.036	1				
时间自我监控	-.036	.143**	.207**	1			
学习倦怠	-.068	.047	-.043	.192**	1		
学习动机总分	-.047	.055	.033	.448**	.472**	1	
学习不满意度	.006	-.023	-.218**	-.426**	-.151**	-.192**	1

**.在.01水平(双侧)上显著相关。

总体来说,本调查的结果与以往研究者的结论是相符合的。综合各项研究结果,可以看出时间自我监控、学习动机对学习倦怠和学习成绩都有显著关系,今后的教学管理过程中,应提高学员的时间自我监控意识,提高各项学习动机,尤其是追求知识追求成就的动机。可注重以下途径:转变师生观念,增强学员自主学习意识;因材施教,激发自主学习兴趣;指导自主学习方法,培养自主学习能力。

基于多平台的线上考试模式探索

宋冬灵 李 霞 郭东琴 卢可可

引 言

　　线上线下混合式教学是最近几年比较火热的一种新兴教学模式①②,国内外很多高校都在探索和进行初步的实践,这种教学模式适应时代发展,是未来教学的必然走向。新冠病毒疫情以来③,全国乃至全球高校不得不开展以前从未有过的完全线上教学,这既是对教师的巨大挑战,也是对学生的巨大挑战。面对线上教学,如何设计课程、如何利用网络资源更好地教学、如何进行有效地考核,一个个问题迎面而来。这既是对教师教学组织的考验,也是对学生学习能力的考验,同时,线上教学更是面向未来教学的一种新的模式尝试,把刚起步的线上线下混合式教学新模式大大地向前推进了一步,将为复课后全面开展线上线下混合式教学奠定重要基础,提供宝贵经验。

1. 基于疫情而开展的线上考试

　　经过几个月的"战疫",我国疫情已经完全控制,国内高校开始陆续开学,但是国外疫情依然严峻,当地时间 2020 年 5 月 29 日,剑桥大学宣布下学年将取消面对面授课,进行全学年网络授课,考试同样在网上举行。

---

① 杜锦丽,申继伟.《大学物理》混合式"金课"的探索与实践[J].高教学刊,2019(12):97-104.
② 王晨曦."互联网+教育"背景下,开展线上线下混合式教学的探讨[J].教育教学论坛,2019,6(44):68-69.
③ 侯德亭,柳青峰,杨华,等.抗疫期间提高大学物理线上教学效果的探索实践[J].物理与工程,2020(4):21(网络首发).

考试是教学过程的重要环节和组成部分①,通过考试可以了解学生对知识的掌握情况和教师的授课效果。通过对考试结果的分析,可以方便教师更好地改进教学措施,有益于教师进行教学创新,可以帮助学生发现学习中的不足和差距,激励学生更好地学习。经过疫情期间一段时间的大学物理线上教学,教学已进入到中期阶段,教学效果如何,学生学的怎么样,急需通过期中考试反映出来,以便为后面大学物理教学的继续开展和改进指明方向。

但是在现今学生未返校的情况下,如何有效组织线上期中考试使得考试成绩更具真实性、可信性,成为摆在教师面前的一个亟待解决的问题。本文实践了一套基于多个教学平台的线上考试组织模式,既能有效组织考试,又能在考试过程中通过视频监考学生,并且可以非常方便地进行试卷的批阅、成绩的统计和了解学生的作答情况,这就是基于多个平台的线上考试。简言之,就是通过腾讯会议或钉钉会议进行远程视频监考,利用雨课堂提交答题卡并形成考试成绩和统计数据。

2. 考试组织和实施

2.1 考试组织和出题

在前期线上教学的基础上,为掌握教学效果和学生学习情况,组织了一次大学物理课程线上期中考试,本着学生成绩尽量真实可信的理念,线上考试采用以下组织方式和实施过程。

首先,提前一个星期告知学生考试时间、考试内容和考试组织方式,如雨课堂提交答题卡,腾讯会议或钉钉会议进行视频监考等,使学生对这次考试引起重视,并提醒学生既要跟上学习新知识的进度,又要有计划地复习所要考试的内容。

其次,在告知学生期中考试的同时,根据考试内容,设置合适的难度系数,利用题库随机抽题,形成试卷。检查所选试题的难易程度、试题及答案的对错、知识的覆盖面等,并进行试做和更换部分试题,最终确定试卷题目。试卷题目应涵盖选择题、填空题、计算题等多种题型和客观题、主观题等类型。

再次,根据试卷利用雨课堂平台制作雨课堂答题卡并上传到雨课堂班

---

① 蔺中,任磊,梁燕秋,等. 中国高校课程考核改革研究[J]. 教育现代化,2020(15):122-123.

级。利用雨课堂进行考试,需要提前在雨课堂中创建班级。在制作雨课堂答题卡的过程中,对于选择题和答案形式较为确定的容易输入结果,如数字的填空题可制作成客观题,而对于答案形式多样、答案输入较费时间的公式类题目则需要制作成主观题。主观题目常见于填空题、计算题和简答题等。制作答题卡时可把题目主干输入也可只标试卷题号。答题卡制作完成后提前将答题卡上传到班级雨课堂平台上,并设定好试卷发布时间、考试开始时间和结束时间以及答案发布时间等。一般设置考试结束后 10~30 分钟发布答案较好,这样学生可以在考试结束休息几分钟后及时看到答案,找到自己出错的地方,及时搞明白自己不会的题目。

最后,提前一天左右创建腾讯会议或钉钉会议,并发布期中考试注意事项。

由于线上教学使用钉钉人数较多,在使用高峰期钉钉会议可能会出现卡顿的情况,但是能开视频的人数上限较大,能够满足班级人数在 100 左右的监考需要,在网络较好的下午时段可利用这个平台。腾讯会议网速相对好一点儿,但是对于普通用户,腾讯会议中同时开视频上限为 60 人,对于班级人数较多的情况如 100 人左右时,需要同时开两个腾讯会议号,老师在监考时分别通过电脑和平板(或手机)进入两个腾讯会议,通过视频同时监考两个考场。

利用钉钉和微信班级群发布期中考试注意事项如下:

(1)考试全程视频监考,要求学生的答题区域(包括答题纸、手机和手)显示在视频画面中,但画面中不能看清答题纸上的内容,请大家提前调试好视频设备及画面距离。

(2)考试采用雨课堂电子答题卡,答题卡上只有试题编号,没有题目内容,答题时请务必对照好试卷(PDF 格式)上的题号提交答案,主观题要拍照提交。

(3)全体考生于某月某日 14:45 准时进入腾讯会议(或钉钉会议)。教学班 1 进入腾讯会议 1,教学班 2 进入腾讯会议 2。届时两位老师会同时进入两个腾讯会议、参与两个考场的视频监考。

(4)考试时间为某月某日 15:00 到 17:00。届时,试卷在 14:55 分时同时传到微信群里和钉钉群,方便大家在电脑上查阅或打印,试卷在 15:00 准时发布在雨课堂里,大家要提前几分钟在手机上进入雨课堂,等待试卷发布和进行雨课堂答题;17:00 时雨课堂上的电子答题卡会自动关闭,将无法再上传答案,请务必在 17:00 前提前一两分钟完成主观题照片的上传和试卷的提交;考试结束 20 分钟后会在钉钉班级群和微信班级群里发布试卷答案,同时可在雨课堂中看到客观题的答案和自己每道客观题的得分。

2.2 考试过程和监考

在考前工作准备就绪后按照规定时间进行线上考试和网络视频监考。监考采用网络视频监考方式,考试使用雨课堂电子卡答题。

教师在考试开始前 15 分钟即某月某日 14:45 前进入腾讯会议(或钉钉会议),并再次告知学生考试注意事项,调整摄像头,准备好纸、笔、手机等。

考试开始后,进入视频监考阶段,两个腾讯会议,相当于两个考场,每个考场有一名主监考,两个监考教师可通过电脑和平板(或手机)同时在两个考场中监考。监考中发现问题可及时纠正,如同线下教室里监考一样,考试结束前 5 分钟提醒学生提交和拍照上传答案。考试结束后退出会议。

考试结束后 20 分钟,发布试卷答案,公布答案后要求学生查缺补漏,找到每道题错误的地方和原因,并对相关的知识点以及关联的知识进行复习巩固。

在不能进行线下考试的情况下,进行线上监考,这种方式是一个相对较为有效的方式,通过视频监考,可以有效地打消大部分学生的作弊想法,起到了很好的震慑作用。同时也为学生成绩的真实性和可信度提供了一个好的环境,通过批改电子试卷,也未发现有雷同试卷,可见学生成绩的真实性和可信度还是比较高的。当然这种监考方式,不能完全规避个别同学的作弊现象,但是总体效果还是不错的。

2.3 试卷批阅和成绩统计

在设定雨课堂电子答题卡时,同时设定了客观题的答案,所以,试卷的客观题考试结束,发布答案时,雨课堂直接就批改了学生的客观题题目并给出了分数,不需要老师批阅和统计分数;主观题需要老师在雨课堂上手动批改,在批改的过程中还可对每道题给学生留评语,指出学生错误所在,相当于进行了一次更有针对性的学习指导。主观题批改完成后,雨课堂会自动生成一个 Excel 成绩统计表,见图 1。统计表有每名同学每道题的答题情况、得分情况等等,在雨课堂中也可看到这些信息,并且还可看到总分平均分、分数分布、每道题的正确率和平均分等信息,见图 2 和图 3。这些统计数据可以方便教师进行试卷分析,指导后期教学改进等,对于学生则可以方便查漏补缺,有针对性地复习等。

另外,除了利用雨课堂平台进行考试答题外,在钉钉中和问卷星中也有这些功能,以后会进行尝试,并进行比较。

大学物理其中考试　电子答题卡　考试时-试卷-2020-05-17　15:00:09

学号	姓名	得分（总:100分）	总用时	交卷时间	第1题D 3.0分	第2题B 3.0分	第3题C 3.0分	第4题C 3.0分	第5题A 3.0分	第13题 填空题 4.0分 正确答案:140;24	第17题 主观题 14.0分
1	张三	82	01时20分15秒	2020-05-17 16:26:23	D	A	C	C	A	140;24	10.00
2	李四	81	00时47分37秒	2020-05-17 16:54:02	D	B	C	C	B	140;4	8.00
3	王五	85	00时15分59秒	2020-05-17 16:26:25	D	B	C	C	B	140;24	12.00
4	赵六	88	01时26分22秒	2020-05-17 16:28:15	D	B	C	C	A	140;24	14.00

图1　雨课堂成绩统计表

注:图1为部分学生雨课堂成绩统计表,表中红色为雨课堂自动标注,表示该题答错。

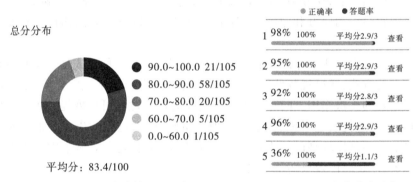

总分分布

● 90.0~100.0　21/105
● 80.0~90.0　58/105
● 70.0~80.0　20/105
● 60.0~70.0　5/105
● 0.0~60.0　1/105

平均分:83.4/100

图2　雨课堂成绩总分分布

● 正确率　● 答题率

1　98%　100%　平均分2.9/3　查看
2　95%　100%　平均分2.9/3　查看
3　92%　100%　平均分2.8/3　查看
4　96%　100%　平均分2.9/3　查看
5　36%　100%　平均分1.1/3　查看

图3　雨课堂成绩统计表

结束语

通过腾讯会议或钉钉会议进行视频监考,利用雨课堂考试制作电子答题卡和提交试卷,在雨课堂上进行试卷批阅,实现了如同线下考试一样的考试组织模式和效果,实现了半智能化阅卷,省时省力科学准确。这种考试方式对于小规模过程性考试提供了一种高效考试方式,并为学校未来考核方式向诚信考试、网络监考提供一定的借鉴意义。

资源平台篇

"他山之石，可以攻玉"

——《诗经·小雅》

基于 E-learning 的教学训练平台构建研究

李 森 朱 艳 焦 巍

引 言

军事技能课程是军队院校课程体系建设的重要组成部分,是培养学员的战备观念、战术素养、战斗精神,强化纪律观念、团队意识,提高竞争意识和能力的主阵地,在我军的人才培养中起着重要的基础性作用。我校较为系统的军事技能教学训练始于 2000 年,经过十多年的建设,初步形成了具有我校特色的军事技能课程体系,总结摸索出行之有效的教学方法手段。但教学训练模式还较为传统,主要包括系统性的按纲施训、针对性的短期培训、自主性的课下自学,三种模式的共性问题集中表现在:方式单一、资源封闭、时空受限、交互不足、共享较差。我们发现,如果依然按照原有的方法手段实施教学训练,将无法完全落实我校人才培养方案对军事技能课程的要求。

新形势下,我们要培养基础坚实、素质全面、技能突出的新型军事人才,必须要突破传统教育模式的局限,对现有教学训练的方式方法进行改革。而改革的核心是学员学习方式的转变,将传统的学习方式向自主学习、探究式学习和协作学习转变,充分发挥学生对知识自主探索、自主发现、自主建构和自主获取的积极性。从 2017 年开始,我们尝试着将军事技能的部分课程与校园网结合,构建基于 SPOC 平台的网络教学环境,并提供了外校的优质资源。通过在不同层级学员中的实践,网络课程对提高军事技能教学训练质量起到了一定积极作用,但由于军事综合信息网的局限性,也出现了诸多问题:数字资源有限,知识碎片没聚合,质量较低,内容陈旧;涉密等级限制,无法便捷使用;个性化服务较差,不能实现按需分配;教学软件及其工具,没有特色,没有学习行为的挖掘分析能力。教学平台的弊端最终导致了学生用不成、不愿用,网络课程形同虚设。现行信息化教学平台不能满足学习者的需求,更不能完成军事院校在信息化条件下的人才培养的目标和所肩负的责任。

1. E-Learning 的引入

E-Learning(Electronic Learning)即电子学习,充分利用现代信息技术所提供的具有全新沟通机制与丰富资源的学习环境,实现一种全新的学习方式①。这种学习方式将改变传统教学中教师的作用和师生之间的关系,从而根本改变教学结构和教育本质。它的广泛普及和深入发展,对提高教育、教学与训练的质量、效率和效益,实现教育、教学的全球化、自动化、终身化,将具有不可估量的意义②。

外军大都十分重视电子学习在军事教学训练中的作用,将其作为军事教学训练的重要途径,尤其是美军,自进入 21 世纪以来,对推动官兵在职进修学位不遗余力,效果卓著。例如 eArmyU,eNavy 都是 E-learning 的成功案例,它们替数万军人开创了在职进修之路,无论在海上、伊拉克战场或是岗哨,当他们执行完勤务后,都能通过陆军或海军电子大学的入口网站学习知识和进修学位。除此之外,美国国防部为强化军队培训效果,已经开始了 T2(Training Transformation)计划,用更先进、科技化的模拟与游戏教材,让官兵深切体会信息化战场的情境,经阿富汗和伊拉克战争检验,证明其对提高部队战斗力确有实效③。

E-learning 作为一种具有高度交互性和最小时空约束性的教学方式,它在军事技能教学训练工作中的运用,无疑可以提高军事技能教学、训练的质量和效率,实现军事技能教学训练的自主化和终身化,进而达到提高部队官兵素质,优化其知识结构和完善技能的目的。如何实现 E-learning 环境下军事技能教学训练平台的建设,满足教学训练的需求已成为当务之急。

2. 教学训练平台的构建

2.1 平台建设的目标

军事技能教学训练平台的建设,要以当前军事技能教学训练的需求为牵引,结合我军训练的实际情况,充分客观地分析教学目标、教学对象、教学

---

① 何高大. E-Learning 的定义与译名[J]. 中国科技翻译,2003(2):20.
② 孟丽. 基于 E-Learning 的测绘专业教学训练系统的设计与实现[J]. 测绘工程,2007(10):75.
③ 方龙. 现代军事教学训练中的电子学习[J]. 坦克兵学刊,2008(2):19.

内容、教学环境等多种影响学习效果的因素,根据学生的兴趣、访问频度、访问时间、学习能力和学习效果,动态地调整学习路径和教学策略,充分体现以"学生为中心,教师为主导"的教学策略。

2.2 平台功能结构设计

按照目前国际上 E-learning 建设的标准与规范①,平台提供军事技能教学训练、军事技能教学训练管理和资源管理三个模块,这三个模块在不同程度上均参与了其他模块的学习活动及学习内容的创建过程,在功能上具有相对独立性,同时又依托其他模块共同作用于学习者参与教学训练的效果。其功能结构如图 1 所示。

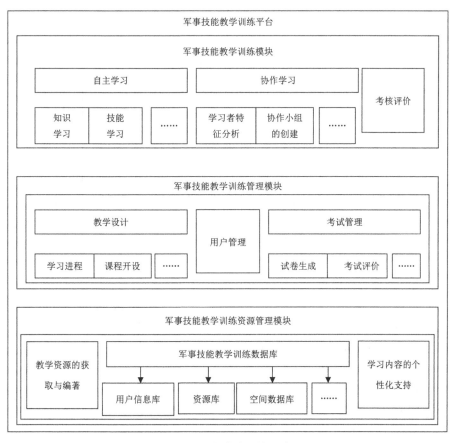

图 1 平台功能结构设计

---

① 成功规划 SOA. 什么是面向服务的框架[J/OL]. http:www.qqread.com/java-2006-07/x752184002.html.

2.3 原型系统设计

在原型系统中,为了更清晰的阐述系统的功能结构,此处我们采用用户角色分类法将系统划分为面向学习者的教学训练功能与面向管理员和教师的系统管理功能。

2.3.1 面向学习者的功能

面向学习者的功能共分为 8 个模块,如图 2 所示。

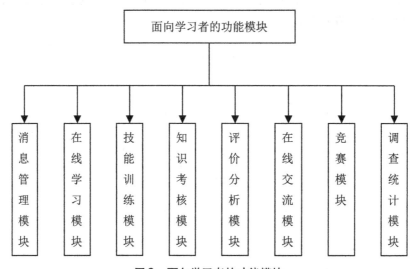

图 2 面向学习者的功能模块

(1)消息管理模块

消息管理模块主要是提供给学习者最新的课程、考试、技能训练以及相关学习活动和教师个性化学习指导信息,以便学习者可以第一时间掌握最新的课程动态和相关的指导信息。

(2)在线学习模块

在线学习模块可以分为自主学习和协作学习两个部分。自主学习是学生采用单个学习的方式,完成对军事技能知识技能的学习,学习方法包括教材学习、同步训练、同步考核、题目记忆、题库学习、题库检索等。协作学习是学习者参加协作小组,通过协作分工,共同探讨等方式合力解决同一问题。该模块给学习者提供一个主动学习和自我管理的平台,同时支持管理者对学习者的学习进度和知识掌握情况等进行监督和管理。在协作学习过程中支持学习者与教师之间的实时或非实时交互,进而为学习者提供学习指导。

（3）技能训练模块

技能训练模块主要是通过 Flash 等多媒体动画,以及相关的作业练习来完成学习者对军事技能的增强记忆以及综合掌握。

（4）知识考核模块

由网上考试、在线作业、自我练习三个模块组成。教师可通过考试子系统组织大型或小型的远程考试,如学生基本技能的考试、知识专题的考试、新业务培训考试等。

（5）评价分析模块

不同于面向教师的评价分析模块,面向学习者的评价分析主要是实现学习者之间的互评和对所学内容的满意程度评价,进而为教师改进教学训练的内容提供参考依据,同时该模块还提供按照不同的检索条件提供的统计分析功能。

（6）在线交流模块

由学习交流、留言、公告三大功能组成,提供了学习交流的平台,学习者可以互相交流学习经验、知识技能等;教师可针对某项军事技能知识专题展开各种讨论。

（7）竞赛模块

提供精彩、趣味性的网上竞赛功能,学习者可以通过此模块参加网上知识竞赛,以增强学习的趣味性,改善学习氛围。

（8）调查统计模块

由热点调查和问卷调查两大功能组成。教师可以通过热点调查,了解学习者感兴趣的军事技能专题,以及一些改善教学的意见,进而优化军事技能教学训练的组织和管理,同时,教师可以通过问卷调查的方式,增强与学习者之间的沟通。

2.3.2 面向教师的功能

（1）教学活动设计模块

教学活动设计是用来设计教学逻辑、教学活动、教学策略的模块。教学逻辑的设计体现了教学内容之间的层次和相互关系,教学活动和教学策略的设计主要是面向协作学习而言,提供对指定学习任务的协作学习的分组策略、交互策略、协作资源设计和协作进程设计等。

（2）考核管理模块

考核管理模块用来考核军事技能教学训练的效果,包括理论知识测试工具与野外训练辅助考核工具。

理论知识测试工具具备测验试卷的生成、考核结果分析等功能。教师可以采用随机生成试卷或者指定试卷难度生成试卷;考核结果分析工具用来对学习者军事技能知识考核的成绩进行统计分析,进而为学习者提供个性化的学习指导,该分析功能还可对生成的试卷进行分析,从而得到试题的区分度难易度。

野外训练辅助考核工具包括:场地管理、动态监测、训练考核等。其功能结构如图3所示。场地管理是利用GIS实现对野外训练场地的管理,野外训练场地以数字地图与遥感影像的形式存储;目标实时录入是结合北斗系统与GPS实现设置目标的实时记录;目标动态监测是将卫星导航系统结合无线通信来实现对学员的动态监测;训练考核是用于野外作业的日常训练与考核评定。

(3)作业管理模块

作业管理模块主要完成教师教学训练任务的制作、发布批改和点评等功能。作业制作工具可以完成其教学训练作业的设计和制作,同时支持作业的发布以及作业的评价等功能。

(4)教师答疑模块

教师答疑模块同时支持系统学习者提问和教师回复功能。

(5)教学评价模块

该模块主要通过追踪学习者学习训练的内容、考核成绩、一些统计信息对教学训练的内容、教学训练的策略以及学习者的学习效果以及协作学习绩效进行评价,进而优化其教学训练过程,为学习者提供个性化的学习指导。

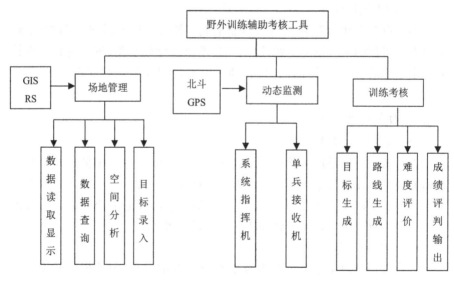

图3　野外训练辅助考核工具

结束语

军事技能教学训练关乎我军生长学员的基本军事素质,意义重大,所以教学训练模式的改革必须要严格论证,力求科学合理。本文尝试着将 E-Learning 的理念应用于军事技能教学训练中,为学员提供一种崭新的学习训练模式,对于培养提高广大受训人员的综合能力应该有所裨益。但是本文仅给出了平台构建的思路,设计出了原型系统,并未实体实现,所以其应用效果还有待评估。我们在下一步的工作中,需要进一步优化系统设计,逐步实现系统功能,在实践中探索与深化。

基于"对分易"平台的线上教学实践与探索

王　楠　　王建军　　袁付成

1. 实施背景

1.1　疫情教学任务的驱动

2020 年突如其来的疫情打乱了我们平稳的生活状态,同时也影响到新学期的教学组织实施。面对学员未能返校的现实情况和既定的教学任务,大学紧急组织教学单位调整教学计划,在符合各项规定的基础上开展线上教学。《军人心理学》课程中的 28 个学时也被列入线上教学任务之中,课程组迅速研判学情、重组教学内容、调整教学设计,学习线上教学知识,积极应对任务变化,确保教学效果不打折扣。

1.2　"对分课堂"教学理念的契合

对分课堂是由复旦大学张学新教授于 2014 年提出的一种课堂教学模式,分为讲授(Presentation)、内化和吸收(Assimilation)、讨论(Discussion),简称为 PAD 课堂(PAD class)[①]。形式上,它是把课堂时间一分为二,一半留给教师讲授,一半留给学生进行讨论;实质上,它是在讲授和讨论之间引入一个心理学中的内化环节,使学生对讲授内容吸收之后,有备而来地参与讨论。对分课堂是基于心理学原理构建,不仅贴合教师与学生的心理需求和特征,也符合教育与学习的心理规律[②]。对分课堂的理念与《军人心理学》课程的教学目标来十分契合,《军人心理学》需要提高学员的心理素质,提升其心理调节的能力,教学中内容中很多关于内心的、体验的、领悟的部分正好

---

① 张学新.对分课堂:大学课堂教学改革的新探索[J].复旦教育论坛,2014(12):7-12.

② 张学新. 以讨论为核心的对分课堂 [EB/OL]. https://www. sohu. com/a/230782435_278520,2019-03.

与对分课堂种内化的心理过程相一致。此外,《军人心理学》的教学安排正好的每周学习 1 个专题内容,每周安排 2 次课,2 次课间隔 3 天,也正好与对分课堂的操作要求相吻合。

1.3 前期已有教学经验的积累

"对分易"平台是通过信息技术实现对分课堂理念的一个专业教学管理平台,除了能够满足线上教学直播的基本需求,还能实现在线考试测验(主客观)、作业(主客观)提交与批改、学情分析、学员互相出题互相批改、课程统计分析等功能(图 1)。

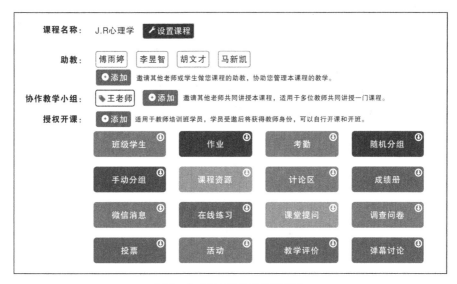

图 1 "对分易"教学管理平台

我们已在 2018 年依托大学的综合素质项目课程《心理咨询培训》,开始尝试使用"对分易"平台进行线上教学和管理,主要用于研讨内容的发布和反馈、学员对实践部分的交流和体验、线上作业的设计和安排。经过前期的教学实践,我们已经对"对分课堂"的理念和操作方法比较熟悉,并且已初步积累了使用"对分易"平台的教学经验。但是,由于之前的尝试受到学员使用网络相关管理的约束,未能全程实现线上教学,因此此次大学线上教学的要求也成为我们下一步深度使用"对分易"平台的契机。

基于以上原因,我们选择《军人心理学》课程的一个教学班,共 127 人(4个专业)以"对分易"为主要教学平台开展线上教学。

2. 教学设计

《军人心理学》课程紧扣教学目标,结合内容特点和保密要求设置7个专题,28学时的线上教学任务,分别是专题1现代人的心理素质、专题2健康的自我意识、专题3有效的情绪管理、专题4和谐的人际关系、专题5心理应激与应对、专题6心理障碍和专题7心理咨询与心理治疗。通过线上多种教学形式使学员获得心理学的基本概念,掌握开展心理服务工作的一般方法,培养学员研究心理现象,正确分析判断和处置心理问题的能力,提高学员心理防护的素养。

具体的课程设计是每专题为1个教学单元,每个单元的第一次课以慕课学习为主,第二次课以交流辅导答疑为主,两次课中间的实践用来内化和整合。具体的纵向安排是:学情调查——慕课学习——笔记整理——随堂测试——课后作业——提出疑问——讨论交流——教员串讲梳理。以上教学流程均通过"对分易"平台实现,不用同时使用多个平台转换(图2)。

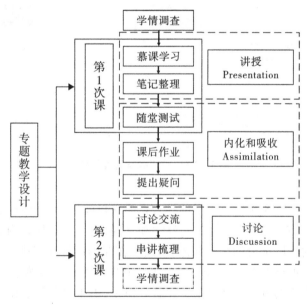

图2 《军人心理学》专题教学设计

专题以第七专题"心理咨询与心理治疗"的教学设计为例:在第六专题教学结束前我们会针对第七专题的内容组织问卷调查,了解学生对学习内容了解的程度以及长期混淆或未知的知识点,如"心理咨询师不能与来访者成为朋友?""心理咨询师可以帮助来访者解决现实生活的问题?"心理治疗时,双方的关系是医患关系。"通过调查我们发现同学们对每道题的选择都有很大争议,这恰恰也是我们在下一步教学中需要给学生重点厘清的一些问题(图3)。

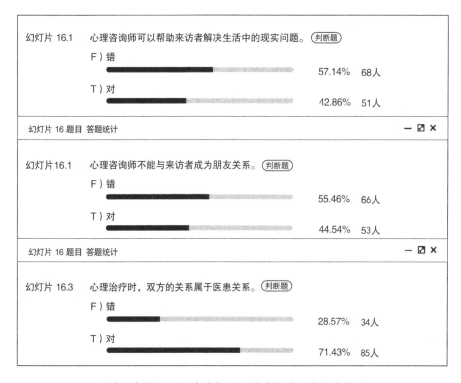

图3 专题7心理咨询与心理治疗课前问卷调查结果

第七专题第1次课上,我们选择首都医科大学的视频公开课《医学心理学》中的"心理咨询与心理治疗"作为学生学习的慕课内容,学生以在线观看慕课的形式进行学习。学习过程中学员不仅要听,而且要学习会听,即分析知识框架结构、把握学习重点、梳理知识点的相互关系;要求学员将内容整理为系统性的课堂笔记并线上提交。笔记提交后随即在课内组织本专题测试(客观题),现场检验学员队专题内容的学习效果,最后布置课后作业(主观题),如"如何用行为主义的'系统脱敏法'治疗一个恐高症患者?"教员在课下根据学员作业反馈了解学习效果,梳理下次课教学的重难点。第二次课主要在"对分易""互动直播"栏目下以研讨交流的形式探讨随堂测试的问题,讲评作业和回应学员提出的问题。以上教学流程均通过"对分易"平台实现,不用同时使用多个平台转换。

3. 教学实施特点

3.1　注重过程性学习

在传统课堂中,学员通过少量的几次评估,如期中期末考试来了解学习情况,注重结果性评价或阶段性评价。线上教学开展之后,特别是使用了信息化的教学平台之后,对分课堂更注重过程的动态评价。教员可通过各种形式如"对分易"平台中的在线练习、作业、考勤、课堂提问等方式了解学员学习状态和参与度,评估过程性学习效果。学员的某一问题的掌握的程度也会即时以统计图表和图形的形式反馈给教员,因此学员并不会因为没要在学校上课而缺少平时成绩,反而是对整个学习状态的动态评估更多维更即时更准确。

3.2　激发个性化学习

作为教育者必须接纳每一名学生,接纳每一名学生的全部现实,接受个体的差异性。通过此次线上教学我们发现,学员们因为自身的个性差异,学习能力、速度、方法各不相同,线上学习的策略和效果也不同。《军人心理学》每周两次课程之间给学生安排的是自学和内化吸收的时间,有些同学的学习能力和自控能力较强,学习目标较早能够达成;有些同学自主学习能力相对较差、学习方法不科学,进度就会滞后;还可能有个别同学因家庭的特殊情况或网络条件的制约无法及时跟进教学进度。面对这样的情况,我们通过教学设计既保证知识体系的有效传递,又保护学生的个性化发展。对于接受力、理解力强的同学我们会让其更多地参与到教学的组织活动,比如加入"对分易"的班级管理,或在平台上分享学习笔记和学习心得,对其他同学形成榜样和激励。对于在练习和测试中依然有问题的学员,我们会更多让其参加直播讨论,把自己的观点和思路与大家分享交流,他们出现的问题恰恰是大部分同学都不解或困惑的问题,教员再针对这些问题重点讲解。对于有特殊情况的同学,我们及时安排其回看课程资源,重新开放单人测试等形式鼓励其跟上大部分同学的进度。我们在教学的组织和实施的过程中希望贯穿心理学人本主义的思想,注重满足学生需求,激发学生自我实现的成就动机,使学生获得认知、情感和价值观的全面成长和发展。

3.3　突出问题化学习

线上教学开展后一个典型变化就是学员的主体地位凸显,教员作为引导者要让出部分课堂权利给学生独立思考,引导学生探寻思考问题的角度和方向。教员主导的一个重要原则就是"问题牵引",以学员在各个阶段的问题作为教学安排的出发点和依据。在《军人心理学》课程线上教学中我们主要关注这四类问题:一是课前调查中的问题,这类问题一般是基础性问题,是学员未对本专题内容进行系统学习前的一种大众化的认知水平,大部分学员通过慕课的学习都能解决这类问题;二是在线测试中的问题,这类问题一般是思考性问题,是学员对知识点理解、辨析、分类等方面出现的问题,这些问题通过直播讨论环节时教员与学员互动来解决;三是作业反馈中的问题,这类问题一般是应用性的问题,比如诊断某一心理问题、运用某一咨询技术等,这类问题是教学内容中的重难点,主要通过教员的直播讲授来解决;四是个性化的问题,这类问题一般是学生根据学习内容结合个人的一些情况而引发的一些问题,比如学习"有效的情绪管理"专题时有学员提出"老师,我目前待在家里时间太长了,总是和父母发脾气,很难控制怎么办。"针对这类问题我们一般是一对一回复,或是在"课程资源"栏目下补充相应的拓展资料来解决。

3.4 探索合作性学习

线上教学为学员提供了合作共享的平台,推动了学员的互动和交流。比如"对分易"的"手动分组"和"随机分组"的功能可以随时实现小组的合作与互动。由于心理学课程有很多情感体验和自我分析的内容,线下组织互动合作的时候发现有些同学由于性格或其他原因会出现一些顾虑和回避现象,但是线上组织的合作和互动可以很大程度上避免这些情况。比如在自我意识专题,我们设计了"房树人的绘画心理测试",每名学员通过"对分易"作业平台提交一副"房树人"主题绘画作业。教员通过设定学生匿名互评的方式,让学员都对随机分配给自己的那一份作业做一个心理状态的评价,根据绘画作品分析对方有什么样的个性特征、什么样的成长经历、什么样的家庭氛围。

以这种匿名互评的方式既帮助学生认识一种心理评估的方法,又训练了学生对心理状态的感悟和洞察能力,同时被评学员和评价学员因都是匿名的也不会有心理负担和顾虑。

4. 结束语

根据对分课堂的教学理念,《军人心理学》依托"对分易"教学平台进行了7周28个学时的教学任务,结合对线上教学情况的问卷调查发现,学员普遍反映依托"对分易"平台实施的《军人心理学》课程教学形式新颖灵活，教学内容重点突出，考核机制健全，除了了解很多心理学的基础知识理论以外，对心理学规律效应的应用，对心理问题的识别等分析性、操作性的问题也能很好地理解和掌握。此外我们还对从访谈结果、测评成绩、教员自评等多方位考察，认为《军人心理学》线上教学效果良好，既实现了课程线上教学的目标，同时又对教学平台和教学形式进行了有益的尝试和探索。

当然，这次的线上教学实践是在疫情特殊背景下的"倒逼式"的教学改革与创新，丰富了课程线上教学方法，加强了教与学过程化的情况掌握，提升了线上课堂教学把控能力。面对今后学员返校回归课堂关于"对分课堂"理念和"对分易"教学平台这些经验和做法如何去推进应用，发现的问题如何去完善和改进是我们面临的问题。笔者认为混合式教学模式是未来教学发展的趋势和必然，下一步需要主动探索线上线下混合式教学模式的探索，发挥线上教学资源和线教学管理平台的优势，创设线下更深入丰富的教学活动，提高学员自主学习能力和学习的效果。叶圣陶说过：教学有法，教无定法，贵在得法。没有一种教学方式和教学工具适用于所有的学科和课程，但只要每一名老师能将学生的全面发展作为教育工作的目标。

基于雨课堂的高等数学课程混合式教学改革研究与实践

邢巧芳

引 言

在传统的面对面的课堂教学中,教师是知识的传授者,学生被动接受。这种形式,有利于系统知识的传授,能够保证教学任务顺利完成。但是教学模式单一,师生互动少,问题不能及时解决,导致教学效果不佳,部分学生的学习兴趣减退。随着"互联网+教育"时代的到来,学生可以利用计算机和智能终端提供的丰富的网络资源随时随地学习,实现了学习的个性化和自主性。但若只依靠学生进行网络环境下的自主学习又不利于学生对系统化、理论化知识的掌握,于是依托信息技术,将传统课堂教学与现代智能网络终端的优势有机融合,顺应时代要求的混合式教学模式便应运而生,产生了大量的研究成果①②③④。笔者结合自己的教学经验,针对雨课堂智慧教学工具,对高等数学课程混合式教学模式展开讨论,总结提炼为更好地开展混合式教学模式改革的对策建议。

---

① 多依丽,付晓岩,海军."雨课堂"与传统教学模式的比较研究[J].大学教育,2017(12):153-155.
② 周凤新,王兴辉.基于雨课堂智慧教学环境的课堂教学初探[J].中国教育技术装备,2018(1):56-58.
③ 姚洁,王伟力.微信雨课堂混合学习模式应用于高校教学的实证研究[J].高教探索,2017(9):50-54.
④ 张国培.论"互联网+"背景下的雨课堂与高校教学改革[J].中国成人教育,2017(19):94-96.

1. 基于雨课堂的高等数学混合式教学改革的设计与实践

1.1　对学生的认知调查

学习需求分析：通过与学生交流、问卷调查等形式了解到学生对于智慧学习 APP 的了解及使用情况很有限，对于雨课堂学习工具的了解和使用机会也比较少，但是学生对于基于雨课堂的混合式学习的态度非常积极，大部分学生对于《高等数学》课程中使用雨课堂开展混合式教学充满期待。

学习内容分析：《高等数学》课程是刚进入大学的理工科本科生首要面对的基础必修课程。该课程内容多且高度抽象，体系严谨逻辑性强。学生要想学好必须花更多的时间和精力来学习练习。在传统课堂上，老师很难及时了解到所有学生对知识点的接受消化情况，课下师生互动机会有限，学生学习知识基本上全靠课上的听讲，所以对《高等数学》课程的学习效果不够理想。

学生特征分析：本文研究的学习对象是本科一年级学生，学生初等数学基础扎实，思想活跃，个性鲜明，是伴随着信息技术的发展成长的一代，另一方面，受应试教育的影响，学生缺乏独立思考的意识，自主学习能力较弱，对教师有依赖心理，还有部分学生学习的积极性、主动性不高，对高等数学课程的学习有畏难情绪。

基于前期的调查分析，笔者认为在高等数学课程中开展基于雨课堂的混合式教学改革，可以弥补目前教学中存在的一些不足，提高教学效果。

1.2　混合式教学改革下的教学理念

开展混合式教学，首先要求教师要更新教学理念。混合式教学，不仅仅指教学形式的混合，而是要对教学思想、教学内容、教学管理等各方面进行有效结合，既要利用丰富的线上教学资源、智慧教学工具的长处，又要结合课程内容特点，发挥传统课堂教学的优势。利用混合式教学模式，要能够实现有利于学生对数学本质的理解，有利于学生的主动参与，有利于课堂高效的师生交流，有利于培养学生的创新精神和实践能力，因此在教学过程中我们将传统与创新相结合，以实现高等数学教学内容改革为载体，以素质教育和能力培养为目标，将"以学生为主体，教师为主导"的传统教学原则与"互动、参与、提高"的现代教学思想相融合，是我们进行混合式教学方法改革的理论基础。"合理有效的利用现代信息技术手段，将传统与现代相结合"是我们贯彻现代化教学手段的主要实践方式。在教学中融入数学建模思想，增强学生综合运用所学知识解决实际问题的能力,培养学生的创造能力。依据教学内容,以问题为导向,适时、适度引入相关数学史的内容,增加教学的趣味性、生动性。充分重视学生的反馈意见,及时修订、稳妥实践探索高等数学课程线上线下相结合的混合式教学改革实施方案。

1.3　混合式教学模式下的教学方法

雨课堂是学堂在线和清华大学在线教育办公室共同研发的智慧教学工具,我们基于雨课堂开展混合式教学,主要是把教学分成课前准备—课中实施—课后拓展三个阶段。

1.3.1　课前准备阶段(线上)

该阶段主要指雨课堂平台的线上准备环节,教师提前几天在平台上发布预习任务,推送预习课件、慕课资源到雨课堂平台,帮助学生养成良好的课前预习习惯,同时培养学生自主学习的能力。预习课件内容主要包括预习指导和预习检测两部分内容。预习指导内容主要结合高等数学教学团队前期的导学式教学改革成果,将高等数学课程的学习目标与要求、重点难点、预习指导等教改成果课前推送到雨课堂平台,辅助学生进行课前预习。预习检测部分会以题目形式,让学生在平台上提交答案,使教师能够实时掌握学生的预习情况,有效指导课堂教学。

1.3.2　课中实施阶段(线上+线下)

课堂上师生共同登录微信雨课堂平台,将雨课堂与课堂教学相结合,开展线上线下相结合的教学模式。高等数学课程涉及的逻辑推理部分仍然采用传统 PPT+板书的形式,另外利用雨课堂平台的即时答题功能、弹幕功能、随机点名功能与学生进行互动。课堂上限时答题环节的设置,使得教师可以第一时间掌握学生课堂上对知识点的掌握理解情况,同时增强了学生参与课堂的主动性和积极性。

1.3.3　课后拓展阶段(线上)

学生利用"雨课堂"平台和数字资源完成课后拓展学习。课后教师推送复习总结要求、拓展延伸材料以及测试题目到"雨课堂"平台,帮助学生养成课后复习总结的良好的学习习惯,并通过测试题目对学生学习情况进行检测反馈。鉴于高等数学的内容前后紧密相连,环环相扣,故在复习总结部分也会设计有针对的内容和题目引导学生对下一节课的内容进行思考,与下一次课前预习形成闭环。

2. 基于雨课堂的高等数学混合式教学改革的教学反馈与启示

2.1 优势

基于雨课堂的混合式教学能够及时得到学生学习情况的反馈,做到对学生学习情况的实时、客观的监控。雨课堂对学生的每一个学习过程进行了"全景式记录",为教师提供了完整立体的数据支持,帮助教师客观量化、了解评价学生的学习效果。雨课堂软件能够根据每一位学生在整个学习过程中的表现给出数据形式的量化统计表,教师可以根据统计结果对学生进行有针对性的指导,也为教学评价提供了理论依据。

基于雨课堂的混合式教学能够提高学生的积极性和学习兴趣,培养学生自主学习能力。雨课堂提供的课堂签到、弹幕、课内限时答题功能能够很好地活跃课堂气氛。弹幕功能更高效地实现了课堂"对话",极大增强了课堂的趣味性,并且能够迎合年轻人追求"上墙"的时尚感。课堂限时答题能够刺激学生的课堂参与积极性,提高学生的注意力。学生根据教师提供的每道题的答案分布柱状图,了解自己和同伴对知识点的掌握情况,对于大多数学生而言,实时了解同伴的学习成效对其造成的刺激,要远大于教师直接对题目的讲解,从而能够达到更好的课堂教学效果,同时,通过课前指导预习、课后拓展复习阶段的训练,有助于学生良好的学习习惯的养成。

2.2 面临的挑战

基于雨课堂的混合式教学离不开教师精心的教学设计。传统课堂教师只需准备好课上所需课件即可。使用雨课堂后,课前预习资料的准备,交流互动的习题如何设计? 在什么地方设计怎么的思考题,如何实时引导学生发言,从而让学生能够有观点可表达。这些主动制造和驾驶"混乱"的教学设计是需要教师深入思考与不断学习的。

基于雨课堂的混合式教学的实施需要使用一定的硬件设施以及上网流量,很多人一起使用雨课堂的时候,会出现网络卡顿的现象,对于课堂限时答题上传会有一定的影响。另外,雨课堂教学过程中需要学生使用手机端,在便于学习的同时,不可避免地会有部分学生利用手机进行与学习无关的活动,因此必须强调手机的正确使用。

总的来说,瑕不掩瑜,基于雨课堂的混合式教学模式还是克服了当前传统课堂的一些弊端,带给了师生愉悦的教与学体验。

结束语

本文针对在高等数学课程中开展基于雨课堂的混合式教学改革进行了探讨,把信息技术应用于传统课堂当中,改善传统课堂授课模式进而提高教学效果,已然成为大势所趋。随着雨课堂等智慧教学工具的不断完善,必将很好地服务于教学,达到更优的教学效果。

基于多个平台的《高等数学》线上教学的探索与实践

孙铭娟　李瑞瑞　王习文

随着互联网时代信息技术的日益普及,教学模式的不断多样化,尤其是在线教育的快速发展,学生获得知识的方式已经不再仅仅局限于课堂教学。现如今,网络上关于各类课程的在线资源非常丰富,比如国家精品在线课程、中国大学生慕课平台等等。这些视频类的课程为各类不同需求的人员创造了学习知识的新途径,但这些缺少课堂上的互动、缺少与老师面对面交流的学习,缺少约束力的学习效果总是要打折扣的。现在又新兴了许多直播的授课平台,比如钉钉课堂、腾讯课堂、雨课堂、爱学习,等等。这些从某种意义上讲,可以弥补观看视频类课程的缺点,但是作为理、工科院校各专业大一新生必修的公共基础课——高等数学课程的教学不能仅仅依托于视频公开课,也不能把原有的课堂教学原封不动的搬到直播平台。为此,本文将围绕基于多个平台有效完成《高等数学》线上教学的实施与组织进行探索。

1. 基于 MOOC 平台——连贯性自主学习

高等数学①课程的特点是内容多、理论性较强,在众多的数学类精品课程中很多资源都是老师用 PPT 授课,然后按照知识点录制视频,每节课一般在 20 分钟左右。学生作为学习的主体,在众多在线资源的选取上并不知道如何取舍,因此,老师作为学生学习的引导者,应该帮助学生确定合适的学习资源,就高等数学而言,中国大学生慕课平台上的浙江大学苏德矿老师的主讲的微积分,以及四川大学徐小湛老师主讲的《高等数学》更适合我校学生来学习,尤其是苏老师的课程全程用板书授课,每节课 45 分钟左右,节奏适中,比较符合数学类课程的学习特点!

---

① 同济大学数学系.高等数学[M].7 版,北京:高等教育出版社,2014.

由于慕课资源是现成的,不受时空限制,随时随地都可以在网络上进行观看,那么如何检查学生的学习效果,保证良好的教学效果呢?因此,慕课推荐给学生并不是放任不管,而是要按照教学计划,每次提前布置学习任务,慕课观看节点,提出相关问题,让学生带着问题去学习,同时记好笔记,让学生感受到课堂教学的气息!同时,在学生每次完成慕课自主学习之后,都要给学生布置相应的作业来检查学习效果,布置作业的方式,可以通过电子邮箱、微信、QQ、钉钉等平台,但无论选择哪种方式,都需要学生把作业拍成照片上传,老师对着照片批改,作业中出现的问题如何反馈,学生看到批改后的作业仍有疑问,怎么解决?换句话说,这种缺少师生互动的学习是不完美的,因此,为了解决这些问题,可以选择具有直播功能的是钉钉平台,这个平台既能够定时收发作业,同时还能够直播反馈问题。

2. 基于钉钉直播平台——及时梳理巩固知识点

作为学生,在经过第一遍慕课自主学习之后,对知识的掌握仅仅停留在表面,对布置的作业能够比葫芦画瓢式地完成,学生利用手机拍照将作业上传至钉钉的家校本上,老师通过家校本及时批改作业,实时将作业直接反馈给学生,问题较大的需要订正重新提交,这样的过程相当于学生做了第二遍作业知识的消化!根据作业所反映出来的问题,利用钉钉平台的直播功能做好线上直播辅导,对重、难点进行细化讲解,对知识点间的联系进行梳理,对易出错的地方反复强调,这样的线上直播辅导让学生对知识的框架、内容的脉络有了更为鲜明的认识,同时也能够拓宽学生的解题的思路。

任课老师在做上述钉钉直播辅导的时候,如果只是个人一味地讲,而不关注学生在线上课堂的参与度,那么这样的直播是不成功的,因为隔着电脑屏幕,少了面对面的交流,老师和学生都在虚拟的网络当中。虽然钉钉直播有视频会议功能,但这种功能会导致网络卡顿,影响直播效果,同时,老师不能在一个电脑屏幕上关注到那么多学生,而且采用这种功能之后就失去了直播回放功能,因为有的学生难免会请假缺席,这样钉钉平台的直播回放功能便解决了这个问题!因此,为了提高线上课堂学生的参与度,提高钉钉直播辅导的授课效果,可以选择在直播中引入雨课堂平台。

3. 基于雨课堂平台——及时检测自主学习效果

老师在钉钉直播的过程中主要是梳理知识点,而知识点的检查必须通过典型的例题来说明,而此时将题目用雨课堂插入转换成选择题,在知识点梳理完之后,做上一两个相关题目,能够很好地调动学生的积极性,同时能够检查学生慕课自主学习以及直播辅导的学习效果,这个过程相当于学生对只是做了第三遍作业的消化吸收。除此之外,雨课堂对答题情况有很好的数据分析,老师能够实时的掌握参与做题的人数、答对题目的人数、答错的人数,等等。针对答题情况,老师对题目的讲解分析更有针对性。从实践中以及雨课堂的数据反馈也发现,在钉钉直播授课中加入雨课堂平台确实提高了学生在网络授课中的参与度,而且对于参与度低或者答题较差的同学都能够在直播之后及时和学生本人建立联系,找出原因!

通过对 141 人(两个教学班)的线上教学满意度的问卷调查(132 人完成)中发现,学生对这种 MOOC 自主学习+钉钉直播辅导的线上教学方式满意度调查结果见图 1。这也说明这种线上教学的方式是能够满足学生学习需求的。同时对每周配合 MOOC 自主学习的线上直播辅导的必要性也做了调查(图 2)。学生对直播辅导的优点做了回答,比如,直播辅导可以帮助理解 MOOC 没有听懂的知识点,强调了一些自主学习中没有注意到的细节。可以回放反复听没有明白的地方等,同时,也指出了直播辅导中学生参与度低的问题,正因为此,在线上教学的后期直播辅导中适时地引入了雨课堂平台。

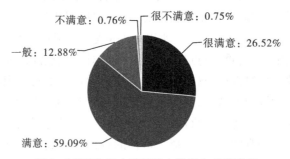

图 1 MOOC 自主学习线上教学方式满意度

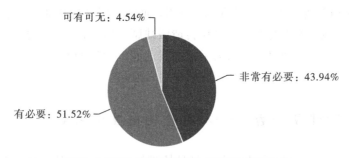

图 2 MOOC 自主学习线上直播辅导满意度

　　以上仅仅是个人在线上教学中所采取的一些做法,而实际上无论是采取哪种平台进行线上教学,都不能回避网络教学自身的缺陷,比如网络本身常常会有延迟,学生自身的自我约束能力较低,学生容易受周边环境的影响等,换句话说,任课老师永远都不知道电脑的对面,学生到底在干什么? 这种情况在线下教学是不会出现的。但是,作为老师应当在充分信任学生的基础上开展线上教学,在所能预见的一些突发状况找出合适的方式应对解决,比如课前、课中签到,抽查笔记等,也就是老师除了是老师之外,还要成为学生学习的监督者,也正因为线上教学自身的缺点,让其不能将线下教学取而代之,但需要明确的是线上教学因其灵活、方便等特点可以成为线下教学的有力补充。由此可见,如何利用好线上教学方式,扬长避短,使得线上、线下相辅相成,打造出更为高效的混合式教学,是每个老师努力追求的方向!

翻转课堂模式应用于线上教学的实践与思考

马朝忠　李国重　郭淑妹

引言

　　高等代数是我校学员入学后接触到的第一门代数类课程,它是研究矩阵理论、代数特征值等问题的基础,也是计算机应用、数字信号处理、网络开发、密码理论研究等领域的研发工作中不可或缺的有力工具,更是学员学习专业课程如电路、理论力学、材料力学、计算机图形学、信号与系统、测量数据处理、误差理论、系统动力学、自动控制原理、机械振动、仿真、密码理论等的先导课程,因此,高等代数课程的学习质量对后续相关课程的学习起着至关重要的作用。如何在有限的教学时间内,让学员理解并掌握行列式、矩阵、向量(组)及其数值计算,对线性空间和多项式理论有基本的认识,培养学员的抽象思维能力、逻辑推理能力、空间想象能力,以及数学建模能力和数值计算能力是我们多年来一直在教学中不断实践与探索的问题。

1. 翻转课堂教学模式的应用与实践

　　随着网络的不断普及和广泛使用,给教学工作注入了新的活力。通过网络,学员与教员即使相隔万里也可以开展教学活动;借助网络课件,学员还可以随时随地进行学习,打破了实践和空间的限制;师生互动、学员交流变得更加方便。这使得教学形式的交互化、个性化特点更加鲜明,尤其是在疫情期间,为了不影响学员们的学习进度,教员们积极行动,采取多种形式进行网上教学实践活动,如采用钉钉直播、微讲师等授课;通过微信、QQ进行辅导答疑;借助腾讯会议、钉钉会议等组织互动交流;利用云课堂、雨课堂等平台进行章节及阶段性测试等。这些做法极大地丰富了教学的手段,同时,更好地与这些教学手段相契合,教员们也学习应用了多种现代化的教学模式,如反转课堂教学模式,支架式教学模式等,其中,翻转课堂已经成为使用最广泛的教学模式之一。

本文从教学实践出发,对高等代数课程的教学模式、教学理念、教学方法等问题进行了有益探索。根据学员的认知特征,将翻转课教学模式应于在线教学,以问题为牵引,引导学员通过对身边现象的探究,提升学员发现问题、提出问题、分析问题、解决问题,以及进行知识延拓的能力。

1.1　翻转课堂教学模式简介

翻转课堂式教学模式,是指学员在课外自主完成知识学习,而将课堂变成教员与学员之间和学员与学员之间互动的场所,包括答疑解惑、知识的运用等,从而达到更好的教学效果。它与传统教学最大的区别在于:教员由课堂的管理者、知识的传授者转变为学习的指导者与促进者;学员由被动的学习者转变为主动的研究者;教学形式由课堂讲解与课后作业转变为课前学习与课堂研究;课堂内容由知识讲解传授转变为问题研究。这样做的优势在于:学员可以掌控自己的学习,加快或放慢学习的进度,有利于深入思考;增加了互动,这里既有师生的互动,也包括学员之间的互动,更主要的是学员之间的互动;让交流更加深入,学员在前期的学习中思考的越细致,互动交流也就会越深入,得到收获也会越大。

1.2　翻转课堂教学模式在高等代数教学中的应用与探索

翻转课堂教学模式的核心在于把知识的学习放在了课前,而在课堂上进行探讨与研究,因此,课前学习内容的设定和课上研究内容的确定就是最关键的两个问题。

1.2.1　课前学习,注重引导

高等代数概念多、定理多、符号多、运算规律多、内容相互纵横交错,知识前后联系紧密,具有高度的抽象性与逻辑性,显得零、散、乱。这是很多学习过高等代数的人的共识,事实也是如此,为此,我们经过不断的实践与总结,把整个教学内容融为一个整体,把每次课的内容融为整体中的一个结点,引导学员学会整体把握知识脉络,沿着知识结点前进,既方便记忆,又不容易遗忘;同时,针对每个节点又分成一个又一个环环相扣的问题,通过这些问题,把整个内容细节串起来,防止学员学习流于形式,而忽视对重点,难点的理解和掌握,有助于学员深入理解所学知识。

1.2.2　课中学习,强调研究

研究性学习是当代大学生必备的一项基本技能。怎样才能实现研究性学习?关键是要让学员明白研究的对象是什么,研究的内容是怎样的;重点是让学员学会从研究中发现新知识,掌握新知识,这其实就是我们常说的发现问题、提出问题,并尝试解决问题。乍一看,好像挺复杂,但是,当我们把这些问题放到高等代数的具体背景下,学员们就会立刻体会到,这些问题的提出是相当自然的,而且这些问题也是必须解决的。通常,我们都是从解线性方程组入手,学员们根据自己已掌握的知识很快可以判断出,对于二元、三元线性方程(组),可以通手工计算得到结果,但是对于多个未知数的方程组,像1 000个未知数,10 000个未知数,甚至未知数更多的情况,手工计算显然是不可行的,怎么办? 通过对这个问题的研究,由二元一次方程组的解引入行列式的概念,进一步探索,得到了cramer法则,解决了部分线性方程组的求解问题,继续讨论就会发现它存在着一个重大缺陷:它只能解决方程个数与未知数个数相等,且系数行列式不等于零的这一类方程组。在现实应用中更多的是不满足这些条件的方程组,该如何求解呢? 于是,又引入矩阵,利用逆矩阵,可以求一些方程组的解,我们很快又会发现,这种方法必须在系数矩阵可逆时才能实施,从解线性方程组的角度来讲,并没有突破cramer法则,如何解一般的线性方程组呢? 我们发现了增广矩阵与线性方程组的一一对应关系,并看到对线性方程组进行同解变形就相当于对它的增广矩阵进行初等行变换,由此,可以得到线性方程组的解。进一步分析,就可得到线性方程组的解与系数矩阵、增广矩阵的秩之间的关系,进而清楚线性方程组解的结构,以及将它应用于化一般矩阵为对角阵等。以这样一系列问题为牵引就可将整个高等代数的教学内容完全展开,同时,在这一过程中我们也注重向学员进行人文精神的渗透:由消元法开始最后又回到消元法的整个研究过程并不是简单的回归原点,而是产生了质的飞跃,这就是"一切事物的发展是螺旋式上升,波浪式前进"的基本观点。

对于个别知识结点,也是从整体上设计一个问题,然后围绕这个问题,研究一系列解决的方案,然后,对方案进行逐个分析,一步步实现对整个问题的解决,例如,矩阵的相似对角化,通过实际计算,我们发现对角矩阵的高次幂计算明显比一般矩阵的高次幂计算容易实现,于是我们就可以启发学员提出问题:能不能把一般矩阵化为对角阵呢? 如果可以,该怎么化呢,有没有什么要求和条件,是不是所有的矩阵都可以对角化呢? 当这些问题都解决了,又可进一步提示学员,矩阵的对角化除了可用于高次幂计算,还有什么作用呢? 为下一步化二次型为标准形的引入埋下伏笔,还有逆矩阵,线性相关性等等问题都是可以如此展开,它们相互联系,既是每次课的整体,又是整个高等代数课程中研究解线性方程组的一个方面。

1.2.3 课后学习,重在探索

在探索问题的设计中做到三个贴近,即贴近军事、贴近前沿、贴近生活,如我们就从军事斗争的角度阐述了我国发展"北斗"卫星导航系统的重大意义,使学员认识到卫星定位原理并不神秘,当把伪距方程线性化后,用户所在的位置就归结为线性方程组的求解,进而让学员进入对线性方程组求解的探索研究,从而认识到行列式、矩阵的重要作用;日常生活中,私密的保护已经成为每个人都绕不开的问题,而与其相关密码学中明文密文的转换就用到了高等代数中的矩阵变换,从而领略矩阵变换的神奇之处;现代人几乎天天都要与网络打交道,但搜索引擎的开发需要依赖大量的各类转移矩阵。这样,通过这些学员最关注、最感兴趣也比较前沿的问题的探索,让学员认识到高等代数知识在这些问题的解决中所起到重要作用,既引起了学员的兴趣,也让高等代数深入学员心中。

2.分析与思考

翻转课堂教学模式的在线应用与实践是高等代数教学的一次有益探索。它的最大优势在于体现了学员作为学习主体的地位,教员作为导演者与促进者的地位,可以灵活有效地创设教学问题情境,激发学员积极参与教学过程,缩短课程内容和学员实际经验的差距等。从教学实践看,利用核心问题从整体上统领高等代数课程教学内容,从问题的视角对高等代数课程进行再构建,将课程主要内容围绕"解线性方程组"这一主题展开,通过一个又一个引发学员思考的问题将主要内容有机地联系起来,形成具有层次性、网络化的课程,加强了教学内容的系统性,通过形成的网状脉络节点,引导学员驻点去探索与研究;从最贴近生活,最贴近前沿,最贴近军事的学员感兴趣的问题出发,体现高等代数的应用价值,引发学员的学习热情,调动学员的探索积极性,让学员能轻松愉快地融入学习;通过对应用问题的实验,把理论知识、基本计算和上机实验有机融合,以模拟科研的方式辅助教学,强化了学员科研创新思维和综合素质的培养。

当然,在翻转课堂教学模式实施过程中,教员设计的每个小问题的质量直接影响着教学效果。如何设计问题,把握问题的可接受性和针对性值得进一步研究;如何在高等代数的教学中进一步体现认识论、科学自然辩证法等人文精神,也需要做深入研究。另外,从现实教学看,知识的掌握是在问题解决及反思活动过程中实现的,如何引导学员在认知的基础上对知识进行深层次思考,还需要教员历练出足够的教学智慧。

基于 POA 的研究生科技论文写作线上教学设计

曲婧华　林　易　陈　聪

引言

英语科技论文写作是学术语境下英语学习的最高要求,是研究生进行学术沟通的最重要方式,也是体现其学术能力的重要指标。但是学生在撰写论文时存在不少问题,例如:逻辑不清、文献引用缺乏规范、讨论结果不充分、学术规范不严谨、语体不正式①、学术词汇贫乏②、缺乏原创性③。其原因虽有母语负迁移带来的影响,更多则是缺少系统化的科技论文写作训练。

新冠肺炎肆虐的几个月来,我们跨越时空限制,克服教与学之间的屏障,通过线上教学平台成功实现了"停课不停学",对今后的混合式教学模式的开展具有积极的指导意义。

1. 线上教学平台

语言教学互动性强,线上功能如果不够强大会严重影响授课效果。钉钉的一系列功能有效辅助我们在线上实现"产出导向法"的教学理念。

1.1　线上视频教学功能

钉钉视频会议能够满足多人在线视频教学,会议录制功能类似直播回放。与现实课堂教学差距不大,有些方面甚至优于课堂教学,例如,通过电

---

① 蔡基刚.中国非英语专业本科生研究论文写作问题研究[J].外语教学理论与实践,2017(4):37-43.

② 吴瑾.中国研究生产出性学术词汇知识深度的语料库研究[J].外语教学,2011(2):52-55.

③ 宋如华.帮助研究生突破学术论文"引言"写作关[J].学位与研究生教育,2009(10):42-44.

话面板上的共享窗口功能,班群中所有电脑界面都可以即时共享,方便师生交流和小组研讨。

1.2 钉盘的文献存储功能和文档的在线编辑功能

钉盘就像我们通常使用的云盘,师生均可以上传、整理、修改文件。盘中文件还具备多人同步在线修订功能,给我们在线批改作业提供了极大便利。师生甚至可以通过在线视频,就同一作业界面,边讨论边修改。

1.3 重要消息随时发送,已读未读一目了然

传统的微信无法得知每位学生是否及时阅读了教师发送的信息,而通过钉钉就可以做到一目了然。对于未及时阅读信息的学生可以通过钉钉的未读功能提醒他们及时阅读。

2. 产出导向法

"产出导向法"(production-oriented approach,POA)[①]是文秋芳教授针对我国高校外语教学现状提出的一种有中国特色的全新外语教学理论。该理论主要包括"教学理念""教学假设"和"教学流程"三个核心内容。"教学理念"是"教学假设"和"教学流程"的指导思想,决定着课堂教学的目标和方向。其中的"学习中心说"(Learning-centered Principle)主要是针对传统的"以学生为中心"的教学理念,认为所有的课堂教学活动都要服务于有效学习。"学用一体说"(Learning-using Integrated Principle)提倡输入和产出的紧密结合、融为一体。"教学假设"是课堂教学环节的理论依据,主要由四部分组成:"输出驱动"假设(Output-driven Hypothesis)颠覆了传统的"输入→输出"教学模式,强调"输出"对"输入"的反作用,采用全新的"输出→输入→输出"教学流程;"输入促成"假设(Input-enabled Hypothesis)强调教师的"恰当输入"对于学生"促成"的引领作用和积极效果;"选择性学习"假设(Selective Learning Hypothesis)认为,与非选择性学习相比,选择性学习能够产出更优的学习效果[②③];"以评促学"主张在教师专业引领下,打破"学"与

---

① 文秋芳.构建"产出导向法"理论体系[J].外语教学与研究,2015(4):547-558.

② Hanten G,Li X,Chapman S B,et al. Development of Verbal Selective Learning[J]. Developmental Neuropsychology,2007,32(1):585-596.

③ Miyawaki K. Selective learning enabled by intention to learn in sequence learning[J]. Psychological Research-psychologische Forschung,2012,76(1):84-96.

"评"的界限,将评价作为学习的强化、深入阶段①。"教学流程"包括驱动(motivating)、促成(enabling)、评价(assessing),是实现"教学理念"和检验"教学假设"的方法、步骤和手段。POA教学理论论强调教师在教学过程中的"中介"作用,对科技英语写作教学具有积极的指导作用。

3.研究设计

3.1 线上教学模式的构建与流程

英语科技论文写作属于我校研究生应用英语系列学位课,开设于第二学期,实施分级、小班化教学,由写作Ⅰ、写作Ⅱ、写作Ⅲ三个级别组成,授课难度和结课要求逐级提高。我们依据POA教学理论和假设构建线上教学模式,从"驱动""促成""评价"三个环节对该课程流程进行设计(图1)。

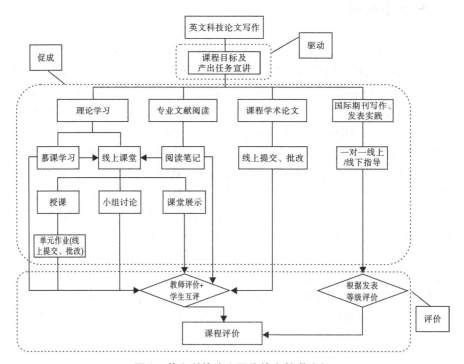

图1 英文科技论文写作线上教学流程

① 文秋芳.产出导向法的中国特色[J].现代外语,2017(3):348-358.

3.1.1　产出"驱动"

与传统的外语教学不同,POA将产出"驱动"置于课程以及每单元教学的初始阶段。开课伊始,教师通过网上问卷调查,了解学生的英文水平、英文文献阅读情况、学生及其导师撰写和发表英语学术论文的情况,以及导师对学生在读研期间发表学术论文的要求,等等,并通过课程介绍向学生阐明本课程的教学目标以及产出任务。不同级别的学生,产出性写作任务略有不同。写作Ⅰ的学生在课程结束时需要撰写一篇英文摘要。写作Ⅱ的学生要撰写或翻译一篇英文学术论文或综述论文,具体形式由学生与导师协商后确定。写作Ⅲ的学生不仅要撰写一篇本专业领域的学术论文,而且毕业前必须发表。无论哪个级别,只要毕业前能够在国际期刊或国际学术会议上发表学术论文,就能够获得特别加分。通过对产出任务的了解,学生会产生一定的学习压力和动力,从而获得"驱动"。

3.1.2　产出"促成"

学生根据产出任务的具体要求进行选择性学习。我们要求学生与导师进行交流和沟通。首先要了解本专业领域重要期刊、会议和学者。其次,在课程开设期间至少阅读5~10篇导师推荐的英文专业文献,并提交详细的阅读笔记,包括专业内容、语言形式、话语结构等。大量的文献输入为学生产出性写作提供了高质量、专业化的语言范本,也为教师授课提供了重要的语料来源。

为了提高授课效率,我们还利用线上教学的优势,在众多写作慕课中给学生推荐了学堂在线的一门课程。通过慕课提前进行产出性输入有效保障了线上课堂的教学效果。

在文献输入和慕课输入的基础上,我们利用钉钉组织线上课堂教学,指导学生从大量文献输入中筛选、总结产出任务所需的学术语篇的语篇特征,同时,依据专业方向成立4~5人的研讨小组,进行小组讨论,搜集、整理文献中的通用型学术词汇、专业学术词汇、句型、专业表达;明晰英文文献撰写的学术规范;分析、总结本专业方向的论文范式和论文结构;总结论文不同部分的语步特征、时态、语态;推荐实用的文献管理软件、词典、检索工具、语料库、写作网站。教师审阅各小组的总结,推荐并指导优秀小组进行汇报展示。同时,鼓励学生在产出任务中逐步形成富有个性特征的自我表达。

针对课程学术论文,我们一开始就要求学生选定某一国际期刊为目标期刊,并严格按照该期刊的格式规范进行写作。为了降低课程论文的产出难度,我们将之分解成若干子任务,分阶段逐步完成。这样,随着课程的推进,学生的课程学术论文也就逐步完成了。这样既有效缩短了产出与输入之间的时间差,又不会因内容过多而给学生带来太大压力和恐惧感,同时也不会出现因为课程后期时间不够学生应付了事的现象。

经过英语学术写作实践,会有更多的学生自愿选择撰写和发表英文学术论文。教师可以通过后续指导进一步实现产出"促成",而钉钉的即时视频通讯功能为我们今后的线上指导提供了高效的沟通平台。

在产出"促成"中,教师就像建造一座大楼过程中必不可少的"脚手架",起到辅助支撑作用。教师可以利用钉钉文献的在线编辑功能进行在线批改作业。批改完毕后学生能及时接收到通知,随时进行在线查看。"脚手架"的作用固然重要,然而如果总是依赖它的支撑,一座大楼永远不可能拔地而起。经过实践,我们发现,批改后的反馈作用远大于批改本身的作用,这样才能提高学生的学习责任感,逐步降低自己的"脚手架"功能①。反馈沟通可以采用两种形式:一种是总结学生在产出性作业中的共性问题,在线上课堂教学中集中进行解析;另一种就是发挥钉钉平台的即时视频通讯功能和界面共享功能,进行一对一的个性化指导。这种指导虽然需要教师投入大量的时间,但效果斐然,对后期指导学生撰写和发表专业学术论文也有很高的实用价值。

3.1.3 产出"评价"

"产出导向法"始于产出,止于产出,特别重视对学生产出结果的有效评价②。为了发挥产出"评价"的促学功能,该课程增加了评估的维度,即,课程总成绩=基础成绩+国际期刊写作发表实践。基础成绩=形成性评估课+课程学术论文,在结课时评定。其中,形成性评估由出勤率、课堂表现(包括课堂展示、小组研讨等)、单元作业、慕课学习、文献阅读笔记等构成。国际期刊写作发表实践的成绩在毕业前依据发表期刊或会议的等级评定,作为奖励加分。这种延时评价的方式(文秋芳,2015)不仅实现了评价的多维度,而且解决了一次性评价缺乏后续性激励问题。在评价主体方面,我们综合了教师评价、学生互评、师生合作评价等方式,实现评价主体的多元化。

3.2 线上教学效果评估

为了验证教学效果,课程结束之后我们对参与写作课程学习的 272 名学生进行了问卷调查。调查结果表明,14 道题平均分为 4.435,说明受试对象

① De Pol J V, Volman M L, Beishuizen J J, et al. Scaffolding in Teacher – Student Interaction:A Decade of Research. [J]. Educational Psychology Review,2010,22(3):271 – 296.

② 文秋芳."师生合作评价":"产出导向法"创设的新评价形式[J].外语界,2016(5):37-43.

整体满意度较高。本文将14道题的均值从高到低进行排序（表1）。

表1　2020年春季学期研究生英文科技论文写作调查问卷

题项	题项描述	平均分
1	该课程对我们的英文论文发表有帮助	4.54
3	论文撰写或翻译有助于提升我的专业英语写作能力	4.50
7	任课教师对任务完成情况的反馈对我很有帮助	4.50
13	课堂上的师生双向交流非常好	4.50
2	课程将英语学习和专业研究相结合,提升了我的学习积极性	4.47
4	课程评价(包括论文撰写发表情况),激发了我学术论文写作的积极性	4.46
8	我能够在阅读专业文献时做笔记	4.45
9	我对该课程的教学方法非常满意	4.43
10	我对该课程的教学手段非常满意	4.43
11	该课程的教学内容非常丰富	4.41
5	小组合作学习促进了同学之间的学术交流	4.39
6	小组成员进行论文同伴互评,加深了我对学术论文写作的了解	4.37
12	该课程的考核方式非常合理	4.37
14	本学期在线学习效果和线下学习效果一样好	4.27

本课程学生需要完成的各项输入任务和产出任务都与其专业学习、科学研究、国际论文发表的现实需求紧密相关,说明我们的课程具有较强的动机激发作用(题2均分4.47)。课程评价,尤其是延迟评价进一步强化了动机的激发作用(题4均分4.46)。学生对本课程对其英文学术论文发表的积极促动效应感受明显(题1均分高达4.54)。尽管只有三分之一的导师要求学生发表英语学术论文,但三分之二以上的学生在课程结束后都有论文发表意愿。

该课程把理论学习与课程学术论文实践紧密结合,并将大任务分解成多项产出性子任务,促使其更有针对性的"选择性学习"。在真实语境的引领下,学生通过不断的产出练习实现多次"输出驱动"与"输入促成",其专业写作能力提升明显(题3均分4.50)。经过课程学习,学生逐步养成了良好的阅读和学习习惯,有助于今后的学习和科研(题8均分4.45)。

总体而言,学生对该课程的教学内容、教学方法、教学手段比较满意(题

11 均分 4.41，题 9 均分 4.43，题 10 均分 4.43）。虽然是线上教学，由于我们采取了多样化教学手段，空间距离没有影响到师生之间的双向交流（题 13 均分 4.50）。但是，线上学习毕竟有其局限性（题 13 均分 4.27），除了网速问题，学生反馈最多的是学习环境嘈杂，难以专心学习，以及自律性、注意力差，时间管理有困难，个别学生甚至存在挂着网课做其他事情的情况。这说明，混合式教学比单纯的线上教学更有其合理性，是今后教学改革的方向。

学生对小组合作学习和互评的满意度相对较低（题 5 均分 4.39，题 6 均分 4.37），主要原因在于研究兴趣和专业背景差异较大。相对而言，学生对任课教师评价和反馈的满意度较高（题 7 均分 4.50），这说明教师的"引领"和"脚手架"作用是不可或缺的。然而，受教师课程负担重等现实情况制约，加上 POA 要求学生完成的产出任务频次高、类型多，如何提高教师反馈的及时性、扩大惠及范围，是该模式在实施过程中的重大挑战。

结束语

本文依据"产出导向法"的"学习中心"和"学用一体"的教学理念，以线上教学平台为依托，以专业学习为载体，以产出性写作任务为驱动，以评价促学习，构建基于"驱动—促成—评价"的研究生科技英语写作线上教学流程，取得了较为满意的教学效果。希望有更多的同仁对这个"具有中国特色"的教学理论进行深入研究，为研究生英语写作教学提供新思路和新方法。

在线教学中思维导图法自主学习模式初探

李 奇 杨晓娜 岳彩青 张 晖

引 言

随着知识更新速度的加快及学科信息量的快速增长,大学生只有拥有较强的自主学习能力才能适应学科和社会发展的需要,特别是新型冠状病毒疫情下高等理工科院校以在线教学为主的现状,急需大学生具备自主学习能力以完成在线课程学习任务、达到在线课程学习目标,培养和提高大学生的自主学习能力显得迫在眉睫。近年来,教育者对如何培养大学生的自主学习能力愈发重视。国内外学者就此开展大量研究,其中思维导图就是一个行之有效的工具。研究表明,思维导图可以帮助人们改善思维,提高自主学习能力,大大增强学习及工作效率[1][2]。

1. 思维导图法自主学习模式的不足与思考

1.1 传统学习方法在培养学生自主学习能力方面的不足

在教学中,若教员延续引导传统学习方法于学员,学员也习惯于使用传统学习方法,学习效果会存在不足。原因可能有:

(1)传统学习方法在培养学生自主学习能力方面存在不足,主要表现为教员惯于布置常规作业任务考察学习效果,优点是有标准答案便于批改、换届教学中可重复使用,但学员极易应付式就题做题,学习主动性较差;学生在预习时大多以翻阅一下教材来完成预习任务,可能只达到对于概念词语

---

① PAUL F,FEARZANA H,ENID H. The efficacy of the mind map′study technique[J]. Medical Education,2002,36(5):426-431.

② DEEPALI D D,VARSHA M. Mind map as learning tool in anatomy[J]. International Journal of Anatomy and Research,2013,1(2):100-103.

的熟悉,预习效果不佳;听课时,多为接受学习,学生在理论课上疲于记录常规笔记,以线性笔记为主,记录密密麻麻文字,花费大量课堂时间,缺乏积极思考,极易课后温习时不愿再查阅,也会导致出现漏听部分内容的现象;实验操作时单纯模仿教师动作,死记操作流程,达不到对实验原理和实验过程设计的掌握,复制式操作,对操作问题只问不自主探究,易产生厌倦感,降低学习兴趣。

（2）传统学习方法有待提高,成为一个更加有效的信息加工和重组策略。在与学生交流中,有学生反映课堂授课进度按照节奏只快不慢,内容按照一个一个知识点独立更新,没有缓冲和反刍时间,有时难以消化,这说明缺乏有效的信息处理能力会影响到学员对新知识的提取、加工和构建,导致所学知识都是一些杂乱的碎片,难以形成一个整体的印象和把握,故难以发现自己真正的学习缺陷和学习需求①,特别是目前高等院校均以在线教学进行授课,缺少教员的监督,以学员自主学习为主,急需有效的自主学习模式,传统学习方法显得不足。

1.2 思维导图法自主学习模式的思考

1.2.1 浅谈思维导图

思维导图是由英国"世界大脑先生"东尼博赞于1968年发明、1974年开始被全球推广的思维工具。构建思维导图的思维是一种放射性思维,它体现了人类大脑的自然功能。它以图解的形式和网状的结构来存储、组织、优化和输出信息,被誉为"大脑的瑞士军刀"②。近年来,国内外教育工作者对思维导图的关注度越来越高。其中,北京师范大学赵国庆博士从教育学角度对思维导图进行大量研究,表明导图是个很好的思维训练方法,认为掌握了思维导图这把利器,将长期享用其带来的思考"红利"③。思维导图法要求学员"做中学",在绘制过程中梳理、学习知识,符合金字塔学习原理中主动学习的实践方式,达到75%学习效果。随着信息技术的普及推广和工具软件的不断推出,思维导图已经成为信息技术与课程整合的有效手段之一。思维导图作为一种有效的教学辅助工具,如果应用到在线教学中,将可以很好地帮助教师促使学员自主学习。

---

① 赵莉,刘婷婷,冷婷.护理专科学生学习倦怠的原因调查及对策[J].川北医学院学报,2013,28(6):579-582.

② 刘艳.你一学就会的思维导图[M].北京:文化发展出版社,2017.

③ 赵国庆,杨宣洋,熊雅雯.论思维可视化工具教学应用的原则和着力点[J].电化教育研究,2019,40(09):59-66+82.

1.2.2 思维导图法自主学习模式的优势

（1）是学员自主学习所急需的有效自主学习工具

思维导图是一种可视化的知识表征工具，其注重全脑开发，图文并重，能够将内隐的思维过程具体化、外显化。思维导图呈现多彩的图样式、严谨的逻辑脉络，再加上软件绘制的优势，使得导图的应用更加赏心悦目、易坚持、易执行且高效。

（2）是疫情期间在线教学所需求的有效自主学习模式

在线教学中网络课程的学习更需要自主学习的能力，教员不能直接接触到学员，急需教员促使学员养成有效的自主学习模式。思维导图正是科学有效的学习策略。学习者可利用其帮助自己组织思考过程、构建知识框架、有效处理信息、增强记忆效果，从而提高自主学习能力。同时在网络集体交流中通过展示各自作品便于他人理解各自想法，达到相互顺畅讨论、分享经验并在轻松愉快的氛围中共同进步，也有利于教员把握学员对讨论知识点的掌握程度，并给予恰当的总体指导和个性反馈。

（3）可以很好地完成在线教学中学习效果的检测和督促

一个完整的章节导图建构，是需要学员深入思考、精心整合知识点，进一步构建成一张层次分明、色彩丰富的图。这就促使学员边绘制边思考，因此它的完成程度和逻辑结构在很大程度上可以反映学员学习的态度和效果。在线教学中，由于受限于屏幕头像观察、软件迟缓互动，学员学习程度不好把控，但教员要求学员绘制知识点导图，即可判断理解程度，又可督促学员深入思考，有利于在线教学中有效的教学。

（4）思维导图是深入学习的必要

目前，学习呈快餐式、碎片化现象，而思维导图能把零散的知识点整合起来，连成线，构成面，组合成个人的知识网络。预习时使用导图，利于掌握新内容的层次和要点、标记疑惑之处，便于课堂上有针对性地听讲。理论及实验授课时使用导图笔记，对信息二次提炼，一线一词，层次清楚且重点突出可节约时间，紧跟教师思路，且方便需要时快速回忆检索，同时可随时延伸和补充内容，方便课后可进一步复盘，完成学员自我反思，达到深入学习。

（5）思维导图也是教员坚守以学生为中心教育理念的需要

与传统学习方法相比，思维导图更注重培养学习者的主动性并关注思维过程，贴紧以学生为中心教育理念，特别是疫情期间，教员在线教学中引入思维导图可以很好地发挥学员的主体地位，促使学员主动思考，如学生通过绘制思维导图可发现自己的学习缺陷，明确学习需要，并主动查阅资料加强理解。

结束语

思维导图自主学习的应用,适应在线教学中学员拥有绝对学习自主性的环境,能给学员提供足够自主的空间、足够活动的机会,能让学员积极地、深层次地思考和剖析教学内容,能激发学员强烈的学习需求与挑战的产生,能给学员带来豁然开朗的感受,从而实现有效自主学习,同时有利于在线教学中教学效果的监控以及教学目标的完成。

本论文初步研究将思维导图带入教学中,应用于学员的自主学习,帮助解决在线教学中教师有效教学和学员自主深入学习的问题。思维导图看似简单实则功效强大,相信随着对其研究的逐步开展,这一极具潜力的教学策略和思维工具定会在教学中大放异彩。

课程思政篇

"师者,所以传道授业解惑也"

——韩愈《师说》

以人为本　唤醒灵魂

王　伟　陈　超

引言

当老师不在身边,当要求无法"硬性",学生该怎样学习、教学该怎样落实? ……这样的问题,摆在疫情期间的每一位教员面前。与其他正在开展网络教学的文化课不同,军事技战术课程偏重于技能实践,教员通常边讲理论边带领学员们瞄准击发、摸爬滚打……学员通过学与练的结合,逐渐心领神会、水到渠成。这样的教学不宜透过网络实施,自学自练是当前学员进行居家军事训练的主要途径;此时,教员的主要作用不应是"远程投送""伴随督导",而应回归教育的本质,唤醒学员的自觉自省,增强其主动性和内生动力,使军事训练恢复常态、迸发生机。

1. 疫防期间军事技战术教学的探索与思考

教育的本质是什么? 哲学家雅斯贝尔斯有着经典的描述:"一棵树摇动另一棵树,一朵云推动另一朵云,一个灵魂唤醒另一个灵魂。"[①]疫情期间,似乎每一位家长、每一位老师,心中都存在焦虑,总担心学生学习不够主动、达不到要求。疫情造成了隔离,教员即使竭尽全力,也无法监管到每一位学员;疫情带来了思考,教员应当提升,要用心去唤醒每一个灵魂。在当前的教育中,教员应该更加关注于"三观"的塑造、榜样的示范、自信的培育,使学员成为人格完整、内心充盈的人,当"要我学"变成了"我要学",一切自当迎刃而解。

---

① 雅斯贝尔斯.什么是教育[M].邹进译.北京:生活·读书·新知三联书店,1991.

2. 课程思政是首位

疫情无疑是一场大考,当下的每一个人都应当思考:"我要做些什么、应该怎样做?"年轻的学员,大多不存在眼前的现实压力,远离校园与师长,容易荒于学业。作为教员,不能一味地严厉与苛责,或单纯以繁重作业锁定学员的时间,而是要更加注重立足于教学,针对"立德树人"这一根本任务,有意识地开展课程思政,引导学员思考"价值意义在哪里、做人做事为什么"等带有根本性的人生课题,塑造正确的世界观、人生观、价值观,成长为"爱国、励志、求真、力行"的时代新人,从而"只争朝夕、不负韶华"。提纲挈领、纲举目张,课程思政无疑是管总的、摆在首位的。

疫情之初,教研室通过网络召开教学研讨会,关于课程思政,教员们的想法是一致的:要利用网络,上好"开学第一课""日常辅导课"。在网络上,教员和学员共同回顾党中央、习主席带领全国人民众志成城、戮力战"疫"的艰辛历程,通过转发与分享,大家为每一个中国奇迹而自豪、为每一个中国故事而流泪,从中感悟党的英明领导、中国特色社会主义制度的巨大优势,激发出强烈的报国热忱。不少学员表示要好好学习、增强本领,当党和国家需要的时候,像战"疫"英雄那样挺身而出、担当大任。当网络上出现杂音、辱国言论时,教员和学员们都能立场坚定、旗帜鲜明地加以抵制和唾弃,教育是相互的,既教育了学员,也教育了教员,大家以实际行动回答了"培养什么人、为谁培养人"。在教员发送给学员的学习资料中,也有意地融入了很多案例,比如射击教学中,向学员介绍朵英贤科研报国,战伤救护教学中,给学员讲述麦贤得、徐洪刚浴血奋战。虽然这一个个姓名教员耳熟能详,但年轻的学员们却已很少知晓,教员要做的就是不断强化自觉传承的政治责任,通过教学赓续革命血脉、传递红色基因,教导学员们沿着英雄前辈的足迹砥砺前行,不论身处何种困境,都要成为祖国和军队需要的人。

3. 榜样示范是正途

想教育别人,先端正自己,树立一个好榜样,以教员的行动号召学员的行动、以教员的人格影响学员的人格,这才是最直接有效和健康的教育方式。疫情之中,教员首先要自省:"有没有荒废和空转,有没有计划与落实?……"身教甚于言教,只有自己做好了,才谈得上"摇动"与"推动"。

当在线教学准备之际,教研室就了解到涉密与实践类课程"返校后实施"政策,一年一度的联考也暂无音信,但教员们没有选择旁观,而是主动参与。各课程教员悉心在互联网上寻找参考资料,在最短的时间里将搜集的视频、文字、图片等资料整理有序,赶在原定开课时间前,通过大学发送给各位学员。其实,高质量且适合教学的涉军的资料在互联网上并不好找,需要教员"网"海捞针,比如射击技术视频,我国的很少,而美国民间枪械文化发达,相关视频资料非常多,枪虽不同,但讲的道理却是相通的。即便找到了,也要一遍又一遍地看,一个字幕一个字幕地过,必须找到政治、品位、技术……全面合格的资料才能选用,又要按照知识体系重新排列组合,学员看到的是几分钟,里面却有着教员的久久功。值得欣慰的是,学员也动了起来,通过微信群、钉钉群、腾讯会议等渠道定期与教员联系、向教员请教,欣喜地向教员报告自己的心得体会,和同学们分享自己在网上的"新发现",也有一些学员"不分昼夜"地私信教员,教员们也是毫无保留,全时在线回应。网络的两端,学员和教员都能感到彼此的努力。

4. 信任鼓励是关键

疫情期间,有不少家长因为居家学习自觉性的问题与孩子关系紧张,在我们的文化传统里,"食指的教育"往往多于"拇指的教育",却不能很好地触及学生的内心,这个问题,正是教员们所关心关注的。使一个人值得被信任的唯一方法就是信任他,尊重每一个学员,及时发现并赞扬他身上的闪光点,让学员肯定自己,形成向上向好的良性循环,自觉追寻真实、积极、有意义的人生,这就是信任的价值、这便是鼓励的力量,也正是教员需要把握的关键。

为了筹划今年的联考,教员们在去年试点的基础上,对军事技能考核方案进行了再次修改与细化,使之更贴近实战、更贴近实际。完善过程中,教研室多次与机关、保障部门沟通,大到定向越野路线的重新规划、小到新式北斗手持机的申领,都能考虑在前、措施在前;通过学员队,教员们向学员讲授经验,帮助学员制定月、周训练计划,只谈总体、不谈具体,倒逼学员结合自身实际、发挥聪明才智,制订出个性化的训练方案。当一份份计划通过网络反馈回来时,教员更加看重的是学员的投入与热忱,提醒的只有:安全、安全、安全! 点评的只有:鼓励、鼓励、鼓励!

结束语

什么是好的教育,显然不仅是传授学员外在的知识,还要挖掘他们内在的潜能,使他们认识世界、认识自己。立足于人、面向生命,只有唤醒学员的灵魂,激发他们进行自我教育,才算得上真正的教育。困境常有而教员不常有,教员只能带领学员走或短或长的一程,学员不能也不会永远跟在教员身后,今后依靠的只能是自己的信心与勇敢,他们应当成为全面发展的人。苏格拉底曾说:"教育不是灌输,而是点燃火焰。"军校也常说:"聚是一团火,散作满天星。"愿教员是那点火的人。

浅析思政课线上直播教学的质量提升

任仕坤　吴　楠

高校思政课从面对面的课堂教学转向以网络技术为依托的线上直播教学,这对思政课教学带来一些新挑战。面对挑战,要改进教法,要更加注重教员主导和学员主体相统一、价值引导与知识教育相统一、教学内容和教学形式相统一、教学过程与教学实效相统一,不断增强思政课的思想性、理论性和亲和力。让青年学员积极参与思政课教学,以优质的内容吸引人、以鲜活的形式打动人,促进思政课线上直播教学的质量提升。

1. 思政课线上直播教学存在的问题

1.1　思政课线上直播教学师资水平问题

1.1.1　教育理念不够先进

教育理念是教员进行教学的思想灵魂,是指导教员教学行为的指南。正确的教育理念(包括教师观、学生观、师生观、评价观),在教学中会产生积极作用。当前,军内高校编制体制调整对部分教员思想有影响,有个别教员考虑进退去留,也不免会对教学产生冲击,造成一些负面影响。

1.1.2　专业知识不够全面

教员应能准确把握课程知识内容体系、逻辑发展脉络,包括该学科有关的历史渊源、理论实践、组织框架等。近年来,军内高校因编制体制调整新招收了大量文职人员,不少人还不能完全胜任教员岗位,一些年轻教员刚取得岗位资格且缺乏经验,造成现阶段新教员线上直播教学效果一般。

1.1.3　信息技术不够熟练

教员只有与时俱进,在实践中不断学习探索,不断提高信息技术能力,把课程内容与技术完美契合,才能实现线上直播教学优质高效。目前,高校中的一部分年龄较大的教员因为对新技术新媒体接触少而不了解、不会使用,尤其是多年传统线下教学思维的惯性,从而产生对线上直播教学有抵触心理。

1.2 思政课线上直播教学内容设计问题

1.2.1 教学内容比较陈旧

因疫情突发,按照"停课不停教、停课不停学"要求,多数思政课程强推线上直播教学,时间紧任务重,仓促之下难免存在教学内容陈旧而没有因时而变的问题。有的教员未能准确把握每章线上直播教学的重难点,教学设计中少讲、精讲内容有偏差,没有做到详略得当,不能因势利导。

1.2.2 教学内容贫乏单一

目前思政课线上直播教学内容过于单一,没有形成理想状态中的线上线下相结合、直播录播相结合、直播课堂和考试作业系统相结合等多个教学形态和工具的有机结合,也就难以实现理念中的课堂教学效果。

1.2.3 教学内容脱离实际

有的教员将精力过多放在熟悉线上直播技术上,忽视了学员的专业特征、历史基础和接受能力,没有做到因材施教;有的教员没有结合班级具体情况筛选和整合微课、短视频、习题等线上直播教学资源,没有因地制宜因时制宜;有的教员未根据学员在各周学习中的疑问点、当下热点问题进行互动设计,互动不够。

1.3 思政课线上直播教学平台展示问题

1.3.1 网络平台不够稳定

前期思政课网络直播教学实践过程中,经常出现断网、卡顿、迟延等情况。当然这与直播时听课者的网络也有关,但是总体来看,线上直播平台在目前的网络环境下出现断网、卡顿、迟延等概率还是很高的。断网、卡顿、迟延等情况造成了教员授课 PPT 展示的不连续,交流互动不流畅,影响了整个课堂的连贯性,并且伴随着视频使用的增多,这种情况越明显。今年 4 月在使用钉钉直播平台实施教学时就曾出现了服务器崩溃的情况,对正常教学实施冲击较大。

1.3.2 网络平台权限受限

线上直播平台普遍来自于需求单位的购买和有限程度的免费开放,因此,一般体验使用界面近乎千篇一律,没有期待的惊艳的组件和元素出现在直播教学工具上。很多具有视觉冲击明显、听觉表现强劲、网络传输高端的

组件工具往往需要收费使用,没有教学资金保障而进行的思政课线上直播教学只能走将传统教学内容机械搬到网上的朴素路线,对于思想活跃,追求新奇的年轻人来说,这无疑显得落后不足。

1.3.3 网络平台特点不一

目前各平台的服务流程不尽相同,造成教学实施体现的优势也不同。通过对腾讯课堂、雨课堂、腾讯会议、微信直播、钉钉直播等多个平台的考察,每个平台均有每个平台的优势与不足。以腾讯课堂与钉钉直播为例进行比较的话,腾讯课堂在师生互动上优势明显,而钉钉直播在学员复习上则表现抢眼。腾讯课堂学生可以打卡、连麦上镜互动、答题器,有讨论区互动,也可只看老师发言,专注上课,互动性相对高。但钉钉直播虽在课堂互动方面略显不足,却在课程结束后,教员可通过"家校本"布置课后作业,让学员提交,课程内容可无限回放,随时随地回看课程,让学员们复习。网络平台特点不一会给教员选择平台上带来很大困扰,从而耽误大量备课时间和精力。

2. 思政课线上直播教学应把握的原则

2.1 坚持教员主导与学员主体相统一

在思政课线上直播教学过程中,教员主导不可或缺。思政课教员要充分发挥自身主动性、积极性和创造性,去设计讲解的内容、采取的方法、达到的预期,尤其在当前以线上开课为主要形式的思政课教学中,在搜集整理提供教学资源的基础上,更要突出教员的主导地位和引导作用,成为学员锤炼品格、学习知识、创新思维、奉献祖国的引路人。同时,"以学员为主体"是思政课教学的宗旨,学员既是教之对象更是学之主体。要坚决摒除网络教学中学员空身课堂、消极刷分的不良行径,充分发挥学员主体作用:一是积极配合,全面按照教员的教学安排切实推进;二是科学建议,结合自身需求与喜好对教员教学内容和教学形式提出建议;三是主动评价,根据教学过程与教学效果对教员教学客观评价,实现思政课教员主导与学员主体相统一。

2.2 坚持价值引导与知识教育相统一

思政课教员线上教学活动的目标首先在于思想引领和价值塑造。疫情防控紧要关头,面对无知或敌对分子的各种消极、负面的消息,如评论、博客及跟帖,必须坚守科学、正确的价值导向,加强爱国主义以及社会主义核心价值观教育,结合疫情防控讲好理论自信、道路自信、制度自信、文化自信,积极引导学员树立正确的世界观、人生观和价值观,同时,线上教学还需传播知识,在传播知识的过程中,课本无疑是最基础的,但不是唯一的,现实生活与社会实践所见所闻所思也是知识的重要来源。高校思政课教学无论采取什么样的教学形式,与所有课程教学目标一样都是让学员学有所得,学有所成,学有所悟,真正实现思政课线上直播教学价值引导与知识教育的有机统一。

2.3 坚持教学内容与教学形式相统一

内容决定形式,形式服务内容。如果形式偏离或大于内容,那只会适得其反。曾有段时间,有的地方高校思政课教学就过分重视线上教学形式,甚至完全脱离线下思政课教学,从而偏离内容,最终收效甚微,因此,在疫情冲击思政课教学形式被迫转变的特殊时期,更要理顺教学内容与形式的内在关系,实现二者的高度统一:一方面,要明确思政课教学内容一定要紧扣时代之问、现实之维,引导学员关注疫情,关注先进事迹,关注各个平台各类信息和报道,加强爱国主义教育、社会主义核心价值观教育、大德公德美德教育、法律规范教育等。另一方面,要合理利用和有效创新思政课线上教学形式,不能搞怪线上直播而博关注博眼球,要利用好线上直播教学、线上研讨交流等教学形式,使其契合思政课教学内容开展和创新,从而传播正能量,发出好声音。

2.4 坚持教学过程与教学实效相统一

思政课教学要切实取得实效,需要从教学过程的设计上认真把握与深刻反思。思政课的创新发展和课堂教学的终极目标在于提升教学实效和质量,增强思政课的吸引力和感召力,让学员学有所得、学有所成、学有所悟;一是,教学实效具有时间维度,它不是定格在一次精彩的线上教学课堂,而是源自于对常态化的、持续性的、有实实在在效果教学的反复考量;二是,教学实效具有价值维度,一个教学活动是否有效,取决于教员的自评,同行的互评以及学员的他评,如果连教员自己都不满意的课堂自然不是好课,自然没有教学实效。如何才能激发学员学习兴趣,引起学员共鸣,提高学员学习效率,需要教员站在实效的高山上科学设计与安排,力争做到教学过程与教学实效的统一。

3. 思政课线上直播教学质量提升路径

3.1 足够充分的线上教学准备

3.1.1 教学内容准备

第一,要因时而变,结合当下疫情现实,正确把握思政课教材内容、教学目标,以及各章节在整个课程中的地位差别,进而全面地学习分析加工。

第二,要因势利导,线上直播教学经常出现学员注意力不集中、中途离开课堂等现象,为此,教师要充分掌握每章的重难点,详略得当地做好教学设计,将少讲与精讲相结合,侧重对教学重点进行有效点拨,减少不必要的内容安排。

第三,要因材施教,根据学员的专业特征、历史基础和接受能力,对教材内容进行合理取舍,适当地安排好教学计划和教学详案,在教学中尽量引入生动丰富的事例,吸引学员注意力。

第四,要因地制宜,结合班级情况,有效地筛选和整合微课、短视频、习题等线上直播教学资源,并对学员在各周学习中的疑问点、当下热点问题,溯古追今,进行回应与互动。

3.1.2 课后习题设计

课后习题设计一方面,要全面综合考量,每次课的思考题都要结合讲授内容的重难点、学员的困惑点及当下焦点综合提炼而成,同时综合考虑不同层次学员特点,如本科班、参谋班还是士官班,充分发挥学科特长和专业优势;另一方面,要加强互动沟通,即思考题一般提前由本周主讲教员拿出初步方案,然后在集体备课时互相提建议,在充分讨论的基础上,最后由课程组长确定思考题目,同时,鼓励和提倡学员们相互讨论,表扬表现突出的学员,对偏离主题的学员及时引导提醒,对没有参与讨论的,进行个别联系督促。

3.1.3 集体备课研讨

首先,要选准研讨时间,集体备课一般安排在一周的最后周五或周六较为合理,因为一周教学刚刚结束,教员们可以对一周线上教学所遇到的问题以及积累的经验印象深刻,此时课程组内讨论共享最佳;其次,选取研讨内容,在集体备课时,要先总结经验和不足,针对问题请教员们提出对策、集思广益,然后讨论下周课程思考题和可能遇到的问题,做好应对预案,特别是针对后期课程讨论讲授重难点,有时还应针对过去几周的授课情况做总结讨论;再次,提出建设性意见,即以有效解决问题为出发点,在提意见时,要安排好发言顺序,有秩序地发言,避免网上备课陷入闲聊无效状态。

3.2 行之有效的线上教学活动

3.2.1 教学展示生动

教学展示生动一方面,要明确主题,即教学展示主题是线上直播教学的中心工作,既要保证学员提前预习,又要在线上检验监督,思政课线上教学不能天南海北而沦为直播卖货的俗套,例如,《思想道德修养与法律基础》课前要播放一段本节课的主题相关视频,再由教员引导切题;另一方面,教员要选好慕课,可以提前将筛选的优质慕课录制下来课堂直接展示,也可以将慕课链接发送直播群通过点击链接展示,在慕课结束后,要进行总结讲评,同时,为保证教学展示水准,原则上选取同一所大学慕课内容。

3.2.2 课堂互动有效

首先,结合课程内容和学员困惑,选取课堂提问问题,课前布置给学员提前预习准备,因为,提问法是一种非常有效的教学方法,也是一种重要的课堂教学活动,在线教学时,提问可以活跃气氛、激发学习兴趣;其次,在线教学进程中,要合理适度地安排提问,应在学员完成学习任务,对当天教学内容有所掌握的前提下进行,方式上既可以现场连麦进行,也可以抽点学员文字回复,提高互动效率。

3.2.3 课堂秩序井然

要利用好线上直播教学平台,比如用钉钉直播授课,应把握好课堂节奏,特别是课前、课中和课后这几个时间段。课前教员应组织学员签到打卡,监督学员进群上课。课中适时提问监督,防止学员空身课堂。课后要布置作业,监督课后学习,同时,课程进行时,要通过集中讨论、抢答问题等形式活跃课堂氛围,带动学员紧跟课堂节奏,维持好线上课堂教学秩序,同时通过课后导出听课时长的数据来确保学员两节课一直在线。课程结束前,一般通过询问学员是否有疑问、展示课堂笔记和总结重难点等方法去了解学习效果。

基于微积分的哲学属性探索高等数学课程思政

滕吉红　黄晓英　鲁志波

引 言

习近平总书记在 2016 年全国高校思想政治工作会议上指出:"要用好课堂教学这个主渠道,思想政治理论课要坚持在改进中加强,提升思想政治教育亲和力和针对性,其他各门课都要守好一段渠、种好责任田,使各类课程与思想政治理论课同向同行,形成协同效应。"也就是要把思政课程和课程思政有效地结合起来。自此,很多专业课和基础课都围绕着课程思政进行了探索和尝试,中国计量学院魏淑惠等对高等数学课程思政建设做了一定的探索与实践[①];西安电子科技大学杨威等人以线性代数教学为例对大学数学类课程思政进行了研究[②];上海第二工业大学罗琳对微积分教学中融合课程思政路径进行了探索[③],提出很多想法和措施,但也有一些不足之处,比如将课程思政仅仅理解为在课程教学中进行价值观引领,将"课程思政"狭隘地理解为"思想政治教育",具有一定的片面性和局限性。

课程是"课程思政"的根基,不同的课程有各自的特点和内涵,实施"课程思政",就是要在尊重课程自身特点和规律的前提下,以实现知识传授、能力培养为根本目标的同时,利用课程的优势所在,深度挖掘课程中蕴含的思政元素并融入教学中。按照创新人才培养的目标需求,结合数学的哲学属性,从具体的知识点出发,从数学理论发展史出发、从数学家们的人格魅力出发,由内及外在三个层次上,深度挖掘高等数学课程中的思政元素,引领

---

① 魏淑惠.高等数学课程思政建设的探索与实践[J].吉林广播电视大学学报,2019(10):3-5.

② 杨威,陈怀琛,刘三阳,等.大学数学类课程思政探索与实践——以西安电子科技大学线性代数教学为例[J],大学教育,2020(3):77-79.

③ 罗琳.微积分教学中融入课程思政教学路径的探索[J].上海第二工业大学学报,2019(4):294-297.

学员形成积极正确的世界观、思维观和价值观,探索数学课程思政与思政课程的内涵式、立体化融合。

1. 数学的哲学属性助力辩证唯物主义世界观的奠定

唯物辩证法是认识世界和改造世界的根本方法,是马克思主义基本原理①的核心内容,牢固掌握唯物辩证法的思想是学员提升内驱力的根本,借助数学的哲学属性②把马克思主义的立场、观点和方法融入课程中去,可以让唯物辩证法的思想有更生动、更具体的体现。

(1)理论与实践的辩证关系

哲学中经常会说,"理论来源于实践,又服务于实践",包括微积分在内的数学理论的发展也符合这一规律。比如微积分中共涉及7种积分模型,所有的积分模型都不是凭空产生的,都与实际问题密切相关——各种几何形体的质量问题、磁通量问题、环流量问题,等等,这些实际问题上升到理论后又反过来应用于其他领域的实际问题,可以说实际问题驱动是学科发展的动力之一。

(2)对立统一规律

数学的研究对象是对立的:常量与变量、直线与曲线、平面与曲面、微分与积分、近似与精确等。但是它们又是统一的:局部范围内利用常量逼近变量(极限的思想)、利用直线逼近曲线(微分的思想)、利用平面逼近曲面(全微分的思想)、利用多项式函数逼近一般函数(泰勒公式),等等,很好地阐述了对立的事物之间的统一性,这种对立统一性在学员的日常生活、课程学习和专业研究中都有重要的指导意义。

(3)两点论、重点论

两点论就是在认识复杂事物的发展过程时,既要看到主要矛盾或矛盾的主要方面,又要看到次要矛盾或矛盾的次要方面,比如介绍无穷小的概念的时候,联系第二次数学危机,对于数学危机,既要看到危机带来的冲击和影响,也要抓住危机带来的机遇和挑战,事实上,数学史上三次危机的每一次解决,都使数学在理论和思想方法上产生了质的飞越。

(4)量变质变规律

质量互变规律揭示了事物因矛盾引起的发展变化,从量变开始,质变是量变的结果,但量变不因质变而停止。在微积分中,利用微元法的思想求某

---

① 编写组.马克思主义基本原理概论[M].北京:高等教育出版社,2018.
② 张景中,彭翕成.数学哲学[M].北京:北京师范大学出版社,2014.

个量时,分割、近似、求和得到的仅仅是这个量的近似值,但由有限到无限,量变产生质变,近似化为精确;有限个有理数相加是有理数,但无限个有理数相加却不一定是有理数;有限个无穷小相加还是无穷小,无限个无穷小相加却是不定式。

唯物辩证法的基本原理可以指导学员辩证地应对危机、处理问题,比如面对这次长达半年之久的疫情,有很多学员采取积极乐观的心态,有的利用居家学习便利的网络条件主动学习数学软件、计算机软件等,化被动为主动,不断提升充实自己。

2. 数学的逻辑严密性助力科学思维观和方法论的培养

习近平总书记在考察中国政法大学时指出"青年时期是培养和训练科学思维方法和思维能力的关键时期,养成了历史思维、辩证思维、系统思维、创造思维的习惯,终身受用"。数学因为自身严密的逻辑性和推理过程的程序化,在培养学员的思维能力方面具有天然的优势,下面通过具体实例进行简要说明。

（1）历史思维

数学家克莱因说过:"作为教和学的数学,应该是发明、发现中的数学,是生长形成中的数学。要将数学放回到真实的文化背景中,按历史的顺序对其思想进行考察。"通过微积分发展的历史顺序和微积分理论逻辑顺序的不一致性,引导学员遵循认知的历史发生原理——个体的知识学习过程简单遵循人类知识的发展过程,推而广之,进而建立科学有效的学习、研究方法。

（2）系统思维

数学知识和数学理论在学习过程中是以一个一个的点出现的,但每一个知识点都是整体的一个环节,引导学员从整体的观点、系统的观点进行理论学习,培养其大局观念和整体观念。

（3）批判思维

如在介绍级数的定义时,利用定量分析法,通过对条件的具体化分析芝诺悖论中两分法,指出在某些情况下——按照某种方式减速运动时,将永远达不到终点,借此培养学员的批判性思维。

创新思维:如介绍完二、三重积分的概念之后,有的学员提出有没有四重积分、五重积分或一般的 n 重积分呢? 学习了无穷级数时,有的同学提出级数的敛散性是否只能用部分和数列的极限来确定,有无其他判定方法? 这些问题本质上都是创新思维的具体体现,另外,以数学知识为载体,还可以培养分类研究法、数形结合法、特例研究法、问题变更法、分析综合法、定性分析与定量分析法、数与符号思维、空间想象思维、无穷思维、相似类比思维、概念思维、移植思维等，这些思维与方法对于创新人才的培养至关重要。

3. 数学的文化属性助力核心价值观和文化素养的培育

在高等数学课程教学中，要在完成知识传授、能力培养等根本教学目标的同时把价值引领、传统文化教育以及德育教育融入其中，传递正确人生观和价值观。

（1）爱国主义情怀的渲染

介绍极限的概念是，重点介绍刘徽的割圆术、截杖术中蕴含的朴素极限思想；介绍反常积分时，从我国古代数学专著《九章算术》中的求"积"问题入手，以此弘扬中国优秀传统文化，强化学员的民族自豪感。

（2）知恩感恩的品格教育

介绍麦克劳林级数时，结合麦克劳林的生平，通过他为自己撰写的墓志铭"曾蒙牛顿推荐"来突出他对牛顿曾经给予他的帮助心存感激和知恩感恩的重要品格。

（3）科学的无国界性

数学发展史中关于微积分的发明权的归属问题曾经产生过争执，牛顿和莱布尼茨分别从物理和几何的角度进行研究，独立发明了微积分理论，从时间上看牛顿的发明要早于莱布尼茨，但莱布尼茨的成果公开发表的时间早于牛顿，在争执期间英国的很多数学家抵制莱布尼茨的成果，弃用他的符号，可以说在某种程度上阻碍了当时英国的数学发展，真理是没有国界的，人们要有海纳百川的气度和胸怀。

（4）积少成多量变产生质变

借助微积分的思想告诉学员"不以善小而不为，不以恶小而为之"，这与老子的"合抱之木，生于毫末；九层之台，起于累土；千里之行，始于足下"，以及荀子的"不积细流无以成江海，不积跬步无以至千里"可以说是异曲同工。

（5）目标的专一性和不畏艰难的攀登精神

费马大定理1637年由费马提出，无数数学家为之奋斗努力过，最终在1993年由英国的数学家怀尔斯得以解决。怀尔斯从1986年决心攻克这一难题，为此投入了全部的时间和精力，经历了无数次的失败，但是目标明确、排除了艰难险阻，取得了成功，另外数学学科是无数数学家在漫长的历史长河中共同努力的结果，在学科分支和专业划分更加精细化的现代科学研究中，团结协作的精神尤为重要。

结束语

数学课程的特点是内容多、知识复杂度高,对后续课程的影响大,因此在高等数学课程思政方面要注意以下几点:一是要对高等数学中的思政素材进行深度挖掘和筛选,在理论上进行系统科学的设计,实践层面上掌握好进行思政教育的时机,找准思政教育与教学内容的契合点。二是要把握好课程思政的量和度,避免出现"喧宾夺主"、课程思政冲击教学重点的情况。三是要避免把课程思政变成简单空洞的说教,"横看成岭侧成峰、远近高低各不同。"同一素材视角不同可能会有不同的效果,要尝试换位思考,站在学员的角度上去感受,从而在思想和情感上引起学员的共鸣,让学员能够自然接受,激励他们产生学习的内动力。上面我们通过一些具体的例子从三个角度说明了高等数学课程思政的实施思路,希望能由点到线、再到面,让数学课程思政更加系统化、科学化,与思政课程同频共振,产生协同效应。

研究生英语课程思政探索

林 易　曲婧华　宋德伟　王 臻

引 言

习近平总书记指出:"要用好课堂教学这个主渠道,思想政治理论课要坚持在改进中加强,提升思想政治教育亲和力和针对性,满足学生成长发展需求和期待,其他各门课都要守好一段渠、种好责任田,使各类课程与思想政治理论课同向同行,形成协同效应。"①

2020 年发生在中国新旧年之交、席卷全球的新冠肺炎疫情,给全球经济、公共卫生安全、民生等众多方面带来了持续的、前所未有的冲击,这样的社会重大事件舆论之广、影响之大、互动之深,将对青年学生的心理、思想和行为产生深刻影响。疫情中涌现出了众多可歌可泣的人物和事迹,中国政府在抗击疫情中采取的应对措施和展现出的应变能力获得了国际社会的广泛赞誉。然而在国际舆论场上也出现了借疫情污名化他国的杂音。这些客观条件既为英语教师在课程教学中实施思政教育提供了绝佳的内容和切入点,也带来了不小的挑战。将思政教育融入英语课程学习,讲好中国故事,可以坚定青年学生的社会主义理想信念和制度、文化自信,实现英语教育工具性价值与人文性价值的融合统一。

1. 英语"课程思政"的时代价值和使命担当

"课程思政"是大思政格局下的教育改革实践。它不是指增加几门思想政治教育的课程,而是将思想政治教育贯穿于课程体系的各个环节,激发不同课程中的思政元素,将知识传授与价值引领相结合,在润物细无声中立德

---

① 习近平.习近平谈治国理政(第 2 卷)[M].北京:外文出版社,2017.

树人①。

习近平总书记指出,"中国需要更多地了解世界,世界也需要更多地了解中国。"②作为当今世界最主要的国际通用语言,英语是大学生认识世界、理解世界的重要媒介,将思想政治教育贯穿于英语教学全过程,引导青年学子以批判的眼光看待欧美文化及其核心价值,既能赋予传统的思想政治教育以鲜活的生命力,又能丰富英语课程本身的内涵。

1.1 筑牢思想防线、坚守意识形态阵地的时代要求

英语教学不仅仅是语言基础能力的学习,更是学生接触欧美文化、价值观和意识形态的重要途径,因而,在教学过程中引导学生正确分析中外文化差异、甄别意识形态优劣显得尤为重要。

1.2 讲好中国故事、传播传统民族文化的使命召唤

党的十九大报告指出,"文化自信是一个国家、一个民族发展中更基本、更深沉、更持久的力量"③。随着我国快速发展和国际地位的显著提升,英语教学还肩负着一个新的使命,即赋予学生用英语讲好中国故事的能力。英语"课程思政"建设既要帮助学生提高语言技能,也要增强他们的文化自觉和文化自信,储备好"中国元素"的外文知识,在今后的对外交往中传播中国文化,让世界了解一个和平崛起的中国。

1.3 服务国家未来、培养国际专业人才的战略安排

作为国家战略规划,"一带一路"旨在与沿线国家共同打造政治互信、经济融合、文化包容的利益共同体、命运共同体和责任共同体。它给英语教育带来了机遇,更带来新的挑战。在聚焦语言能力的基础上,提升学生对"中国道路"和"中国外交"的深刻理解和精准把握,培养一大批具有深厚家国情怀、广阔国际视野并熟练运用外语阐述国家政策和维护国家利益的复合型国际化人才,这是英语教学在国家战略大局中的必然选择。

---

① 高德毅,宗爱东.从思政课程到课程思政:从战略高度构建高校思想政治教育课程体系[J].中国高等教育,2017(1):43-46.

② 人民网.习近平:人民对美好生活的向往就是我们的奋斗目标[EB/OL].http://cpc.people.com.cn/18/n/2012/1116/c350821-19596022.html,2012.11.16.

③ 习近平.决胜全面建成小康社会,夺取新时代中国特色社会主义伟大胜利——在中国共产党第十九次全国代表大会上的报告[R].北京:人民出版社,2017.

2. 英语"课程思政"的研究现状

教育部新时代高教 40 条规定"强化课程思政和专业思政""强化每位教师立德树人意识,把思想政治教育有机融入每门课程"①。为高校课堂教学如何贯彻"立德树人"根本任务指明了方向。

以"英语并含思政"为篇名,对期刊、硕博文献、会议文献进行检索(数据样本取自中国学术期刊总库(CNKI 总库)),选择时间为 2011—2020 年,一共检索到 335 篇相关文献。其中,2011—2017 年总数量不到 10 篇,2018 增长到了 31 篇,2019 年迅猛增加到了 196 篇,而 2020 年前 5 个月已经发表了 102 篇相关文献。高校对英语课程思政的研究和实践正处于前所未有的热潮当中,尤其是 2016 年以来,我国一些高校深入挖掘英语课程的思想政治理论教育资源,研究与思想政治理论课"同向同行、协同育人"的英语课程思政的构建策略、途径与方法,有些学校还结合实践进行了课程思政教学改革,取得了一定的研究成果。陈雪贞根据巴班斯基教学过程最优化理论,进行了课程思政教学实践,并提出"大学英语"课程思政实现路径②;夏文红通过全面分析解读西方文化并进行中西文化对比,引导青年学子提升民族文化自信心和自豪感③;崔永光则以核心课程"英语精读Ⅲ"中的两个单元作为典型案例分析,重点解读了实施"课程思政"教学改革的具体过程和实践策略④。

英语"课程思政"取得了一定成效,但依然存在较大的提升空间。首先是如何将德育自然地通过课程知识传递给学生,避免用显性化的方式开展思政教育;其次,如何跳出将"课程思政"局限于"课堂思政"的困境,结合不同层次学生的特点(例如研究生丰富的国际学术科研活动特点),将价值观的塑造贯穿学生在校培养的始终;最后,如何建立科学合理、创新式的评价考核体系,全面真实地反映教师的教学质量和学生的学习效果,而不是简单的指标化、数字化。

---

① 教育部.教育部关于加快建设高水平本科教育全面提高人才培养能力的意见[EB/OL]. http://www. moe. gov. cn. srcsite/A08/s7056/201810/t20181017_351887. html, 2018-10-08.

② 陈雪贞.最优化理论视角下大学英语课程思政的教学实现[J].中国大学教学,2019(10):45-48.

③ 夏文红,何芳.大学英语"课程思政"的使命担当[J].人民论坛,2019(30):108-109.

④ 崔永光,韩春侠.英语专业实施"课程思政"教学改革的可行性分析与实践研究——以专业核心课程"英语精读Ⅲ"为例[J].外语教育研究,2019,7(2):19-24.

3.疫情之下的研究生英语课程思政探索

一场突如其来的新冠疫情,既打乱了高校既定的教学计划和安排,也在客观上推动了在线教育实践的深入发展。广大教师通过认真学习在线教育技术、熟悉在线授课平台、精心设计在线课程等一系列努力,成功实现了"停课不停学"。

然而,疫情之下教师的职责使命不仅在于保证课程本身所涵盖的学科知识与技能教学不断线,还要在突发事件的大考中加强对学生的思想政治教育,引导学生树立信心、坚定信仰、甄别是非,激励学生以疫为鉴、励志勤学,和全国人民一起早日夺取抗击疫情战役的胜利。

3.1 研究生的特点与学习规律

所有伟大的教与学,都应该基于教师与学生建立良好关系并进行有效互动。开展研究生英语课程思政,首先必须了解研究生的特点和学习规律。

研究生阶段是学生求学的高级阶段,也是他们世界观、人生观、价值观形成的关键时期。然而,复杂的社会环境极大地影响研究生价值观的形成,尤其在互联网时代,网络中充斥着良莠不齐的各类信息,给研究生价值观培育带来了许多新挑战。

作为精英群体,研究生追求真理,崇尚理性,心理趋于成熟,心态更加自信,关心国家大事,思维积极活跃,喜欢使用各类社交媒体和自媒体平台,因而面临着形形色色意识形态和价值观的冲击和考验,同时,他们的个体意识比较强,有时容易冲动,走向极端,对一些似是而非的理论观点存在模糊认识。

抓住研究生的特点和学习规律,巧妙设计思政内容并隐形融入教学实践,可以更好解答研究生群体的理论难题和实践困惑,弥补传统思政教育与研究生成长需求之间的空白。

3.2 研究生英语课程思政教学设计思路

研究生公共英语课程肩负着培养学生的学术交流能力、跨文化交际能力及创新思维能力的重任,我校绝大部分专业均为信息领域的热门学科,研究生需要通过英语架起和国际学术界进行交流合作的桥梁,为此开设了《英语科技论文写作》《国家会议交流英语》《英语口语》等系列应用英语课程,强调写作、口语表达等输出能力的培养。

将"课程思政"融入外语课程实践中,可以在促进研究生学术专业发展的基础上,潜移默化地影响他们对于所学专业价值体系、学科伦理道德和操守的认知,认清学科发展、社会发展与个人发展的关系,提升中国情怀和文化认同。

3.2.1　课程内容与思政元素巧妙融合

在尊重研究生英语课程内容的科学性、逻辑性和完整性的基础上,结合疫情之下政府的有力应对与防控、国际救援中展示的大国担当形象、各行业精英奋斗在抗疫一线等鲜活素材,去寻找这些素材中蕴含的思政元素与英语课程的契合点,在向学生传递科学严谨治学态度的同时,让他们切身感悟到中国制度的优越性、中国文化的独特魅力以及中国人民的上下同心,激发青年学子们的社会责任感和家国情怀。

【案例1】

在《英语科技论文写作》课程的论文学习中,引用一篇刊登在3月31日《科学》杂志上的论文。该论文由北京师范大学、牛津大学、哈佛大学、美国波士顿儿童医院等国内外多所知名学府和机构的学者参与撰写。论文研究发现,在新冠病毒疫情出现在武汉后的50天里,武汉的封城措施,以及中国其他城市采取的严格防控措施,可能让全中国70万人在这段时间里免于被感染。

从论文的结构和语言分析入手,通过讨论,引导学生挖掘论文背后折射出的严谨科研态度、正直的学术道德素养以及强烈社会责任感,并对比之前《纽约时报》等西方媒体对中国防控措施进行的妖魔化政治炒作,让学生认识到中国政府和人民在全球抗疫大局中做出的巨大牺牲和卓越贡献,坚定其制度和文化自信,提升对科学价值体系的认知,强化社会责任感和使命担当。

【案例2】

在《英语口语》课程的特别话题讨论中,带领学生一起学习新冠病毒疫情相关英语词汇,观看世卫组织(WHO)的新冠科普宣传视频,学习中国日报英文网站4月23日文章:*10 key phrases in China's fight against COVID*-19,讨论新冠病毒疫情给世界和生活带来的影响,课后给学生布置了口语作业,用英语录一段话,祝福世界、祖国或者人民共克时艰、再创美好。

通过课前酝酿、课中讨论和课后反思,帮助学生体会"人类命运共同体"的内涵,深刻理解"人与地球、自然的关系",激励学生从可歌可泣的抗疫英雄故事中汲取力量,铭记肩上的使命与担当,将所学知识服务于祖国发展和民族振兴。

3.2.2　拓展课程思政的时间与空间

课程思政的传统认识误区之一是将课程思政等同于课堂思政,授课结束,走出教室,教育也就告一段落,这和疫情之前在线教学没有大面积铺开有一定关系,而本次疫情倒逼大学教师在变化中求生存,教师在实践中亲身体会到线上教学带来的好处,例如打破时间空间的限制,师生反馈互动更及时,个性化指导更有针对性等。

通过反复摸索和尝试,研究生英语课程组采用钉钉作为线上教学平台,因为钉钉平台的一系列功能非常便于实施以学生为中心的混合式教学模式。此外,我们还使用微信作为辅助交流平台,使用每日英语听力、可可英语、英语趣配音等应用程序作为学习工具,甚至还从在青年学生中十分受欢迎的哔哩哔哩网站挑选学习素材。

【案例3】

在此次举国战疫中,84 岁的中国工程院院士钟南山再次临危受命,选择了逆行,用自己的行动,诠释了医者仁心、学者大义。然而,结合课程进行思政教育绝不能给学生简单灌输鸡汤。3 月 3 日至 4 日,钟南山老人家和欧洲呼吸学会候任主席视频连线,全程英文介绍中国抗击新冠肺炎疫情的成果与经验,我们把该视频发布到班级微信群,同时还有老人家参加篮球比赛的视频,让学生们大为折服,我们适时和他们进行了讨论,学习视频中的英语表达,进而了解钟院士的人生轨迹和学术成长。这看似和课程无关的视频及讨论,却激发了学生学习英雄、努力学习报效祖国的热情,有效地推动了课程教学目标的实现。

结束语

雅斯贝尔斯在《什么是教育》中讲道:"教育意味着一棵树摇动另一棵树,一朵云追逐另一朵云,一个灵魂唤醒另一个灵魂。"立德树人是教育的根本任务,为师者必须以德为先,树立正确的世界观、人生观和价值观,热爱教育事业,热爱学生,在教学活动中充分展示老师的人格魅力,散发正能量,做有情怀的老师,上有温度的课,

课程思政和课程教学也并非是两张皮,独立于课程学习之外进行的思政很难入脑入心。教师们应该认识到课程思政是学生成长的需求,也是国家未来使命的召唤。英语课程思政必须结合时代的发展、学生的成长规律和课程本身的特点进行巧妙设计,用一种系统而又循序渐进的方式让学生去参与、感知和探索,真正实现"春风化雨、润物无声"的育人效果。

线上教学模式下第二外语"课程思政"的实施路径

王 凯 张利芬 姜 辉

引言

2004 年以来,随着《关于进一步加强和改进大学生思想政治教育的意见》等一系列重要文件陆续出台,课堂教学在大学生思想政治教育中的主导作用受到重视,各大高校随之开始探索思想政治教育课程改革。2016 年和2019 年,习近平总书记在全国高校思想政治工作会议和学校思想政治理论课教师座谈会上分别发表重要讲话,"课程思政"的概念进一步深入人心,并迅速成为学界和高校各类课程的研究热点。

2020 年初,在疫情应急状态下,我校通过远程线上教学确保"停课不停教,停课不停学",承担第二外语类课程的教师们密切关注抗疫形势,从中发掘爱国主义、集体主义、社会主义制度优势、生命教育、健康教育、亲情教育、团结互助、生态文明教育等思政素材,并将其融入课程教学之中。

1. 应急状态下第二外语"课程思政"的必要性

党的十八大以来,习近平总书记围绕建设"敢打仗,打胜仗"的新型人民军队,提出了一系列强军指导思想。军事院校承担着培育未来指挥官和高科技人才的重任,以建设一流院校、培养一流人才,加紧构建三位一体新型军事人才培养体系为目标,急需大力推进政治建军,永葆人民军队性质、宗旨、本色,绝对忠诚、纯洁、可靠。思想政治教育是在人的头脑中搞建设的一项灵魂工程,必须通过坚持不懈、全方位的思想政治教育,着力在触及学员灵魂上下工夫。

与此同时,新时代的中国,综合国力不断提升,国际社会及民众对于中国的关注热度快速提升,社会思想观念和价值取向呈现日趋活跃、主流和非主流同时并存、社会思潮纷纭激荡的新形势。新时代青年学员的价值观、信仰多元化,但同时也表现出对于国情知识、人生目标、意识形态等方面需要具体指导的需求。所以,除了思想政治理论课程外,从其他课程中发掘思政元素融入教育教学全过程,有助于培养"技术+政治"全面复合型人才,而外语是国际性思想文化交流的媒介,是中西文化思想碰撞激烈的学科,作为一类受众面较广的人文素质教育基础课程,有充足的可行性条件开展"课程思政"。

在以往的教学过程中,我校第二外语课程组教师已就"课程思政"达成共识并"试水":通过授课,让我校学生在了解西方语言及文化的同时深谙中国国情,坚定社会主义理想信念,坚定文化自信,实现外语课程全程育人、全方位育人。疫情暴发后,国际上出现各种各样的声音,如何在声音嘈杂的大环境下利用线上课堂开展第二外语"课程思政",显得愈发重要。

2. 线上教学模式下第二外语"课程思政"的实践探索

本学期我校第二外语课程包括:针对四院本科生开设的《日语》课程及针对全校研究生开设的第二外语"二外"(俄、日、法、韩)课程。从最初的尝试对比各个主要直播平台的功能、效果到熟练掌握应用各直播软件进行线上教学,教师们从思维理念到教学方式都发生了巨大而迅速的转变。在"课程思政"方面,我们做了如下探索:

2.1 从团队建设上培育教师的"课程思政"意识

课程组注重激发教师开展"课程思政"的融入理念和教学动力。在开课前期的教学研讨及日常的教学业务日活动中,课程组鼓励教师们在线上教学模式下继续开展"课程思政"。大家经过讨论,针对"课程思政"达成一致看法并制定相关举措,即,"课程思政"不但不会削弱外语课程教学,反而在疫情这一应急状态下,能够更大程度地挖掘外语的人文价值和学科魅力,提升课程整体的教学效果。在保持既定教学任务授课内容的基础上,要适时地加入"课程思政"内容。虽然课程组成员没有思想政治教育的学术背景,但立德树人的教学宗旨对于所有"课程思政"都是同行同向的。诚然,这就对教师提出了更多的要求,要求教师要根据自身实际情况,结合教学实践,不断提升自身思想道德修养,提高个人的文化知识底蕴。文化知识不仅包括所教授语言的对象国文化知识,也包括中国文化。教师要注重加强中国传统文化的有效学习,领会中国传统文化的精髓,了解我国各地的人文风俗等,在第二教学中有意识地推进目的语文化与中国文化的有效结合,切实提高学生的文化自信。

2.2 通过问卷调查了解学生的"课程思政"需求

在开课前夕设计问卷调查,调查内容涉及学生对线上教学、"课程思政"、第二外语"课程思政"的态度和建议几个方面的看法及需求。第一次开课时发放给学生,让他们完成问卷,随后教师收集问卷并对问卷调查数据进行收集、整理和分析。从问卷调查数据上来看,几乎所有学生对"课程思政"都有迫切的需求,觉得有必要在课堂上引入相关内容,以更好地培育社会主义核心价值观;但是在引入方式上又提出希望以"自然融入"的方式,而非一味地"硬凹、强行带入";在内容选择上希望可以更加贴近时事,并对中外文化的特点及差异展开剖析;在教学方式上更倾向于以专题式教学和讨论式教学为主。通过分析学生对"课程思政"相关的问卷调查结果,课程组对学生的"课程思政"需求有了进一步的掌握,对下一步我们在教学中开展"课程思政"有了指导作用,便于课程组教师们的有的放矢,适当调整课程内容,以最优化的方式导入"课程思政"内容。

2.3 从教学内容构建上开展"课程思政"

教学内容构建从内容甄选和设计入手,力争做到第二外语"课程思政"的"润物细无声"。首先,在内容甄别上,厘清第二外语"课程思政"与思想政治教育的连接点,有的放矢地对教学内容进行遴选。作为我校第二外语课程,一直以来教授的都是语言基础知识,通过对俄语、日语、法语、韩语的基础语言训练,一方面培养学生最基础的语言能力,另一方面是通过学习所教授语言的对象国文化,帮助学生了解所学语言对象国的文明,取其精华,培养学生的人文素养、陶冶学生情操、丰富学生的精神世界等等。所以这一连接点,可以是语言、文化,也可以是最新时政热点。

【案例1】

在俄语第一讲的课堂上,教师通过讲述《你所不知道的俄语》,对俄语的起源、特点、语法重点、学习方法等开展框架性介绍。在建立学生学习自信时会提到一句俄语谚语:Кто хочет,тот добьется(有志者,事竟成)。在这一点上,中俄文化的认识是一致的。教师围绕"理想和坚持"这一切入点,利用讲授法,从小到一个字母发音的习得,大到我国上下齐心协力与新冠病毒"做斗争",培养学生坚定信念,用积极、理性的态度,帮助他们树立正确科学的人生观和价值观,从而做好开课第一讲。

【案例2】

在我们举国与疫情奋战的最困难时期,俄罗斯对我国多次开展援助。第三批人道主义救援物资送达之后飞机悄然离去,国内媒体第一时间甚至不知道俄罗斯这批救援物资的准确数量,只知道俄罗斯送来了183立方米物资,较之日本的"山川异域,风月同天",俄罗斯人的做事方式可谓非常符合其民族性格了:做得多说的少,低调耿直。在课堂上给学生讲述这一时事热点时顺带讲解俄罗斯民族性格这一文化知识点,如英勇顽强、两极化和矛盾化等。在备课时,教师可以对教学内容进行适当拓展,通过图片提示和设问的方式,不仅讲解俄罗斯人民在二战时期卫国战争中的英勇表现,同时也带领学生简短回忆中国人民通过浴血奋战,取得抗日战争暨世界反法西斯战争的胜利。这些教学内容的引入有助于树立学生的民族自信,培养他们的爱国主义精神。

再比如,日语老师在课堂上会讲述日语新冠病毒单词的学习、汉诗对日本文化的影响、客观看待日本援助中国物资等问题。通过挖掘内化教学内容中的"课程思政"元素,起到隐性的教育作用,总之,教师要因时制宜,通过创设思政教育情境,将思想政治教育内容与专业知识技能教育内容有机融合。

2.4 利用"泛在学习"环境,拓展"课程思政"渠道

在线上教学模式下,除了直播授课,各班教师还为学生推荐了在线慕课、学堂在线和网易公开课等学习资源,精选语言、世界名校课程、文化艺术修养等模块语料,将模块化思政教育内容对接到课程教学中,供学生选学,以保证网上学习效果保质保量。通过补充资料、小组汇报学习等形式利用好第二课堂,拓展思政教育的渠道。充分挖掘"泛在学习"环境下每时每刻、无处不在成为沟通和信息获取特点,构建"碎片学习和系统学习相结合"的学习模式。推荐一些优秀的国内微信公众号平台,选择具有思政教育意义的内容作为课堂教材之外的补充阅读材料,尤其是主流媒体报道的时政热点以及媒体评论等。这样既可以使学生了解相关政治、经济、文化在不同语境的差异化表达,掌握正确的相关术语,又可以培养学生对时事的关注。教师根据学生关注的热点问题,精选议题,通过微信群推送给学生,并在线上与学生沟通交流,如针对疫情过程中不同国家不同的"战役"方式开展对比分析,可以让学生们深刻感受社会主义制度的优越性和我国"负责担当"的大国情怀。

3. 第二外语课程线上"课程思政"的思考及启示

通过几个月来第二外语"课程思政"的开展,促进了高等教育"教书"和"育人"理念的进一步发展。教师要在知识传授、能力培养、思想价值引领方

面均衡用力,要重视塑造灵魂、塑造生命、塑造人的工作,促进学生素质全面发展,同时,通过开展"课程思政",还可以巩固我校第二外语课程体系教改成果,进一步深化第二外语课程体系改革。我校外语课程体系已不间断开展多年的教学改革,从思维理念、方式方法、师资力量、教材建设等多方面进行了持续探索。我们在第二外语课程教学过程中融入"课程思政"策略,既符合当前国情、学情的现实需要,也是高校第二外语课程教改的创新。此外,针对疫情这一突发状况,促进线上教学模式下的"课程思政"实践的进展。疫情期间的网络教学成果不应是昙花一现的,我们应以此为契机,进一步挖掘线上教学模式下的"课程思政"路径,并将此进一步固化、发展、推广、应用。

新时代思想政治教育与高校英语教学
有机融合模式的探索和实践

张 杰

引言

在学校思想政治理论课教师座谈会上,习近平总书记从党和国家事业发展的全局出发,深刻阐述了办好思政课的重大意义。总书记指出,"办好思想政治理论课,最根本的是要全面贯彻党的教育方针,解决好培养什么人、怎样培养人、为谁培养人这个根本问题"。同时深入分析了教师的关键作用,明确提出了推动思政课改革创新的重大要求,坚定了广大思政课教师把思政课办得越来越好的信心和决心,为我们推进思政课建设指明了前进方向、提供了重要遵循。我们办中国特色社会主义教育,就是要理直气壮开好思政课,用习近平新时代中国特色社会主义思想铸魂育人,引导学生增强"四个自信",厚植爱国主义情怀,把爱国情、强国志、报国行自觉融入坚持和发展中国特色社会主义事业、建设社会主义现代化强国、实现中华民族伟大复兴的奋斗之中。必须深刻认识到,只有坚持把立德树人作为根本任务,全面贯彻党的教育方针,着力解决好培养什么人、怎样培养人、为谁培养人这个根本问题,才能让党和国家的事业兴旺发达、后继有人,才能推进伟大事业、实现伟大梦想,因此,各个层次都要重视思政课教育效果的研究。

1. 高校思政课融入英语课堂的必要性和可行性

高校大学英语教学改革是教育部高等学校教学质量与教学改革工程的重要组成部分。2012 年 4 月 20 日,教育部发布《全面提高高等教育质量的若干意见》①明确提出,"促进高校办出特色""探索建立高校分类体系,制定分类管理办法,克服同质化倾向。根据办学历史、区位优势和资源条件等,确定特色鲜明的办学定位、发展规划、人才培养规格和学科专业设置",以及要建立"……落实文化知识学习和思想品德修养、全面发展和个性发展紧密结合的人才"培养模式。结合校本特点,思想政治教育是我校的重中之重,我们要培养德才兼备、以德为先的新时代人才。

根据习主席关于高校教育的指示精神和教育部的指导意见以及我校的特点,我们很早就以教书育人为本,开始了教学内容和教学模式的探索和实践。各大媒体都对思政课教育的重要性、紧迫性集中宣传报道;各个高校也以不同形式开展了研讨、学习,对不同程度进行了课程改革;很多高校的教师以及教育工作者都从各自领域,不同专业和思政课有机融合进行了探讨研究。我校在这方面上的探讨研究也如火如荼,但是如何把思政课同英语教学相结合还较薄弱。

高校英语教学有它的独特性。首先,大学英语教学是基础类课程,它的学习时间长,覆盖面广,几乎全校学生都会和英语老师接触、交流,自然受到英语老师的各方面的影响和教诲。其次,英语具有工具性、人文性、思辨性等特点,这和思政课也有异曲同工之处,有很多类似之处②。再次,英语教材基本是原版或者国外引进的材料,其中作者也基本是国外人士。他们的一些观点和看问题的角度,还需要我们老师进行引导和甄别,进行客观的评价、分析。因此,高校英语教学是思想文化碰撞,中外习俗、生活方式等反差较大,思维比较活跃、敏感的一个领域,思政课融入学生课堂势在必行。最后,我们的教学模式也为思政课相关主题的开展提供了合适的平台。从2011级开始至今,我们教学团队在现实教学中进行了"四位一体"的教学模式实践,即读写课堂、视听说课堂、网络课堂和综合测试课堂。这四次课是大学英语教学的一个整体,每个课堂应该表现出各自不同的重点内容和主题特色。实践表明,"四位一体"教学模式也有力地调动了学生在英语听、说、读、写、译方面的兴趣,增强了课堂的活跃氛围,提高了英语学习的有效性。

① 教育部. 全面提高高等教育质量的若干意见. 2012-04-20.
② 高一虹,赵媛,程英,等.中国大学本科生英语学习动机类型[J].现代外语(季刊),2003(1):28-38.

2. 高校思政课融入英语课堂教学的具体实施过程

高校思政课融入英语课堂教学的是一个渐进的融合过程。我们在大学英语教学过程中实施个性化的教学方法,强化学生的听、说、读、写、译的综合能力,增强其语言应用能力,为其后续专业学习和未来就业打下良好的基础;同时,在英语教学过程中融入新时代思政课的内容,让同学们在学习相关文章主题内容的时候,融入有关思政教育,在这一过程中对材料进行收集、整理、对比、分析、表达,实现输入和输出的结合,既能提高应用英语的能力,也能在思政教育方面得到锤炼和提升。

2.1 我校的英语教学模式

我们把大学英语教学过程可以说是"四位一体",分为读写译、视听说、网络课堂、综合测试四个模块;对学生进行分级教学、分类指导,在建构主义、二语习得、认知理论等理论基础下,实施输入与输出相结合的教学模式。

2.2 新时代思政课在英语教学中有机融合的具体做法如下

2.2.1 课前

有效利用课前3~5分钟演讲,提高个人修养和气质,充分利用读写译和视听说课堂,有意识引导学生进行时政新闻,本单元相关主题的进行演讲(即兴演讲和有准备演讲相结合)。比如:在新一代大学英语(提高篇)中①,第一单元关于数字时代的交流以及关于横跨国家的交谈的主题。教师可以让学生结合课文内容,谈一谈健康的运动方式和合理运用电子平台进行网上交流、健康交流、交友等;也可以延伸至生活当中,讨论父母、亲朋好友面对面交流的必要性和重要性。

每次上课前,要求学生选择有意义的新闻和课文相关主题,进行有效的演讲,并在老师引导下进行师生和生生之间关于人生、理想、职业、婚姻、交友等话题的简洁交流。

2.2.2 课中

课文讲解时,通过课文鲜明的主题性、趣味性、时代感,培养学生正确的人生观、价值观、世界观

---

① 王守仁,文秋芳.新一代大学英语(提高篇)[M].北京:外语教学与研究出版社,2015.

在讲到新视野中《如何应对地震》①一文时,可以先谈地震的征兆、起因、危害,随后通过话题设计引入到 2008 年汶川地震,可以谈其可怕情形,重点让学生讨论我国各方的支援,军队救援人员的付出,地震带来的人间温情,人间关爱等;可以延伸至我国的应急机制,我党对人民生命财产的爱护,我们制度的优越性等讨论,让学生忘却地震、死亡的恐惧,而是用积极地心态去面对;积极的生活和学习。在讨论《新一代大学英语综合教程(提高篇)》②,第三单元关于"如何成为一名领导者""走出舒适区"时候,通过话题精心设计,引导学生树立诚信、努力拼搏、沟通交流、专注等优良品质,以及勇于挑战自我,充满自信和有责任、有担当的重要意义。

通过传递中外文化差异,文化对比分析,树立学生的文化自信

在讲到《新一代大学英语(发展篇)》③关于"社交媒介和友谊"主题时,引导学生进行友谊话题的讨论,可以延伸至孔子、孟子的哲学思想,择友交友的方法、原则以及良师益友的重要性等,有效提高学生为人处世能力;在讲授有关文化习俗、风景名胜、风土人情、各种美食等相关章节时,通过讨论我国优良传统节日,如春节、七夕、清明,长城的伟大、山川的巍峨、江南的秀美等等,在进行语言交际的同时,又增添了对我国优秀传统文化和大好河山的敬畏和赞叹,潜移默化中文化自信之情油然而生。

通过中西方在重大事件中的处理方式和表现出的态度,传递我国社会主义制度的优越性,激发学生爱国热情和民族自豪感,树立制度自信,道路自信

在《新一代大学英语(发展篇)》④中有关于《中国与世界》(China and the World)一文,谈到了中国的发展崛起,引起了世界瞩目,但也引起了某些国家的抗拒,提出"威胁论"。在授课过程中,我们自然会通过话题讨论和课文讲解,盛赞我国在经济政治等方面的巨大成就,和学生探讨我国制度的优越性,我党的伟大和英明领导等;同时,谈到中国的发展不会是威胁,中国对我国人民以及世界各国和人民都是有责任、有担当的。其他能有效激发学生爱国热情的主题还包括,一带一路倡议,命运共同体的构建,维和和护航任务的遂行,非洲"埃博拉"流行时中国的积极态度和无私援助,以及对联合国的支持,等等。

习主席提出一系列倡议和主张,强调行动、团结、合作的重要性和紧迫性。携手抗疫,共克时艰,这正与构建人类命运共同体的理念一脉相承;世

① 郑树棠.新视野大学英语读写教程[M].北京:外语教学与研究出版社,2011.

②③④ 王守仁,文秋芳.新一代大学英语(提高篇)[M].北京:外语教学与研究出版社,2015.

界卫生组织干事的感激之词;友好邻邦对于中国积极有效应对疫情以及对世界其他国家的帮助的交口称赞;各个媒体和其他国家人民的评价;归国华侨人士发自内心的感激,等等。这些都展现出我国制度的优越性,大国担当,大爱无疆的坦荡情怀。学生积极的探讨、参与,使得话题不断深入,社会主义制度的优越性,激发爱国热情和民族自豪感的思政教育在不知不觉中越发深刻。

利用网络课和综合测试课堂把所学内容细化,通过网络平台进行相关主题的深入学习研究进行分组学习,通过探讨式,参与式讨论等形式,形成文字(写成文章、心得等),制作 PPT 进行展示交流。

2.2.3　课后

充分利用课后业余时间,学生进行课下、线下学习实践,以班组进行。老师利用微信,钉钉等平台推送文章,课件和视频等。可以充分利用第二课堂活动,比如 ispeak 俱乐部,模拟联合国大会等,让学生为主角,教师引导,让他们自己设计辩论,进行演讲等。这样可以为课堂教学打下良好的基础,也可以让学生在英语实践中提高英语应用能力的同时,受到自然、接地气的思政教育,从而增强爱国情怀,进一步树立制度自信和文化自信。

结束语

笔者把高校英语教学和新时代思政课教学有关内容有机结合起来,融合一体,在现实教学中相互促进,互为补充,形成了一个有效的教学整体。在教学过程中,教师应不断创新教学组织模式,规范教学环节,改革教学内容和教学手段,注重从知识传授向能力素质培养转变,注重培养和提高学员自主学习能力、实践能力和创新能力[1][2]。

在教学过程中,我们期望达到以下教学效果:现实教学中的知识和英语应用能力的大幅提高;通过教学中思政教育内容的融入,精心设计,通过课前、课中、课后、线上线下结合,达到英语知识和思想素养的双向提高;始终把学生培养成一个合格的、正直、高尚的人作为教育重点;把积极正确的为人处世观贯穿本科教学过程;注重师生有效和谐的交流,注重老师思政课素养的培养;注重学生对新型教学模式和内容的反馈,不断改进教学内容和

---

① 高一虹,赵媛,程英,等.中国大学本科生英语学习动机类型[J].现代外语(季刊),2003(1):28-38.

② 赵小红.如何激发学生学习动机和自主学习意识[J].固原师范学报(社会科学版),2006(2):94-99.

方法。

　　新时代思政课教学有关内容和高校英语教学有机结合起来是一个有意义、有必要的课题,应该长期有效地实施研讨。由于相关内容还处于开始阶段,文中一些做法和观点尚有不足之处,愿与同仁们一起进一步探索研究。

思政课线上教学的感悟

王红英

2020 年初,一场突如其来的疫情打破了高校开学和组织课堂教学活动的正常秩序,为应对降低这一影响疫情对教育的冲击,教育部发布了《在疫情防控期间做好普通高等学校在线教学组织与管理工作的指导意见》(以下简称《意见》),要求采取政府主导、高校主体、社会参与的方式,共同实施并保障高校在疫情防控期间的在线教学,实现"停课不停教、停课不停学"。对此,各高校纷纷响应,并综合运用各种信息化手段积极开展线上教学活动。当前疫情下线上教学活动的开展固然是权宜之举,但从长远看,推行线上教学模式将成为"互联网+"背景下教育改革过程中必须面对的一项实践课题。本文将结合思政课教学特点和两个月余的高校思政课线上教学实践感悟,就线上线下混合式教学模式的探索构建,谈几点体会。

1. 思政课推开线上教学模式将成为线下教学的有益补充

信息技术的飞速发展,推动了社会各行各业的变革日新月异。就教育领域而言,"互联网+"背景下教育理念的更新、教学模式的创新以及与教学活动相关的各项措施的推陈出新,都将对传统课堂教学活动产生深刻影响。就高校思政课而言,线下进行的传统教学模式固然不可替代,但依托网络进行的线上教学活动,作为一种新的教学方式,随着网络的不断普及发展,其所具有的独特性和优势也将随之不断显现,并对"教"与"学"两方面产生一定冲击,从而推动线上教学模式成为线下传统课堂教学的有益补充。

思政课教学是高校思想政治工作的主渠道和主阵地,是运用马克思列宁主义的立场、观点、方法来影响学生、引导学生,帮助学生树立正确的世界观、人生观和价值观的主要途径。其思想性、理论性、知识性等特征更为突出,且具有不同于一般课程教学的特殊性。从整体的育人实效性来看,思政课教学既要考虑一般课程教学的知识目标达成,还要注重培养学生对理论的理解认同力、情感接受力以及实践中的自觉践行力。从当前多数高校的思政课教学方式来看,以课堂讲授为主的传统教学模式依然占据主导,相对单一的教学手段,单调枯燥的教学课堂氛围,不仅使理论性、抽象性较强的教学内容更难以真正理解,导致学生思政课学习兴趣不足,缺乏主动性、探索性的学习热情,而且让知识的传授一方和被动接收信息的另一方都疲惫不堪,难以在有限的课堂时间里获得预期学习效果。

相比这种传统的单向灌输式课堂教学而言,线上教学模式具有的强交互动性、时空上的自由性以及疑难点的回放再学习、海量优质课程资源的运用、在线检测系统的便利等优势,不仅使课堂教学手段更多样、教学方法运用更自如,教学效果检测更便利,使课堂系统学习与课下零散学习有机结合,学生随时随地可以利用碎片化时间对疑难知识进行再学习,尤其在网络中随时可获取的丰富资源,使得"教"与"学"都变得更便利、更有效,更有利于激发学生积极参与教学活动的兴趣。比如,提升课堂的整体教学效果上,根据学生的认知规律和接受特点来看,增强学生的学习兴趣,充分发挥其教学过程中主体性作用,不仅有利于学生对所学知识的理解、认同,而且更有利提升整体课堂教学效果。对此,线上教学可以采取多种方案进行:一是借助丰富的优质网络课程资源,教师可以充分发挥学生的自主学习,提前选定部分平台的网络课程布置给学生观看并提出相应的思考问题,有限的课堂教学中教师只需根据学生自主学习中暴露出的疑难问题进行有针对地讲解,既增强了学生参与课程教学活动的积极性,也让教师的工作重心更多转向课堂教学的组织上,从而提升整体课堂教学效果;二是借助线上教学的强交互性和在线检测的便利性,教师可以通过让学生提前预习并提交线上作业的方式,了解学生课前预习情况,课堂教学中依据教学大纲要求设定教学内容,突出讲解重难点问题,课后根据学生听课情况,采取多元互动方式,对学生存留的问题再进行个性化辅导,这样不仅有助于学生对所学问题的真正理解,而且也便于教师对学生学习情况的整体把握;三是根据思政课的教学特点,把体现时代内容演变的理论热点设置成开放性的问题,让学生提前通过网络查找资料,课堂教学中主要突出与学生的互动交流,了解学生对当前理论热点问题的看法和理解,不仅有助于培养学生运用基本原理分析解决问题的能力,而且对学生实时了解国家大政方针政策,坚定理想信念,引导学生树立正确的世界观、人生观和价值观都具有重要的意义。

总之,借助线上教学活动的开展,以网络资源丰富课堂教学元素,创新教学方法手段,鼓励教师摆脱传统课堂教学的束缚,充分发挥学生的主体性作用,既可以激发学生学习思政课的兴趣,变传统课堂中的被动接收信息为主动思考,也对进一步提升教师教学工作热情、增强责任心有着重要促进作用,从而使教与学有机结合,切实提升整体课堂教学效果,真正让线上教学逐步成为线下课堂教学的有益补充。

2. 为提升整体课堂效果,多环节联动,积极探索线上线下混合式教学模式的构建

混合式教学是高校教学改革的方向之一,这一模式早在 20 世纪末就已存在。当时不少学者主要考虑如何将网络学习与传统课堂学习有效结合,依托网络远程授课来补足传统课堂教学实践中的不足,比如教学手段的单一无法更好实现教学目的,教学方法的落后不利于激发学生的学习热情及创新思维,教学资源无法充分利用等,从而使教学效果难以得到有效提升。21 世纪以来,随着网络技术的飞速发展,这一崭新的教学模式不仅在国内各大高校内相继推开,而且也被不少学者看作为是"最有效的教学形式"。从目前各高校推行的混合教学模式来看,主要以各高校建成的微课、慕课等视频教学资源平台以及网络上出现的短视频为载体,通过学生课前或课后自学与教师面授相结合,从而为实现教学效果的提升以及帮助学生加深对所学内容的理解奠定基础。这种模式虽然相较以前有了一定发展,但依然存在着多方面不足,有着较大的提升空间。

2.1 对线上线下混合式教学模式的理解研究不够

高效的课堂教学是实现思政课教学目标的主要途径。要构建线上线下混合式教学模式,实现教学课堂教学效果的有效提升,并不只是形式上新媒体技术与课堂教学的简单拼接结合,而是要在统一的思想指导下,使参与课堂教学活动的所有人都能从提升整体课堂教学效果出发,真正发挥自身的积极主动性。但从目前部分高校开展混合式教学模式的情况来看,之所以存在混合式教学模式改革中重"形"轻"效"的现象,除了教学改革过程中观念更新不足外,其主要原因还是对混合式教学模式的理解研究不够,导致出现过度依赖网络技术的应用,缺少对混合式课堂教学的设计创新。

2.2 线上线下混合式教学模式的开展缺少足够的支撑

合适的网络教学平台是有效开展线上教学活动的关键。根据课程特点,在把握课堂教学主渠道外如何选择合适的网络教学平台,不仅关系到课程目标实现以及课堂教学的创新设计,而且对整体教学效果的提升也有着重要的影响。目前多数高校在组织课堂教学时对于新媒体技术的运用主要以播放课件、插播视频、嵌入音频等简单操作为主,不仅不能有效激发学生

的学习兴趣,调动学生参与课堂教学活动的积极性,而且无法支撑线上线下混合式教学模式的展开运用,无法支撑教学的双向有效互动交流,从而使教学效果大打折扣。虽然现在流行的交流途径很多,如 QQ 群、微信群等,但通过这样的方式交流不仅效率低、交流讨论有些分散,而且可能会占用教师和学生的课外时间,甚至可能造成干扰正常生活学习等问题。当然,给力的技术支持也是有效开展线上教学的关键。

2.3 线上线下混合式教学模式改革步伐过快

网络技术的飞速发展固然为混合式教学模式的改革提供了便利条件,但混合式教学模式的科学构建并不是一朝一夕就可以实现的。不仅教学改革过程中管理者的观念要更新,而且还要立足高校的实际状况、各课程特色以及混合式教学模式改革工作的整体推进情况等。从目前部分高校开展混合式教学模式改革的情况来看,过分强调混合式教学模式效果,未全面考虑学校实际,一窝蜂式急于推进、甚至硬性要求开展混合式教学模式改革的现象也个别存在,不仅违背了影响了改革效果,而且一定程度上挫伤了改革者的积极性,比如,硬件设施准备与激励政策的制订方面,教师网络技术能力提升方面,学生的管理与引导方面等。

开展线上线下混合式教学固然是未来教学模式的发展趋势,但如果不能从全局角度,动态来看待这项改革的推进,势必会影响最终混合式教学模式改革的效果,无法实现改革初衷的目的。所以,如何让新媒体技术有效应用于线上教学活动中,发挥其独特优势,真正服务高校大学生思政课的学习以及课堂教学效果的提升,将是高校思政课教学改革者在实践中急待探索的实践课题。

3. 探索线上线下混合式教学模式科学构建的路径选择

疫情的到来只是加速了基于网络技术开展信息化课堂教学活动的步伐,这一趋势的演变也将愈来愈快,线上线下相统一的混合式教学模式的构建也将成为"互联网+"背景下教育改革成果的体现之一。积极探索线上线下混合教学模式的科学构建,既要教学改革的管理者、参与者共同努力,在统一的思想指导下多环节联动,还要立足实际情况,在做好各项准备工作的前提下,实践中循序渐进不断探索。

3.1 立足学校实际,强化对教、学、管三方观念的更新及引导激励

高校思政课教学活动的有效开展是一项复杂的系统工程,需要教、学、

管三方的共同努力,尤其是混合式教学模式的构建,既要求学校为教学的正常开展提供必要的保障,制度相应的政策,也要求教师要具备开展混合式教学应有的理念和技能,包括学生也要变被动为主动,积极投入教学活动开展的各个环节,比如就管理者而言,传统教学活动中主要以教师为主导,学生是信息的被动接受者,对教师的评价侧重于"教",而在线上线下混合式教学模式的构建中,更多要以学生为主体,教师是课堂设计者,引导者,对教师的评价也要有相应的调整。从教师来说,作为课堂教学活动的组织者、引导者,既要做好传统课堂教学活动的各环节任务,又要更新教学理念,充分利用网络新技术优势,引导学生积极参与并做好线上教学各环节活动,也可以说,只有教学管三方共同努力,才能更好构建科学有效的混合式教学模式。

3.2 围绕教学需要,加强对教师进行网络化教学技能的持续培训

传统的思政课教学中,教师是课堂教学的主导,教学方法与手段主要采取灌输式教师讲学生听的模式进行,虽然当下的教学中已加入部分新媒体元素,如电子课件、片段影音等,但现代新媒体技术手段应用还相对较少。在"互联网+"背景下,教师完全实现线上线下混合式教学活动的自如开展,除了要从心理上突破对在线教学技术的恐惧外,还必须要切实增强运用新媒体技术的技能水平,能自如运用多平台交互式切换,在丰富教学内容,创新教学手段上能借助新媒体技术不断革新,为实现教师与学生的有效互动,提升交流的频率与质量,引导学生自主学习、自主思考、勇于探索,从而实现整体教学效果的不断提升。

3.3 结合课程特点,加强对教学内容的选定和课堂设计的深入研讨

教学内容的选定和课堂设计是关系教学效果优劣的关键。线上教学不同线下教学,开展线上教学活动前,在保证完成教学大纲要求的基础上,教学内容的选定不仅要依据线下课堂教学的需要,而且要选择便于在线上组织,且能收到比线下课堂更好教学效果的内容,尤其在教学设计上,哪些内容适合放于线上进行,更能充分借助新媒体技术优势促进学生对内容的理解,有利于教学效果的提升,哪些内容在线上进行更有助于培养锻炼学生的综合素质能力,教师都要提前进行教学研讨,商定内容并进行有效的课堂设计。当然,就学生而言,相比传统课堂教学的课前准备,不仅要认真完成普通的课前预习任务,而且要精心准备,认真思考,以便在教学交流互动中切实解决困惑,实现对教学内容的真正理解。只有精心准备,巧妙设计,才能使教与学有效互动,从而实现高新的课堂教学效果。

总之,借助网络新媒体技术构建线上线下混合式教学模式,从而有效提

升整体课堂教学效果将成为"互联网+"背景下教育教学改革的应有内容。但网络是一把双刃剑,究竟采取哪些行之有效的措施,能充分发挥网络新媒体技术对线下课堂教学的辅助作用,从而激发学生学习的主动性,获得高效的课堂教学效果,仍需在今后的教学实践活动中逐步深入探索。

以"立德树人"为导向的高等代数教学团队建设

张　宁　李国重　顾勇为

引言

"百年大计,教育为本。教育大计,教师为本"。党的十八大把立德树人确立为教育的根本任务,对奋战在教学一线的广大教员提出了新的要求,也对各类课程的教学团队建设提出了新的挑战。"育人为本,德育为先",在"课程思政"建设大背景下,结合党在新时期的强军目标,将"思政元素"有机地融入高等代数教学中,以隐性教育的方式,确保"红色基因"代代相传,需要打造一支以"立德树人"为导向的,政治素质过硬、师德师风高尚、业务能力精湛、教学方法先进的教师队伍。通过教学团队建设,优化人员结构,革新教学内容和方法,促进教学研讨和经验交流,提高整体的教学和科研水平,使教学团队成为建设一流基础学科的中坚力量。

1. 加强学习,提升教员的思想道德素质

育有德之人,需有德之师。教师承担着传播知识、传播思想、传播真理的历史使命,肩负着塑造灵魂、塑造生命、塑造新人的时代重任,是教育发展的第一资源[①]。全面加强教师队伍建设,是新时代教育工作的重中之重,要把提高教师思想政治素质和职业道德水平摆在首要位置。

1.1　加强政治理论学习,要有理想信念

正人先正己,教员们要认真学习党在新时期的先进理论,始终与党中央保持高度一致,树立正确的历史观、民族观、国家观、文化观,时刻牢记使命,敢于担当,引导和帮助学员把握好人生的方向。

---

① 习近平. 在全国教育大会的讲话[R]. 2018.

1.2　加强师德师风熏陶，要有道德情操

立德树人铸师魂 不忘初心正师风。教员们要多关注学习党和国家领导关于教师及教育教学方面的讲话精神、教育部门颁布的重要文件，提高作为教师的荣誉感、使命感和责任感①；要多学习教育家和优秀教师的先进思想和事迹，在心中确定崇高的师德榜样，升华自己的师德境界。

1.3　加强思政课程学习，要有扎实学识

"课程思政"是指依托、借助于专业课、通识课而进行的思想政治教育实践活动，或者是将思想政治教育寓于和融入专业课、通识课的教育实践活动②。要求教员进一步学习思政课程理论知识，掌握教书育人的本领，自觉将思政教育融入课程教学，助推思政课程与课程思政的双轮驱动。

1.4　加强爱的教育修行，要有仁爱之心

爱是教育的灵魂，爱是一切的动力，教员不仅要热爱这个职业，全身心地投入国防教育事业中，还要以教师之爱去关爱学员、尊重学员，期待学员的进步和成长，使教育成为一件幸福美好的事情。

2.多措并举，增强教员的教学业务能力

2.1　加大对教员的学习和培训力度

科学制定个人及团队培训规划，合理参加各级各类培训，力争每位教员每年都有外出学习和培训的机会，及时了解国内外先进教学理念、教学方法以及学科前沿动态，提升团队成员的专业素养。

2.2　加大对青年教员教学技能的训练

坚持"老带新"的优良传统，对新进教员指定指导教员，以老带新，以新促老，实现教学经验的传承和创新，使青年教员尽快站上讲台，站稳讲台③；

---

① 张卫国,张冬洁.构建大学数学创新型优秀教学团队的探索与实践[J].大学数学,2017,33(3):52-55.

② 赵继伟."课程思政":含义、理念、问题与对策[J].湖北经济学院学报,2019(2):114-119.

③ 朱长江,郭艾.建设高水平大学数学教学团队[J].中国大学教学,2016(7):48-51.

通过教学试讲、讲课竞赛等实战方式锤炼青年教员的教学技能,培养一批年轻的教学骨干,并以各级各类比赛为平台,组建参赛团队,以赛促教、以赛促改,极力打造一支精诚合作、斗志昂扬、敢于拼搏的教学队伍。

2.3　加大对教员业务能力的培养

建立教授帮带、同伴互助,通过相互听课、评课,提升团队成员的教学能力;充分发挥教学团队和骨干教员示范带头作用,鼓励大家开展教学研究,申报各级各类课题,编辑出版教材和教研成果,参与各级各类论文评比、发表等工作。提高教学团队整体教科研水平,并将教研成果转化为实际教学效果,推动教学的快速发展,打造一支强于研究、精于教学的教学队伍。

3. 与时俱进,更新教员的教学理念和手段

3.1　以理念更新为依托,推进教学改革和实践

教学理念更新是教学改革的前提,而教学改革也是教学理念与实践的一次对接。利用教改项目,可以推进团队成员教学理念的转变,进而促进教学实践的改革和创新,如在课程思政大背景下,转变教员重知识传授、能力培养,轻价值引领的观念,进而在教学中能够以思想引领和价值观塑造为目标,将数学文化、社会主义核心价值观、辩证唯物主义思想、中国贡献等"思政元素"有意、自觉、科学、系统地融入教学,实现基础课程的思政教育功能。

3.2　以线上教学实践经验为基础,开展新型教学模式的探索

2020年疫情期间,全国进行线上教学,这对广大教员来说是一次挑战,也是一次全员共同进行线上教学改革的机遇。我们要充分认识互联网下成长起来的00后学员在思想、观念和学习方式与以往学员的差异,以此次线上教学的广泛开展为契机,充分探索和利用信息化工具、微课资源等,不断改进教学方法和手段,教学团队及时组织教学研讨进行线上教学经验总结,推动全员共同进行教学改革,树立前沿意识,尝试突破性、前瞻性研究,为后续线上线下混合式教学模式的探索积累丰富、宝贵的实践经验。

3.3　以实际应用为牵引,实现知识的更新、重组

秉承学以致用的教学目标,授课中突出实战需求和服务部队的理念,基于大数据广泛应用的实际背景,组织团队成员探索高等代数在实际中的应

用案例,并结合数学软件进行实现,逐步形成教学案例库,实现知识的更新和重组。以实际应用为牵引,不仅能使团队成员转变教学思路,开阔眼界,注重基本理论知识与实践相结合,还能提高学员的学习兴趣和积极性,培养学员利用所学知识提出问题、分析问题、解决问题的能力而一举两得。

结束语

时代的变迁带来的影响是巨大的,高等代数教学团队秉承严谨务实的工作作风,与时俱进,不断进取,时刻以教学为己任,立德树人,为更好地培养高质量创新型军事人才聚力献智。

在线教学发展探析

杨晓娜　李　奇　张　晖

引言

随着移动互联网、大数据、人工智能等新科技的快速发展,"互联网+"和教育结合的越来越紧密,传统教育方式和教育理念也受到了巨大冲击。如何在新时代背景下的教学中提升学生的学习能力,已成为目前各高校急需解决的问题。近年来,不少高校开始尝试使用在线手段,但是受限于技术环境,在线教学主要采用学生在学习平台观看课程视频和学习资料的方式进行,致使学生和教师之间缺乏沟通,效果并不理想。新冠肺炎疫情发生后,教育部第一时间果断决策,于2月4日印发了《关于疫情防控期间做好普通高校在线教学组织与管理工作的指导意见》,这是保证疫情防控期间教学进度和教学质量、实现"停课不停教、停课不停学"的有力举措。指导意见要求各高校充分利用上线的慕课及各类优质在线课程,依托各级各类在线课程平台,积极开展线上授课和线上学习等在线教学活动。一时间,在线教学呈现出百花齐放的态势。

1. 在线教学中的新变化

疫情期间,教师在电脑前可以直播上课、作业布置批改和反馈辅导等。学生在家打开电脑、手机就可以学习、上传作业和老师交流。在这个特殊时期,高校在应对危机开展在线教育教学的实践中,创造了在线教学的新高峰,在线教学也有了几个新变化:

一是促进教师教育理念的转变。由于上课形式改变,教学班由原来的整体变成了教学个体,教育时空得到了拓展,分层施教的可行性大大增强,使得教学方式的难度增加,这就要求教师转变教育理念以适应教学需要。

二是促进学生学习方式的转变。线上教学对于学生来说缺乏了约束力,师生互动也受到了限制。但是,学生可以合理调整学习时间和方式,灵活安排学习内容,充分利用网络平台自主学习。90 后、00 后被称为网络的"原住民",他们对"互联网+"的这种新时代学习的新特点更易接受、更加适应。

三是促进学校教学管理的改变。疫情期间的教学管理,由于有大数据的支撑,可以获得更加精准有效的管理成效,利用线上数据的分析进行的信息反馈过程,也是自我评估与不断完善的过程。

四是促进教育形态的改变。原先的大学有"围墙",未来的大学将成为没有"围墙"的开放体,自主开放学习也将成为教学的新常态,从而形成时时、处处、人人皆可学的新的教育形态。

2. 在线教学的特点分析

2.1　在线教学环境

在线教学的开展主要涉及教师、学生和在线教学平台三个主体。疫情期间,教师端的设备和网络相对容易满足,各类在线平台经过多年的发展,功能也相对较为完善。通过疫情期间在线教学平台的统计数据,可以发现,由于疫情期间在线授课的规模大,对服务器、网络、运算能力的要求非常高,一般的教学平台不同程度地出现卡顿现象,最终腾讯旗下的企业微信、腾讯会议、腾讯课堂和阿里旗下的钉钉平台表现突出被大众认可①。学生方面,由于人数较多,分布较广,学生端的网络配置成为制约在线课程教学效果的重要因素。为了能够高效率地进行在线教学,教学平台有录播、随时回放等功能较为重要,同时,教学过程中与老师增加互动、保证良好的上课环境也是影响教学效果的关键因素。

2.2　在线课程的应用

慕课(massive open online course,简称为 MOOC)作为一种新的教学模式、新型的学习和教学方法②,于 2012 年"MOOC"元年开启之后,在全球迅速升温,平台建设发展迅速,各高校建设了大量的在线课程并在课程共享平台上线运行。疫情期间,很多在线课程的选课人数、选课高校和学习数据均

① 杨海军,张蕙萍,程鹏. 新冠肺炎疫情期间高校在线教学探析[J]. 中国多媒体与网络教学学报,2020(10):194-196.

② 费跃农,孙忠梅. 基于 MOOC 的混合教学模式在理工科专业课教学中的应用[J]. 工业和信息化教育,2016(8):28-31.

呈爆发式增长。中国大学 MOOC 平台在疫情期间运行课程 8 000 余门,其中国家精品在线开放课程 916 门,每门课程在 MOOC 运行学期都有课程建设高校的教学团队提供教学服务支持、辅导和帮助学习者学习。教师在这些优质在线资源中选择与本校教学目标一致、教学内容相同、教学安排类似的课程,即可引导学生学习,配合教师的在线辅导,详尽的在线学习数据可用于评价学习质量、考核学习效果,现有的慕课课程质量有保障,教师操作简便,学生学习高效,易于快速开展在线教学。

2.3 在线互动教学平台

通过直播或录播方式实现的在线教学,最大的问题在于互动性较差以及课堂单一的讲解模式,这也是造成学生难以有效且深刻理解知识点的主要原因,所以提高教学效果的必要环节就是增加在线的互动。教师可采用多种互动教学平台,比如雨课堂、学习通、钉钉等。以雨课堂为例,该平台以全面提升课堂教学体验为目的,将信息技术融入 PPT 和微信中,在课外预习、课堂教学和课后复习间建立联系,科学的覆盖了课前—课上—课后的每一个教学环节,为教学提供了立体的数据支持。教师可以将视频、习题、课件等学习资料推送到学生手机,师生及时沟通,课堂上可以实现实时答题、弹幕互动等。

2.4 在线教学质量监控

在大数据时代,建立基本状态数据库对教学质量的监控和教学管理都会提供很大的帮助,比如节约成本、节约时间、提高工作效率、达到资源共享等①。线上教学可以方便地获得基本教学数据,并对数据进行综合处理和分析,可以客观地将学校教学的运行状态实时地展现出来,各项运行指标都能被可视化、公开化监测,可以对数据有针对性、科学性地进行详细、有效分析,实现管理的准确性、实时性和持续性,保证教学质量的提高。

3. 线上线下混合式教学模式实施策略分析

在线教学突破了地域限制,丰富了教师的教和学生的学,但是不可否

---

① 刘杰,何小波.大数据环境下高校教学基本状态数据库的研究[J].计算机时代,2017(1):90-92.

认,在线教学仍然存在一些问题①。首先,互联网与教学依然存在分离现象。有些在线教学只是表面上加入了互联网的因素,起到了传输信息和资源的作用,并没有与教学真正有效的融合。其次,教师与学生的理念并未跟上时代的发展速度。在推行在线教学改革的过程中,部分教师和学生并不是积极的,而是被动的,以至于并没有发生较为明显的促进教与学的作用。此外,部分教师无法恰当的应用多媒体和互联网教具。采取线上线下混合式教学模式可以有效地解决上述问题。线上线下混合式教学是将线下的课堂教学和线上的网络学习有机结合的一种模式②③。该教学模式可以有效地融合传统课堂教学以及在线教学的优势。在线上线下混合式教学模式实施中,结合传统课堂教学和在线教学特点,总结出以下几点策略。

3.1　线上线下混合式教学模式的设计

混合式教学模式的设计不是某一个人或几个人的事情,是一件较为系统的事情。在这一过程中,学校要做好需要的软硬件条件建设,教师则需要做好课程的整体筹划,将传统学习方式的优势和互联网学习的优势进行融合,发挥教师的引导、启发以及监督等主导作用,改变教学方式方法,转换自身角色,更新学生的认知方式,从而提高教学质量。

3.2　提升学生的自主学习能力

线上线下混合式教学模式能够打破时空的界限,使得学生能够在不同的地点和时间进行学习,面对要学习的内容要在无人督促与引导的情况下进行,学生的自制力和主动性就显得尤为重要。教师可以引导学生充分利用线上教学平台,并根据自身的情况,制定好相应的学习任务,从而进行有效的学习,同时,建立学习小组互相监督,并定期对自身展开自我认知,都是可以采取的措施。

3.3　提高教师的信息素养

疫情期间的在线教学,教师们普遍感觉比传统课堂花费的精力要多。显然,混合式教学模式的开展也会大大提升教师的工作量,为了有效解决这

———————————

① 单陆冬栋.线上线下一体化开展"互联网+"混合式教学模式研究[J].高等教育,2020(3):13,15.

② 解红,刘建."互联网+"背景下混合式教学模式研究与实践[J].中国现代教育装备,2020(3):50-52.

③ 张华云.浅议线上线下混合式教学法对学生自主学习能力的影响[J].中国校外教育,2018:76,78.

些问题,可以通过组建专业教学团队来实现。教学团队的组建,需要多方面人才,包括教学人员、技术调试人员、线上线下混合式专家以及相应的管理人员,不同的人有着不同的职责和作用。但是毫无疑问,疫情期间的在线教学使得教师的信息化应用能力已经得到普遍提升,主要包括:教学观念的提升、教学方法的提升、教学设计能力的提升等,这些可以通过学习、交流、研讨、实践等途径开展,同时,对教师进行专业化的训练也非常必要。

3.4　构建完善的教学评价体系

课程评价是混合式教学的重要组成部分,评价应重视对学生能力和素质的考核,变单一评价为全面的、多角度的评价,采用"过程+结果"的教学评价形式。混合式教学模式设计时可以针对线上线下各个环节制定详细的评价标准,扩大评价主体,体现自评、互评和师评相结合,提高学生的学习积极性。在线教学平台可以统计学生观看视频、提交作业、在线测试、在线讨论以及课堂讨论等情况,这些内容可以分别占有过程评价的一定比例,作为过程性评价成绩,联合期末终结性考试成绩,作为学生的课程考核成绩。

结束语

疫情期间的在线教学实践对教育教学产生了极大的影响,疫情结束后,高校不可能、也不应该退回到疫情发生之前的教与学的状态。毫无疑问,高校的在线课程建设将会迎来一个新的高峰,线上线下混合式教学模式将会得到进一步的推广,在线教学平台也将迎接新的挑战,并且在混合式教学、在线教学的应用和推广下,学生的学习方式将更加丰富,随时随地学习将成为常态。

智慧课堂建设对高校教学模式的创新发展作用

芮晓华　于　蓉

引言

　　高等院校的教学模式,对课堂教学水平起着至关重要的作用。传统的教学模式,只注重提升教师的教学水平,却忽略了学生对课堂学习情况的反馈。这种情况的发生,不仅会降低整体的课堂教学质量,也不利于课堂教学工作的有效开展,而且教师收不到学生的信息反馈,使课堂教学水平无法得到大幅度的提升。在国外,智慧课堂的教学应用较为熟练,成为高等院校教学中常用手段。不仅能够解决课后信息反馈的问题,还可以通过课前测验和总结反思等步骤,提高教师对学生的了解程度,对教师提升课堂教学质量,起到了最大程度的帮助作用。但在国内高等院校的教学中,智慧课堂的起步较晚,在课堂教学的应用中不够成熟,阻碍了我国教育行业的进步发展。

1.智慧课堂的内容及特点

1.1　数据分析

　　相比于传统的教学模式,智慧课堂最显著的特点,就是拥有超强的数据分析能力。传统教学模式,只通过教师的讲授进行知识理论的传输,对学生知识理论的掌握程度了解较少。在这种情况下进行长时间的教学工作,会导致教师的教学水平无法实现自我突破,也会造成学生对知识理论的掌握程度不足,严重阻碍我国教育行业的发展。随着大数据技术的不断提升,智慧课堂通过课前检测和课后测试的方式,能够对学生的掌握程度进行全面的统计,不仅能够掌握每个学生的基础水平,还可以直观地知晓学生在学习过程中遇到各项难点。教师通过课前检测的数据分析结果,进行具有针对性的教学方案制定,能够最大限度地提升课堂教学质量,而教师对课堂测试信息的采集与分析,能够总结出学生在课堂学习中遇到的问题,后期进行针对性的复习和训练,从而起到对理论知识的加强巩固作用①。

1.2 即时性

传统教学模式通过课堂45分钟,进行理论知识的讲解,解答学生所遇到的难题。但当课堂时间结束后,学生的学习内容也随之消失,即使学生有充足的课余时间,也无法通过其他渠道,再次获取教师传授的知识理论。由此可见,传统教学模式已经无法满足现代社会的人才培养需求。但智慧课堂在高等院校教学中的应用,除了具有超强分析能力的特点,还有即时性的优势,通过智慧课堂这种新颖的教学模式,能够使学生随时随地地进行学习和讨论,不仅能够延长学生的学习时间,还使学生的学习更加便利。当学生使用智慧课堂进行课前检测和课后测验时,教师可以通过网络平台的后台,在第一时间内接收到学生的反馈信息②。这种即时性的特点,为教师对课堂教学方案的设计与优化,提供了极大的便利,从而提升了课堂教学的整体质量。

2. 智慧课堂在高校教学中的重要性

2.1 提升课堂教学效果

提升课堂教学质量,不仅是高等院校教学过程中的重点,更是教育事业发展道路中的必要途径。为了提升课堂教学质量,高等院校采用了多种教学模式的改革和创新。但往往由于信息反馈不及时和数据收集不完整,导致了课堂教学质量的停滞不前。这种情况的发生不仅影响学生自身能力的提升,更阻碍了整个教育事业的进步。但智慧课堂在高校教学中的应用,能够借助大数据技术这个时代风口,更加精准全面地采集到学生的基本信息③,不仅能够全面知晓学生对知识理论的掌握程度,还可以通过数据采集的功能,进行针对性的教学设计,从而提升课堂教学的整体质量。

① 刘翔,王明忠,陈织光,等.软件技术专业智慧课堂建设研究与实践:以广州东华职业学院为例[J].现代信息科技,2020,4(4):145-147.
② 曹挹芬,唐亚阳.5G时代高校思想政治理论课智慧课堂建设的理念与原则[J].学校党建与思想教育,2020(3):76-78.
③ 张红燕,张文娟,冯晓琴,等.以"雨课堂"为载体的无机化学智慧课堂建设探索[J].教书育人(高教论坛),2019(6):106-107.

2.2 促进学生全方面发展

利用智慧课堂微课辅导的方式,能够对学习水平较差的同学进行单独辅导,从而促进师生交流,提升学生对知识理论的掌握程度。智慧课堂的应用,不仅能够提升师生之间的交流,还可以促进学生之间的相互协作。当智慧课堂应用在高校教学中,使学生能够通过学习社群进行讨论,互相帮助解决学习过程中所遇到难题,而学习社群的建立,较大程度地增强了学生之间的协作能力,提升了每个学生的个性化学习能力和表达沟通能力①,为学生未来的发展,起到了重要的帮助作用。

2.3 拓宽学习空间

当高等院校应用智慧课堂这种新颖的教学模式时,较大程度地拓宽了学生的学习空间。利用智慧课堂的课堂检测、课后测试和学习社群的优势,使高等院校学生的学习时长,不仅局限于课堂学习的45分钟,而是将学习时长无限延长,使高等院校学生随时随地,都能够徜徉在知识的海洋中②。这种情况下,使高等院校学生对知识理论的掌握能力得到深度提升,也为课堂教学工作的开展,起到了良好的促进作用。智慧课堂的普及和推广,使学习资源实现共享化,不仅使城市的高校学生受益,还能够让偏远地区的学生获得同等的学习资源,从而强化教学公平,促进我国经济的发展。

2.4 提高教师课堂教学水平

在课前检测的阶段,教师可以通过数据分析功能,对学生知识理论的掌握程度,有一个初步的了解和判断,从而能够更具有针对性的教学设计,提升课堂教学的整体质量,使每个学生都能够熟练掌握所学的知识。除此之外,教师可以通过课后反馈的信息采集结果,对学生在学习过程中遇到的问题及难点,进行针对性的复习和测试,而且利用学生的反馈信息,对下一步的教学计划进行优化和改进,使教师课堂教学水平得到进一步的提升。

---

① 章伟.建设智慧课堂培养学生的自学能力研究[C].教师教学能力发展研究科研成果集,十六卷:教师教学能力发展研究总课题组,2018:249-253.

② 高海元.智慧课堂建设对高中生物教学的影响研究[C].教师教学能力发展研究科研成果集十五卷:教师教学能力发展研究总课题组,2018:952-955.

3.智慧课堂在高校教学中的具体应用步骤

3.1 采集学生数据

　　智慧课堂在高校教学中的具体应用步骤,首先应对学生的信息进行数据采集。这不仅是智慧课堂教学模式的首个环节,也是最重要的教学步骤。因为通过对学生的信息采集与分析,能够使教师对每个学生的自身能力,有个初步的掌握,从而能够科学合理地制定教学方案,展开有针对性的教学工作,而且对学生的信息采集的全面性,也有助于教师更加清晰了解学生的思维模式,为课堂教学计划的设计,打下良好的基础。

3.2 设计教学方案

　　当学生信息采集完毕后,教师需要根据具体的数据分析结果,进行教学方案的设计。在设计教学方案的过程中,教师必须遵守实用性、趣味性和互动性三个原则。教学方案的实用性,是指教学方案必须以课本理论知识为基础,满足学生对理论知识的学习需求,从而保障专业人才的培养;教学方案的趣味性,是指教学方案需要根据高等院校学生的思维模式特点,在教学内容中融入生活中的案例及故事,从而提升课堂教学的整体氛围,使学生能够在愉悦的状态下,畅游在知识的海洋中;而教学方案的互动性,是指教师在开展课堂教学活动时,必须提升学生的参与度,只有增强学生的参与度,才能够使学生更好地融入课堂教学活动中,从而实现课堂教学水平的全面提升,增强高等院校的整体教学水平,促进我国教育事业的良好有序发展。

3.3 创建学习情境

　　当教学方案设计完毕时,教师就可以按照方案的设计,进行课堂教学活动的开展。在整个课堂教学活动中,为了提升课堂学习的整体氛围,教师应主动创建学习情境,将每个学生都带入其中,使学生能够产生一种身临其境的感觉,从而为接下来理论知识的讲解,打下良好的基础。教师在课堂教学过程中创建学习情境,需要在教学方案设计中有所体现,只有通过预先的巧妙设计,才能够使学习情境的创建,不会显得那么突兀,也能够使学生更好地融入情境之中,从而提升课堂教学的整体质量。

3.4 互动协作学习

　　在课堂教学过程中,教师进行重难点知识理论讲解时,可以采用提问式教学方法,提高学生对知识理论的理解程度。教师可以根据重难点知识理论的具体内容,抛出一个或多个问题,然后将班级学生分成若干个小组,利用小组讨论的形式解决问题。这种课堂教学方案的设计,不仅能够令学生加深重难点知识理论的印象,还可以提升学生之间的协作能力,使课堂教学的整体氛围得到进一步的提升,从而降低了课堂教学难度,也能够较大程度地提升教师的工作效率。

3.5　课堂实时测评

在课堂教学过程中进行实时测评,能够使教师及时掌握每个学生的水平,然后根据学生对所学的知识理论掌握程度,进行课堂教学的优化和改进。这不仅能够帮助学生及时解决学习过程中遇到的重点和难点,还可以使教师的教学水平得以提升,促进高等院校教学工作的有序发展。

3.6　课后习题测评

在高等院校中应用智慧课堂的教学模式,不仅采用课堂实时测评,使教师在课堂教学过程中及时掌握学生水平,还利用课后习题测评的方式,对学生的所学内容产生信息反馈,从而使教师能够更加有针对性地辅导,使学生的自身能力得到显著提升。课后习题测评的方式,能够对学生的所学知识进行再一次的加强巩固,提升学生对理论知识的记忆,为今后更加深入的学习,打下良好的基础。

3.7　总结与反思

当每一个教学阶段结束以后,教师应对教学过程中的问题和情况,进行全面的总结和反思:一方面要总结智慧课堂应用过程中的优势和特点,以便更加熟练地运用智慧课堂这种新颖的教学模式,为日后的教学工作提供便利;另一方面要反思智慧课堂应用过程中存在的问题和隐患,然后根据相应的问题和隐患,结合高等院校学生的思维模式特点,进行及时的整改和优化,从而使智慧课堂在高等院校教学中,发挥更加重要的作用,为我国经济建设发展提供良好的助力。

结束语

在我国高等院校教学过程中,采用智慧课堂的教学模式,能使课堂教学效果得到显著提升,即通过智慧课堂中数据分析的优势,使高等院校教师更加深入地了解学生的情况,从而更好地开展教学工作。智慧课堂在高等院校教学中的应用,能够通过对教学方案的科学合理设计,提升学生的学习积极性,利用信息反馈的优势,对课堂教学内容进行改善和优化。通过对智慧课堂的应用过程进行反思和总结,提升智慧课堂的教学效果,促进我国教育行业的有序发展。